新时期巩固脱贫攻坚成果与推进乡村振兴有效衔接机制研究

——以甘肃省康县为例

刘勇 付英 著

·北京·

图书在版编目（CIP）数据

新时期巩固脱贫攻坚成果与推进乡村振兴有效衔接机制研究：以甘肃省康县为例 / 刘勇，付英著. —北京：科学技术文献出版社，2021.8

ISBN 978-7-5189-8252-3

Ⅰ.①新… Ⅱ.①刘… ②付… Ⅲ.①农村—扶贫—研究—康县 ②农村—社会主义建设—研究—康县 Ⅳ.① F327.424

中国版本图书馆 CIP 数据核字（2021）第 168844 号

新时期巩固脱贫攻坚成果与推进乡村振兴有效衔接机制研究
——以甘肃省康县为例

策划编辑：魏宗梅　　责任编辑：李　晴　　责任校对：王瑞瑞　　责任出版：张志平

出 版 者	科学技术文献出版社	
地　　　址	北京市复兴路15号　　邮编 100038	
编 务 部	（010）58882938，58882087（传真）	
发 行 部	（010）58882868，58882870（传真）	
邮 购 部	（010）58882873	
官方网址	www.stdp.com.cn	
发 行 者	科学技术文献出版社发行　全国各地新华书店经销	
印 刷 者	北京虎彩文化传播有限公司	
版　　　次	2021年8月第1版　2021年8月第1次印刷	
开　　　本	710×1000　1/16	
字　　　数	248千	
印　　　张	17	
书　　　号	ISBN 978-7-5189-8252-3	
定　　　价	59.00元	

版权所有　违法必究

购买本社图书，凡字迹不清、缺页、倒页、脱页者，本社发行部负责调换

前　言

脱贫攻坚战的全面胜利，标志着我国在坚持以人民为中心的发展思想、实现共同富裕的道路上取得了重要进展。脱贫摘帽不是终点，而是新生活、新奋斗的起点，如何巩固和利用好脱贫攻坚成果？如何全面推进乡村振兴？如何推动乡村振兴与脱贫攻坚有效衔接等内容成为当前学界探讨的热点课题。

乡村振兴和脱贫攻坚实际上是一个问题的两个方面，而不是两个问题。乡村振兴解决的是乡村发展的问题，而贫困又是乡村发展中最大、最核心的问题。所以解决绝对贫困问题以后，实际上是解决了乡村振兴工作中的一个最大短板。可以说，乡村振兴是脱贫攻坚的升级版，脱贫攻坚是乡村振兴的基础性工作，从聚焦贫困这一相对窄的乡村发展问题，向比较宽的乡村振兴方面转变，这是一个连续性的工作过程。

在乡村振兴背景下，解决发展不平衡不充分问题、缩小城乡区域发展差距、实现人的全面发展和全体人民共同富裕仍然任重道远，我们必须切实处理好"六个衔接"，凝心聚力开新局。第一，处理好发展规划有效衔接问题，尤其要统筹好相对贫困区域和非贫困区域的协调发展，在推进乡村振兴过程中，着力解决好相对贫困问题。第二，处理好政策保障有效衔接问题，在制定和完善政策时注重兼容性、协调性和持续性，使二者在具体实施过程中能够无缝对接、相得益彰。第三，处理好工作机制有效衔接问题，延续打赢脱贫攻坚战的好经验、好做法、好机制、好措施，使之更好地运用到乡村振兴上来。第四，处理好重大举措有效衔接问题，继续贯彻实施具有特色、富有成效的方法措施，使之在乡村振兴过程中继续发挥作用。第五，处理好产业优势有效衔接问题，把产业振兴摆在重要位置，加快形成具有市场竞争力的优势特色产业体系。第六，处理好帮扶机制有效衔接问题，努力实现原有帮扶机制的有效转化和衔接。

为此，本研究特选取陕甘川三省交界地带的秦巴山区——甘肃省康县为研究样本，从美丽乡村建设绩效评价、多维贫困测度、科技扶贫模式、产业扶贫效果等视角开展定量和定性分析，试图将康县脱贫攻坚成果与乡村振兴的理论和实践进行融合，从国家宏观高度来研究贫困地区的接续发展问题，打破"两张皮"相互割裂的现实壁垒，这也是对反贫困理论的一次补充，以小见大、以点及面探寻新时期脱贫攻坚与乡村振兴协同驱动的路径，以期为推动实现乡村治理体系和治理能力现代化提供决策支撑。

编者
2021 年 8 月

目 录

第一章 引 言 ········· 1
  1.1 研究背景与意义 ········· 1
  1.2 研究内容与方法 ········· 4
  1.3 技术路线 ········· 6

第二章 相关理论研究 ········· 8
  2.1 相关内涵界定 ········· 8
  2.2 相关理论基础 ········· 15
  2.3 国内外研究动态 ········· 24
  2.4 我国脱贫攻坚历程演进 ········· 52
  2.5 本章小结 ········· 63

第三章 美丽乡村建设绩效评价——以甘肃省康县为例 ········· 64
  3.1 新时代美丽乡村建设的必要性 ········· 64
  3.2 康县美丽乡村建设的基本现状 ········· 66
  3.3 康县美丽乡村建设的主要模式 ········· 72
  3.4 康县美丽乡村建设的绩效评价 ········· 81
  3.5 本章小结 ········· 96

第四章 多维贫困视角下的农户扶贫机制研究
——以甘肃省康县为例 ········· 98

4.1 关于多维贫困综合研究的思路 ········· 98
4.2 康县贫困户致贫原因深层分析 ········· 101
4.3 农户多维贫困测度研究——以甘肃省康县为例 ········· 104
4.4 基于多维贫困的农户脱贫路径选择 ········· 124
4.5 本章小结 ········· 129

第五章 科技助力脱贫攻坚满意度调查研究——以甘肃省康县科技帮扶村为例 ········· 131

5.1 康县科技扶贫发展概况 ········· 132
5.2 康县科技扶贫取得的成就 ········· 135
5.3 科技扶贫农户满意度指标体系的构建及问卷调查分析——以甘肃省康县科技帮扶村为例 ········· 139
5.4 康县科技扶贫农户满意度模糊综合评价 ········· 151
5.5 康县科技扶贫中存在的问题及对策建议 ········· 155
5.6 本章小结 ········· 158

第六章 贫困地区产业扶贫机制研究——以甘肃省康县为例 ········· 160

6.1 产业扶贫的重要性 ········· 160
6.2 康县产业发展概况 ········· 161
6.3 产业扶贫实证研究——以甘肃省康县为例 ········· 164
6.4 康县产业扶贫主要模式研究 ········· 168
6.5 康县乡村旅游脱贫典型案例分析 ········· 173
6.6 康县产业扶贫存在的问题及建议 ········· 176
6.7 本章小结 ········· 179

第七章 农村产业融合发展研究——以甘肃省陇南市为例 ... 180
- 7.1 陇南市农业发展现状 ... 180
- 7.2 陇南市农村产业融合发展现状 ... 185
- 7.3 陇南市农村产业融合程度评价 ... 193
- 7.4 陇南市农村产业融合发展对策建议 ... 205
- 7.5 本章小结 ... 209

第八章 新时期脱贫攻坚与乡村振兴协同驱动路径研究 ... 211
- 8.1 "十四五"时期脱贫攻坚及乡村振兴新形势 ... 212
- 8.2 脱贫攻坚和乡村振兴有效衔接的内在关系 ... 217
- 8.3 脱贫攻坚与乡村振兴有机衔接的重点内容 ... 223
- 8.4 脱贫攻坚与乡村振兴战略实施的现状分析 ... 226
- 8.5 推进脱贫攻坚与乡村振兴有机衔接的路径 ... 233
- 8.6 市县脱贫攻坚与乡村振兴衔接的重点任务 ... 240
- 8.7 康县脱贫攻坚与乡村振兴有效衔接的思考 ... 243
- 8.8 本章小结 ... 246

附 录 美丽乡村建设调查问卷 ... 248
参考文献 ... 253
后 记 ... 261

第一章

引 言

1.1 研究背景与意义

1.1.1 研究背景

自 1982 年启动"三西"专项扶贫计划,拉开我国有计划、有组织的大规模扶贫开发的序幕后,历届党中央、国务院高度重视扶贫工作,把扶贫纳入经济社会发展总体战略统一规划部署。尤其是党的十八大以来,以习近平同志为核心的党中央把贫困人口脱贫作为我国全面建成小康社会、实现第一个百年奋斗目标的重要任务和底线目标,将脱贫攻坚纳入我国"五位一体"总体布局和"四个全面"战略布局,做出一系列重大部署和安排,以前所未有的力度推进。特别是在 2015 年 11 月和 2016 年 3 月先后颁布出台了《关于打赢脱贫攻坚战的决定》《国民经济和社会发展第十三个五年规划纲要》两个重要文件,对我国全面部署"十三五"脱贫攻坚工作提出具体要求,要举全党全国全社会之力坚决打赢脱贫攻坚战,因此,我国扶贫开发进入脱贫攻坚的新阶段。截至 2020 年 2 月,大部分贫困县已经完成脱贫摘帽(2016 年 28 个、2017 年 125 个、2018 年 283 个、2019 年 344 个),脱贫攻坚取得了阶段性胜利。2018 年 1 月,新的中央一号文件《关于实施乡村振兴战略的意见》,进一步明确了实施乡村振兴的战略意义,并对如何实施乡村振兴战略做出全面部署;同年 9 月,《乡村振兴战略规划(2018—2022 年)》正式印发,标志着乡村振兴战略正式实施。

新时期巩固脱贫攻坚成果与推进乡村振兴有效衔接机制研究
—— 以甘肃省康县为例

同年,为进一步加快脱贫攻坚工作步伐,国家出台的《关于打赢脱贫攻坚战三年行动的指导意见(2018—2020)》中指出,要"统筹衔接脱贫攻坚与乡村振兴"。2020年2月,新的中央一号文件《关于抓好"三农"领域重点工作确保如期实现全面小康的意见》中明确提出"抓紧研究制定脱贫攻坚与实施乡村振兴战略有机衔接的意见",为下一步"三农"工作明确了工作方向。2021年中央一号文件发布,这是进入21世纪的第18个关于"三农"的中央一号文件,着重提出巩固扩展脱贫攻坚成果同乡村振兴有效衔接。2021年2月25日,全国脱贫攻坚总结表彰大会上正式宣布脱贫攻坚取得全面胜利,完成了消除绝对贫困的艰巨任务;国家乡村振兴局正式挂牌,"三农"工作重心出现了历史性转移,标志着正式在农村实施乡村振兴战略。

因此,脱贫攻坚的全面胜利是乡村振兴取得的初步胜利,乡村振兴的推进能够进一步强化脱贫攻坚所取得的成绩,推动乡村地区繁荣兴旺。当前,乡村振兴与脱贫攻坚有效衔接已成为当前农村工作的紧迫任务,如何推动二者有效衔接也成为当前学界探讨的热点课题。

甘肃省康县位于陕甘川三省交界地带的秦巴山区,素有"中国有机茶之乡""中国黑木耳之乡""中国食用菌之乡"的美誉,先后获得"中国最美绿色生态旅游名县""中国绿色名县""中国最佳生态宜居旅游目的地""中国最美绿色生态旅游名县"等殊荣。美丽乡村建设之前,康县350个行政村1640个社5.2万户农村人口,80%以上分散居住在高半山、峡谷河道及林缘地区。基础设施薄弱、农村环境脏乱、生产方式落后、脱贫内生动力不足,是制约经济社会发展的主要瓶颈,贫困发生率为37.04%。近年来,康县认真贯彻落实习近平总书记在浙江"千村示范、万村整治"工作现场会上的讲话精神和"绿水青山就是金山银山"的理念,积极响应中央关于在全国推行浙江"千万工程"的通知要求,及时选派各部门精干力量,远赴浙西观摩学习"千万工程"的安吉经验,扎实推进"千万工程"在康县遍地开花,成功打造出浙江"千万工程"的"西北样板"。2019年年底,康县提前摘掉"贫困帽子"。新时期,我国即将进入脱贫攻坚与乡村振兴有机衔接的战略关键期,既要巩固脱贫攻坚成果,又要以更高的标准推进乡村振兴。同时,在新形势下,市县层面在推进脱贫攻坚与乡村振兴有机衔接上还存在一定的问题，必须加快建立脱贫攻坚与乡村振兴有机衔接的运行机制，制定促进有机衔接的系列政策，打破"两张皮"相互割裂的现实壁垒，持续化解脱贫攻坚中遗留的难点问题，加快调整工作重心，设立脱贫攻坚与乡村振兴衔接的"过渡期"。通过多维发力，打通衔接脱贫攻坚与乡村振兴切实可行的路径势在必行。

1.1.2 研究意义

当前我国正处于脱贫攻坚工作的全面决战决胜期，同时也是乡村振兴战略实施的起步期，在这一关键时间节点上，如何将脱贫攻坚与乡村振兴进行有机衔接，如何巩固和利用好脱贫攻坚成果，如何进一步促进乡村振兴意义重大。因此，本研究选题主要是脱贫摘帽后乡村振兴实现路径的选择，特选取秦巴山区甘肃省康县为研究样本，框定区域范围具体化研究对象。同时，在摘帽县中选取具有代表性的做法，通过分析脱贫摘帽的经验以小见大、以点及面，从而得出贫困县脱贫摘帽后乡村振兴战略的实现路径，具有一定的现实意义和理论意义。

（1）理论意义

《乡村振兴战略规划（2018—2022年）》中明确指出"推动脱贫攻坚与乡村振兴有机结合相互促进"。2019年，我国《政府工作报告》再次强调"坚持农业农村优先发展加强脱贫攻坚与乡村振兴统筹衔接"。2020年，中央一号文件《关于抓好"三农"领域重点工作确保如期实现全面小康的意见》中又再次提出"抓紧研究制定脱贫攻坚与实施乡村振兴战略有机衔接的意见"。在国家这个大部署中研究脱贫攻坚与乡村振兴结合是十分必要的。一方面，可以进一步对乡村振兴相关理论进行丰富和深化。从理论方面看，贫困地区推进乡村振兴战略，首先需要明确乡村发展的现状、困境及产生问题的原因，明确实施路径就是利用乡村振兴理论对相关问题细化、深化和具体化。另一方面，可以进一步对社会治理理论进行研究。本研究在对贫困地区农村进行深入调查的基础上，深入地进行分析，研究相应对策，这些对策在很大程度上属于农村社会治理理论，可以进一步丰富和深化社会治理理论。本研究试图将康县脱贫攻坚成果与乡村振兴理论进行融合，将贫困地区乡村振兴的工作置于国家宏观高度来研究，进一步提高局部看整体的水平，同时对反贫困理论进行一次补充。

（2）现实意义

目前，我国正处于在"两个一百年"奋斗目标的关键时期，乡村振兴战略的提出既是对以往"新农村"工作的传承，又是对脱贫攻坚工作的下一步部署。全面建成小康社会是实现第一个百年目标的底线要求，也是全面建设社会主义现代化国家、实现第二个百年目标的基础。受历史、自然和社会等多方面原因的影响，我国深度贫困地区"三区三州"，自然基础条件差、经济基础薄弱、贫困程度较深，一直处于相对落后的状况之中。本研究的初衷就是以位于秦巴山区的国家级贫困县康县为例，以脱贫攻坚过程为研究对象，比对脱贫攻坚成绩与乡村振兴发展目标，尝试寻找解决贫困地区乡村振兴中问题与困境的办法。这有利于指导康县及其他国家级贫困县一同探索脱贫摘帽实现小康社会后，顺利开展"三农"工作。实现农民、农村和农业的健康合理发展，特别是贫困落后地区的乡村振兴，是一个必须深入研究的课题，具有一定的现实意义。

1.2 研究内容与方法

1.2.1 研究内容

本研究共分为以下 8 章：

第一章：引言。主要包括研究背景及意义、研究内容与方法、技术路线等内容。

第二章：相关理论研究。主要包括相关内涵界定、理论基础、国内外研究动态及我国脱贫攻坚历程演进等内容，从理论层面综析研究态势，总结特点，研判趋势。

第三章：美丽乡村建设绩效评价——以甘肃省康县为例。主要探讨美丽乡村建设的必要性，分析康县美丽乡村建设的基本现状和主要模式，并通过问卷调查和指标体系构建，开展美丽乡村建设绩效评价，提出相应的对策建议。

第四章：多维贫困视角下的农户扶贫机制研究——以甘肃省康县为例。主要总结梳理学术界关于多维贫困综合研究的思路，以甘肃省康县为例，开展贫困户致贫原因的深层次分析，在此基础上构建多维贫困测度体系，开展实证研究，提出脱贫路径选择。

第五章：科技助力脱贫攻坚满意度调查研究——以甘肃省康县科技帮扶村为例。通过梳理康县科技扶贫发展概况，总结康县科技扶贫取得的成就，以甘肃省康县为研究样本，开展科技扶贫农户满意度指标体系构建及问卷调查分析，进行科技扶贫农户满意度模糊综合评价，剖析存在的问题，提出对策建议。

第六章：贫困地区产业扶贫机制研究——以甘肃省康县为例。通过论述产业扶贫的重要性，以甘肃省康县为例，开展产业扶贫实证研究，凝练康县产业扶贫主要模式和典型案例分析，提出相应的对策建议。

第七章：农村产业融合发展研究——以甘肃省陇南市为例。在分析陇南市农业发展现状和农村产业融合发展现状的基础上，开展农村产业融合程度评价研究，提出农村产业融合发展对策建议。

第八章：新时期脱贫攻坚与乡村振兴协同驱动路径研究。通过研判"十四五"脱贫攻坚及乡村振兴新形势，厘清脱贫攻坚和乡村振兴有效衔接的内在关系，明确脱贫攻坚与乡村振兴有机衔接的重点内容，提出推进脱贫攻坚与乡村振兴有机衔接的路径，把握市县脱贫攻坚与乡村振兴衔接的重点任务，为康县脱贫攻坚与乡村振兴有效衔接提供理论支撑。

1.2.2 研究方法

本研究采用文献研究、定性分析、实证分析、个案研究、经验总结、问卷调查等方法，围绕巩固脱贫攻坚成果与推进乡村振兴有效衔接这一内容进行分析，从美丽乡村建设评价、多维贫困测度、科技扶贫模式、产业扶贫效果等视角开展研究，试图将康县脱贫攻坚成果与乡村振兴的理论与实践进行融合，为推动实现乡村治理体系和治理能力现代化提供决策支撑。

①文献研究法。查阅相关文献，了解有关问题的历史和现状，明确基础内涵，形成基本思路和研究框架。

②定性分析法。运用归纳与演绎、分析与综合、抽象与概括等方法，对获得的各种材料进行思维加工，对研究对象进行"质"的方面的分析，从而能去粗取精、去伪存真、由此及彼、由表及里，认识事物本质、揭示内在规律。

③实证分析法。实证研究法是科学实践研究的一种特殊形式。依据现有的科学理论和实践的需要，初步构建了相关绩效评价指标体系，进行综合测评，提出对策建议。

④个案研究法。在美丽乡村建设、科技扶贫、产业扶贫、产业融合发展等研究中，选择以我国西部地区甘肃省陇南市康县为例，加以调查分析，横纵对比，为后续政策研究奠定基础。

⑤经验总结法。总结推广先进经验是人类历史上长期运用的较为行之有效的方法之一。通过对实践活动中的具体做法，进行归纳与分析，使之系统化、理论化，上升为可行性建议。

⑥问卷调查法。用控制式的测量对所研究的问题进行度量，从而搜集到可靠的资料。一般来讲，以设计好的问卷工具进行调查，要求规范化并可计量。

1.3 技术路线

技术路线如图 1-1 所示。

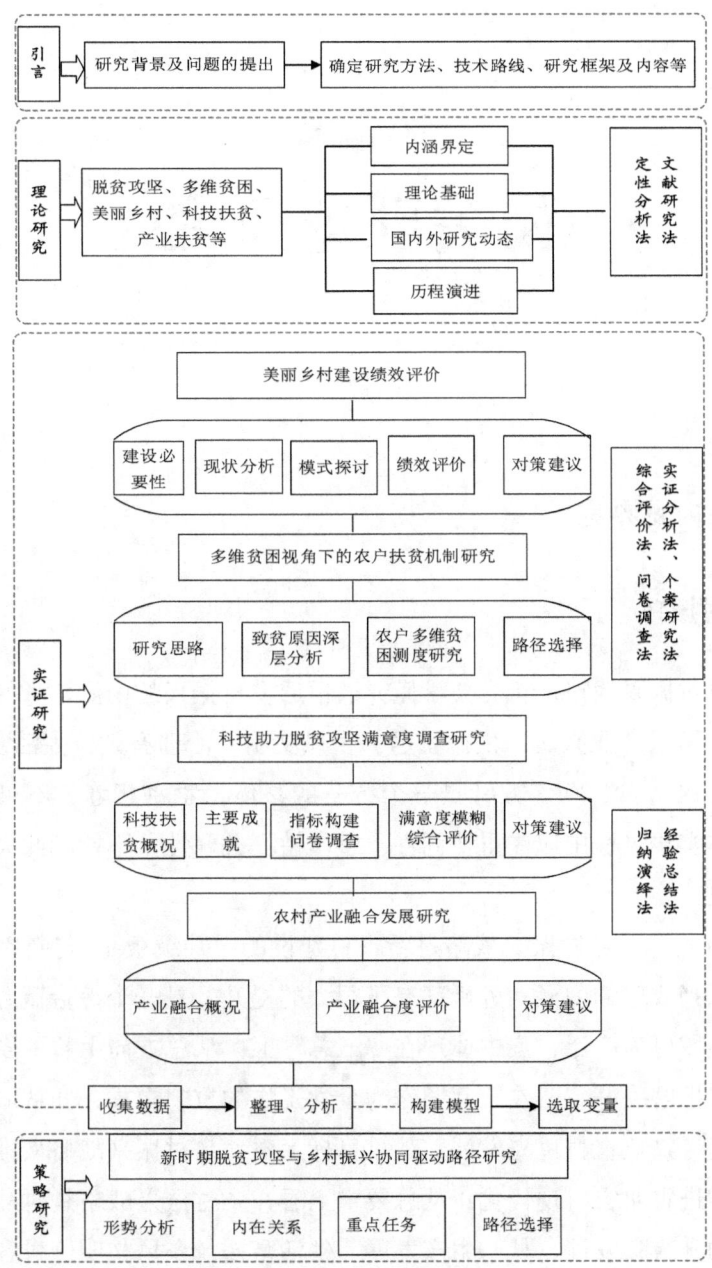

图 1-1 技术路线

第二章
相关理论研究

2.1 相关内涵界定

2.1.1 乡村振兴

实施乡村振兴战略，首先要学懂弄通悟透乡村振兴的内涵，党的十九大报告明确提出了"产业兴旺、生态宜居、乡风文明、治理有效、生活富裕"5个方面20字方针，这20字方针是一个统一的整体，紧密相连、不可分割。因此，在具体实践过程中应注重协同性、整体性、关联性，不能顾此失彼只抓其一不顾其他。

从纵向上看，乡村振兴战略是新农村建设的"升级版"。与新农村建设相比，乡村振兴战略的内涵和外延都有了很大的提升，是一个综合概念，内涵更加丰富，领域更为广泛，集中体现在"三总"上：从总方向上看，乡村振兴战略始终坚持把解决好"三农"问题作为全党工作的重中之重，并从城乡一体化发展转向坚持农业农村优先发展；从总目标上看，乡村振兴战略从推进农业现代化转向推进农业农村现代化；从总要求上看，乡村振兴战略是对社会主义新农村建设的升级和发展，从"生产发展、生活富裕、乡风文明、村容整洁、管理民主"转向"产业兴旺、生态宜居、乡风文明、治理有效、生活富裕"。

从横向上看，要深刻理解乡村振兴战略的科学内涵，必须站在国家层面，从"五位一体"总体布局出发，在实现城市和乡村统筹发展的进程中去认识。

所以，实施乡村振兴战略是一项长期复杂的工程，"在推动农村经济发展的同时，还要推动农村科技发展、文化发展、教育发展，要从整体上实现农村的全面发展"。从实施内容上看，乡村振兴是全方位多领域的振兴，不仅要振兴乡村的经济，更要振兴乡村的生态、文化、教育、科技等，要统筹把握，深刻认识。要注重乡村振兴5个方面的内在逻辑关系，进一步理顺工农城乡关系，统筹推进农村经济建设、政治建设、社会建设、生态文明建设、文化建设，分步有序实现我国乡村振兴。

2.1.2 美丽乡村

美丽乡村的概念是在"十一五"期间为推进建设新农村的步伐所提出的，第十六届五中全会时提出建设社会主义新农村，并提出了"生产发展、生活富裕、乡风文明、村容整洁、管理民主"的具体要求。2008年，浙江省安吉县正式提出要建立"中国美丽乡村"，并出台《安吉县建设"中国美丽乡村"行动纲要》，成为全国建设美丽乡村的一个成功样本。党的十八大报告中首次提到"美丽中国"，党的十九大报告中把"美丽中国"单独作为一章，提出推动形成"人与自然和谐发展现代化建设"的新格局。建设美丽乡村是新时代新农村建设的任务，是建设美丽中国的起点。

由于每个地方的特色不同，在美丽乡村的建设过程中，除了遵守国家的标准以外，各地在建设过程中会包含各地独有的特点，因而美丽乡村没有统一的概念和定义。

美丽乡村建设由来已久，它的建设内容随着所处阶段、所面对问题的不同及发展的需要等会有所不同。乡村振兴战略是在党的十九大报告中被首次提出的，是新时代中国特色社会主义做好"三农"工作的总依据。美丽乡村建设和乡村振兴战略都是致力于解决当前农村地区存在的经济落后、环境破坏及产业单一等问题而提出的，美丽乡村建设会因为乡村振兴战略的提出而有更大的发展空间，有更具体的建设目标和内容，二者一脉相承。二者不同的地方可能是乡村振兴战略是由上到下的政府在战略层面的部署，体现的是政府的意志，按照其内涵，将现存的有碍于乡村发展的障碍全部改善；而美丽乡村建设战略与措施相结合的是具体层面的措施,但二者的共同目标都是改变农村以往贫穷落后的面貌,真正缩减城乡差距。乡村振兴战略主要是运用行政手段,通过改革制度及行政干预等措施解决一些乡村发展过程中遇到的瓶颈问题,调动各方面的积极性来促进乡村各种环境良好稳定发展。美丽乡村建设开始于基层的创造,而后得到社会的认可,最后得到中央的号召,形成全国的政策,将一些成功的经验在全国得以推广,从而推动全国各地区乡村建设事业的发展,从这种意义上说,美丽乡村建设是乡村振兴战略实施不可或缺的部分和主要载体。

2.1.3 精准扶贫

扶贫是指政府或社会各方面的力量为帮助贫困地区的贫困户摆脱贫困,因地制宜发展经济、生产,为贫困户提供切实有效的帮助。主要目的是扶助贫困地区或贫困户发展经济,提高收入,走上勤劳致富的道路,改变贫困现状。

党的十八大以后,在党和各级人民政府及各大企事业单位的帮扶下,我国精准扶贫工作取得了人类减贫史上的伟大胜利。精准扶贫工作就是针对不同地区贫困实际情况展开的精准帮扶方式,相对于传统的扶贫方式来说,精准扶贫方式有很多优势。第一,精准扶贫方式能够对贫困户进行准确识别。第二,精准扶贫方式能够根据不同贫困户的实际情况精准施策。第三,精准扶贫方式能够根据贫困户家庭的实际情况进行精准管理。简单来说,就是谁贫困扶谁,哪里贫困扶哪里。其主要目的就是根据贫困地区自然环境情况和社会经济发展的实际情况,制定出与本地区相适应的精准帮扶政策。

精准脱贫即精准摆脱贫困,是2013年习近平总书记到湖南湘西调研时提出的。在贫困地区,利用扶贫手段进行扶贫过程中,要把扶贫措施精准到户、精准到人,根据贫困户情况设定脱贫时间,实现有序退出,在一定时间内实行摘帽不摘政策。

2.1.4 科技扶贫

科技扶贫政策是我国政府在20世纪80年代提出的,利用现代化的农业科学生产技术和高素质的技术人才，改变农村地区相对贫困落后的局面，提高农业劳动生产率，增加农户收入的一种开发式扶贫方式。其主要目的是运用先进、成熟、适用的现代化科学技术改变贫困农村地区农业生产的传统方式，提高农产品产量，增加农户收入，促进农村地区市场经济的快速发展，加快农户全面摆脱绝对贫困的步伐。

2.1.5 产业扶贫

产业扶贫是一种以市场为导向，以经济效益为中心，以产业发展为杠杆的扶贫开发过程的内生发展机制，该机制可有效促进贫困地区发展、增加贫困农户收入，是实施扶贫开发的战略重点和主要任务，旨在促进贫困个体与贫困区域协同发展，激活发展活力，阻断贫困发生动因。

发展内容：在县域范围内培育主导产业，发展县域经济，增加资本积累能力；在村镇范围内增加公共投资，改善基础设施，培育产业环境；在贫困户层面，提供就业岗位，提升人力资本，积极参与产业价值链的各个环节。

2.1.6 教育扶贫

教育扶贫旨在通过普及农村教育，给予农民所需要的教育，通过提高农民思想道德意识和掌握先进的科技文化知识的能力水平来实现征服、改造并保护自然界的目的，同时以较高的质量生存。倡议各高等院校积极开展贫困地区教师培训，提高当地教学水平；开展贫困地区民众技能培训，增强当地民众脱贫致富的素质；开展贫困地区农村基层干部培训，提高基层干部能力水平；开展贫困地区乡村医生培训，提高医疗卫生服务水平。

2.1.7 旅游扶贫

旅游扶贫，是指贫困地区或经济欠发达地区，利用当地现有的或潜在的各种旅游资源来发展旅游事业，推动当地经济发展以辐射带动整个贫困地区的一种开发式扶贫手段，受惠对象主要以贫困人口为主。

2.1.8 协同扶贫

协同扶贫是为促进农村贫困地区摆脱贫困而构建的一种扶贫机制，该机制通过政府及其职能部门内部、政府主导下的市场、政府主导下的社会三者协同、整合与紧密发展的方式发挥作用，向农村贫困地区提供基本公共产品与公共服务。分为联动型协同扶贫和分流型协同扶贫两类。

2.1.9 农户满意度

满意度是指消费者对某种商品或者某种服务内心产生的一种主观评价的心理状态。某件产品或服务在使用完成后，消费者主观上产生愉悦的心情，就会对这件产品或服务较满意。如果某件商品或服务在消费者使用完成后产生了不满意情绪，消费者就会对此项产品或服务给出不满意的评价。满意度越高越能促进该商品或服务的销售，反之，满意度越低就会阻碍该商品或服务的销售。

在已有的满意度文献中，虽然有关于"精准扶贫满意度""产业扶贫满意度"等相关提法，但尚未有学者明确地对"科技扶贫农户满意度"的概念进行定义。综合参考前人关于各方面满意度的研究，本研究所提出的科技扶贫农户满意度指农户对于科技扶贫工作中各项政府决策、政府行为、公共服务等产生的情感反应与农户接受之前的期望相比较后的体验，比值越大表示农户对科技扶贫工作的满意度越高。通过研究科技扶贫农户满意度，政府可以根据这一主观性评价为科技扶贫各项政策的制定提供可参考的依据。

2.1.10 产业集聚

产业集聚的内涵主要包括：第一，与某一个产业领域有关。即同一产业领域内的企业和其他相关产业机构更容易集聚在一起；第二，产业集聚企业和相关机构间有一个个节点串联成的网络，不是简单孤立存在，这也是产业集聚能够形成的关键；第三，产业集聚是由众多类型企业、机构等相互融合而成的共生体，是相互关联的产业一体化发展的结果，在特定的地理区域内，和单个孤立的企业相比有着较强的竞争力。

2.1.11 产业融合

产业融合的本质是把不同领域的产业连接起来，通过产业之间的互相渗透、互相影响，来促使产业状态更加良好，促进整个产业的发展。此处的产业不仅仅是一个产业，而是各个不相同领域的多个产业。在经济贸易全球一体发展、高新技术不断出现的态势下，产业在自身的发展过程中，会与其他产业之间产生摩擦和交互的部分，由此催生了新技术的出现。而新技术的出现会改变旧的产业发展模式和状态，新技术、新产品和新工艺的出现会减少产业生产成本，为产业融合提供动力。新产品、新工艺的出现又改变了原有的消费范围，使得市场进一步扩大。进一步增加的市场需求反作用于产业生产活动，促使产业由单一走向多元，分工也逐渐变大，产业之间的界限也越来越不明晰，这就促成了产业融合。产业融合状态下的产业之间不是简单的加减，而是多个产业相互作用、相互影响、相互渗透及相互结合，逐渐达到融合状态，甚至产生新的行业，进而展现出产业发展新的形态和属性。

最早对农村产业融合进行研究的是日本农业专家今村奈良臣，他在20世纪90年代提出了"六次产业"的概念。他鼓励农民不仅要从事种植业，而且要接触农产品加工和销售，认为"六次产业"是一个相互联系的整体，三次产业之间是相乘关系，产生的效应大于"1+1+1=3"。

农村三次产业融合主要是把乡村作为发展的主要空间，农民是主要的参与主体，农业生产是主要载体，将农业与第二产业和第三产业紧密联系起来，形成整体发展的态势。通过农村三次产业融合，达到农民生活日益富裕、农业多功能性更加凸显、产业发展状态更加健康的目的，让农村经济活跃起来，将农村有价值的资源利用起来，改变农村落后贫穷的状态，让农民不再是"穷、落后、低素质"的代名词。

2.1.12 城乡一体化

关于城乡一体化发展，可以从社会形态、经济发展、生态环境3个方面来理解。社会学家通过研究城市和农村之间的关系，对城乡一体化有了以下认识：他们认为城乡一体化是一个动态的过程，在这个过程中，城市和农村之间的联系越来越紧密，发展也越发呈现出和谐有序的态势，城市和农村之间分离的现状逐渐被打破，在这种状态下农村居民的生活水平和精神生活不断得到提升；经济学家从经济向好发展和生产力结构优化的观点出发，认为城乡一体化最终要达到农村和城市经济均等发展的状态，而要想达到这一状态，就要加强农业与工业和服务业之间的联系，将城市和农村之间的产业结构统一布局，使分工更加合理，发挥市场调节的作用，一步步实现城市和农村之间资源、资金、技术、劳动力等各种生产要素的共享和有序流动，通过在农村和城市对生产力进行合理布局，以获得最大利润，不断减少农村居民与城市居民的收入差距；生态学家则从生态环境角度来理解城乡一体化，认为城乡一体化把城市和乡村的生态环境作为一个统一整体，不能只注重城市生态环境的保护，更不能为了发展经济，降低对生态环境的保护力度，城乡一体化要做到城市和农村居民拥有健康良好的人居环境，达到城乡健康、协调有序发展。

在生产力水平和社会经济高度发达的条件下，城市与乡村充分发挥各自的比较优势，让人口、资金等各项生产要素在城市与农村之间进行平等互换，同时找到最优化的组合方式，实现农村三次产业融合互动发展，促使城乡在经济、文化、生活方式、思想观念等各个方面逐步形成融合趋势，使得城市和农村处在同一发展水平线上，逐步形成互相联系、优势资源互补、产业交融的共同发展体，让城市和乡村之间的工业生产和市场经济实现一体化发展，用工业的发展来带动城镇的发展，通过城镇的发展来推动农村的发展，最终实现城乡平等一体化发展。

2.1.13 农业产业链

随着技术水平和生产力的不断发展，整个生产过程划分出越来越多既有区别又有联系的环节。在现代化大生产日益深入的背景下，分工和交易呈现出更加复杂和细化的特征，但是企业无法应对如此多且复杂的分工及交易活动，于是企业为了减轻自身负担和降低成本，开始向自身产业链的上端和下端寻求合作，这样企业之间就逐渐形成了相互关联的状态，并且逐渐达到了最优组织结构,这为产业链的发展奠定了基础。产业链有一个乘数效应,当产业链的某一个链条出现了效益改观,其他相关产业也会随之发生变化,产生倍增效应。

1958年,赫希曼在《经济发展战略》一书中阐述了产业链的概念,他认为产业可以向前端延伸,也可以向后延伸。简单来说,农业产业链是产业链的一个分支,描述的是农产品从原料到销售各个环节的动态过程。农业产业链的出现把与农业生产有关的第二产业和第三产业联系起来,使农产品从生产到销售实现了一体化发展,也使农业与工业、服务业实现了互融。同时还拓宽了农业产业的利润空间,减轻了农产品生产成本压力,开发了农产品多个获利渠道。

2.1.14 农业产业化

农业产业化实际是在经济和技术不断发展的背景下新形成的一种农业经营方式和产业组织体系。农业产业化把主导产业和优势产品作为重点,根据市场导向,将各种生产要素重新分配,优化组合,在生产过程中按区位优势进行布局,以专业化手段进行生产,形成规模性产业,同时延长加工链条,对产品进行系列化生产,在整个生产过程中提供社会化的服务,对生产企业进行企业化管理,最终使农业企业形成自我管理、自我调整、自我经营的良性模式,不断提高农业企业的经济效益。农业产业化是一个运用农业先进科技来改造传统农业的过程,这个过程把传统农业不断转变为现代化农业,是提高农业发展水平的有效路径。农业产业化使得农业生产更加专业化、生产要素更加优化、农业企业的经营和管理更加规范化,是促使农业经济结构不断调整的重要推手,在促进农业专业化生产、降低农业生产风险、提高农民收入等方面具有重要的作用,同时农业产业化也可以促进农业科技研发、提高农业核心竞争力。

2.2 相关理论基础

2.2.1 贫困代际传递理论

贫困代际传递(Intergenerational Transmission of Poverty)的概念是在20

世纪 60 年代提出的，在研究贫困群体为何处于长期贫困状态的过程中，美国一些经济学家发现，贫困家庭和贫困地区都存在贫困现象代代传承的现象。奥斯卡·刘易斯认为由于身处贫困的人和家庭缺乏与其他上级阶层交往的资源，就会逐渐固化交际圈，形成贫困文化，家庭的子辈会受到父辈或祖辈的影响，继承下去，使得贫困文化不断深化稳固，然后代代传递下去。而在奥斯卡·刘易斯的研究中，他发现贫困者几乎没有接受更高层次教育的意愿，对因受教育而需要付出代价的情况更加不能接受，所以只能从事获得薪水较低的低层次的工作，从而加深贫困程度。米德认为，如果政府对贫困家庭长期给予救助、社会捐赠等福利，就会使贫困家庭逐渐习惯这种福利，并认为政府理所应当给予救助。父辈们产生对政府的依赖，习惯享受社会救助和福利，没有改变贫困现状的意愿，更加不会为之付出努力，受家庭的影响，子辈们也习惯享受救助而不愿为脱离贫困付出代价。

因此，贫困的代际传递理论认为，贫困家庭会形成特有的贫困文化，受在一起共同生活在贫困环境中父辈的影响，贫困及导致贫困的相关条件和因素，可以在家庭代与代之间传递；再加上对政府救助和社会福利的依赖，不重视教育和接受职业培训，使前代的贫困和不利因素被下一代继承，并有很大可能会继续传递给后代，从而让贫困成为一种"遗传因素"在代与代之间传递，形成这样一种恶性遗传链。

2.2.2 阿玛蒂亚·森的能力贫困理论

阿玛蒂亚·森从能力的视角去定义贫困，将贫困的本质定义为个人能力的低下。他认为受政府发展的公共政策的偏好、医疗卫生和公共教育设施缺乏、男女性别歧视、过高生育率、失业、收入不均衡、家庭内部收益分配不均等因素的影响，这些因素很大程度上会弱化或剥夺人的可行能力，贫困则意味着贫困人口缺少保证自己和家庭正常生活的可行能力，再受外部因素的影响从而使其陷入贫困的境地。他指出，贫困的含义是无法创造收入和机会，较低的收入弱化了人们获得收入的能力，抵抗贫困的有效方式是提升个人的"能力"，而不是简单地发放救助金。除了缺少收入外，还有人力资本的缺失、患有疾病等因素影响贫困。摆脱贫困的前提，就是要创造一种公平、正义的社会环境，为每个人提供一种平等的机遇。

他反对发展只用经济增长的指标来衡量，其认为应该从单纯地促进经济增长转变为发展人们的可行能力。经济增长是指生产出更多的产品，而经济发展则包含着增强人们的能力，提高人们的寿命、文化水平、健康和受教育水平等多个方面，经济增长只是经济发展的一个工具，发展需要通过制度来实现。

在脱贫过程中，政府应当尽可能公平地制定公共政策，为贫困群体创造一个公平的社会环境，但如果不能发挥农民的主体作用，只依靠政府单兵作战，那脱贫只能是暂时的，很有可能发生返贫的现象，所以扶贫不能只停留在解决温饱的阶段，不能流于表面化，微观主体的内生动力必须强，这才是能够长效脱贫的关键。要建立脱贫不返贫的长效机制，必须要进行"输血"式扶贫，激发农民的内生动力，增强其主人翁意识，倡导贫困农户发展产业和实体经济，使他们获得持续稳定的收入，增强自身抵抗贫困的能力。

2.2.3 纳尔逊的"低水平均衡陷阱"理论

纳尔逊教授认为人口的过快增长是阻碍人均收入迅速提高的"陷阱"，低水平均衡陷阱是由低下的人均收入造成的。该理论分析了资本不足、人口快速增长对经济增长的制约，强调了资本形成和积累对摆脱"低水平均衡陷阱"的决定性作用。

纳尔逊分别对不发达国家的人均资本、人口增长、产出增长与人均收入增长的关系，用数字模型进行了研究。他指出，当人均国民收入水平长期处于生活所必需的最低水平时，生活贫困会抑制人口增长，而当人均收入水平增速快于人口增速时，生活水平的提高又将刺激人口增速的加快，从而导致人均收入水平退回原来的状态，这样循环往复的状态，导致了低水平均衡陷阱。所以，不发达国家要想摆脱这个陷阱，实现经济的增长，就必须通过大规模的资本投资，使人均收入的增长速度大幅高于人口的增长速度。

"低水平均衡陷阱"理论的核心在于指出资本投资对经济增长的重要作用，这一理论对发展中国家解决贫困问题有借鉴作用。要走出"陷阱"：既要刺激企业经济效益大幅提高，对制度进行创新，又要促进企业资本的形成，不断完善金融体制，还要通过大幅增加投资，逐渐扩大规模，从而创造就业机会，较大程度地提高居民的收入，促进市场容量不断扩大，使工业经济得到发展。

农村经济，如果只依靠分散的农民主体，要实现快速增长是比较困难的。推动农村经济又好又快发展，要在现有生产力等条件的基础上，创新生产方式。发展高效农业，推动农业生产向规模化、产业化和科技化发展。扩大农业专业合作，促进农村合作经济组织快速发展，提高农民组织化程度，是促进农业经济持续增长、农民收入稳定增长的重要途径。

2.2.4 纳克斯提出的"贫困恶性循环"理论

在纳克斯教授的著作《不发达国家资本的形成问题》中认为，发展中国家长期贫困的原因，并非国内资源不足，而是因为经济中存在若干互相联系、互相作用的"恶性循环系列"。

从供给方面看，资本形成有一个恶性循环。发展中国家经济不发达，人均收入水平低，低收入意味着人们不得不把大部分收入用于生活消费，而又很少用于储蓄，从而导致了储蓄水平低、储蓄能力低；低储蓄能力会造成资本形成不足，资本形成不足又会导致生产规模难以扩大，生产效率难以提高；低生产率造成低产出，低产出又造成低收入。周而复始，形成"低收入—低储蓄—低资本形成—低生产率—低产出—低收入"的恶性循环。

从需求方面来看，资本形成同样也形成一个恶性循环。发展中国家经济落后，人均收入水平低下，这就意味着较低的购买力和消费能力；低购买力导致引诱不足；投资引诱不足又会造成资本形成不足；资本形成不足又会使得生产规模难以扩大，生产率难以提高；低生产率又带来低产出和低收入水平。这样，形成"低收入—低购买力—低投资引诱—低资本形成—低生产效率—低产出—低收入"的恶性循环。

2.2.5 多维度界定的贫困理论

2.2.5.1 以收入界定的贫困理论

《贫困：城镇生活的研究》中对贫困的概念做出了阐述：贫困就是所获得的收入无法满足自身生活生存所需要的支出，主要就是在食品上无法得到满足。该书作者认为在一定的生产力条件下，大部分地区居民的食品支出与生活水平的中间线，也就是能够满足居民正常生产生活的水平线，就是该区域的贫困线。物质贫困的概念从该书中产生并界定。

Townsend 在 1979 年，根据人类社会的阶级差别形成一定的收入差距，从而产生相对贫困的概念。他所阐述的贫困定义与 Rowntree 的概念比较相似，是在借鉴 Rowntree 概念的基础上逐步发展而来的。

以上两个学者对于贫困的界定主要集中于食品支出与阶级，本质上都是因为收入差距而导致的资源匮乏，二者在本质上都是一致的，在收入方面界定贫困的研究理论被目前大多数研究贫困理论的学者称为传统贫困理论。

2.2.5.2 以贫困率为主的测度理论

随着各界学者对贫困的不断研究与探索，目前形成了在宏观经济上的多样化贫困指标。当前认可度最高的衡量贫困的指标就是贫困发生率。贫困发生率是指在一定的生产力水平条件下，一个地区低于贫困标准线的人口占统计人口的比重。具体的表达式为：贫困发生率 = 贫困人口 / 统计人口 ×100%。该指标的特点在于能够直观准确地衡量一个地区贫困的整体状况，有效反映区域内贫困人口所占比重。贫困发生率不仅易于计算，而且信息相对容易统计，被广泛地运用于区域内贫困状况的统计与衡量。公式表达为：

$$H = \frac{Q}{N}, \tag{2-1}$$

式中：H 即贫困发生率，表示为 Q（贫困人口）和 N（总人口）的比率。贫困发生率的计算原理相对简单，虽然能够直观地反映出地区内的贫困状况，但是只能够反映出一个地区笼统的宏观贫困状况，并不适用于对贫困的研究与深度探讨。因此，现代学者不断开发与研究新的贫困衡量指标，用于统计复杂的贫困状况。

2.2.5.3 以贫困指数为主的测度理论

Alkire 与 Foster 在多维贫困测量方面，提出了 A-F 贫困双重识别法。该方法目前在贫困研究的领域中认可度比较高，被广泛地运用于各类发展中地区的贫困测量。该方法也是联合国开发计划署（UNDP）在计算全球各个国家贫困所处状态的重要方法。该方法共分为 4 个步骤。

第一步：0-1 矩阵的确定。构建一个 b 行 d 列的矩阵 Y：

$$Y = \begin{bmatrix} y_{11} & \cdots & y_{1d} \\ \vdots & \ddots & \vdots \\ y_{b1} & \cdots & y_{bd} \end{bmatrix}。 \qquad (2-2)$$

该矩阵中每一变量反映了每一家庭在不同维度上的实际情况。公式里面的 b 代表有效样本的个数，d 代表维度的个数，即测量多维贫困时使用的维度数。行向量 $(y_{n1}, y_{n2}, \cdots, y_{nd})$ 表示家庭 n 在不同维度上的观测值，列向量 $(y_{1m}, y_{2m}, \cdots, y_{bm})T$ 表示在第 m 个维度上的不同家庭的观测值，所以 y_{nm} 表示第 n 个家庭在第 m 个维度上的实际观测值，其中 $n = 1, 2, 3, \cdots, b$；$m = 1, 2, 3, \cdots, d$。

第二步：识别。首先，确定剥夺临界值。例如，若拿收入这一维度来表示，其贫困剥夺临界值可以用定量的方法来描述收入的高低，如 XX 元。但是如果衡量"健康状况"则无法用具体的数值来表述，需要设置虚拟变量，因此，可以用"是否患有慢性病"或"是否住院"进行健康状况的判定，但是所有的定量与定性指标都需要一个完整的调查研究才能确定。因此，在确定贫困剥夺临界值的时候，需要更具体的描述确定临界值。其次，构建剥夺矩阵 Y_1。构建的剥夺矩阵 Y_1 是一个满足 0～1 分布的矩阵，其中 1 的取值表示其实际值小于临界值，处于被剥夺的状态，0 的取值表示其实际值大于临界值，未剥夺。以某一农户为主，通过将得到的剥夺值相加，就能够得出某一农户的剥夺计数，表示这一农户存在多个维度的贫困。

第三步：加总。在计算贫困发生率 H 的基础上进行延伸，为了将农户或者地区所受贫困的深度测算出来，提出了多维贫困指数（MPI）进行测算的方法，

用 M 来代表。则：

$$M = H \cdot A, \tag{2-3}$$

式中：A 的值为某一农户在不同维度下被剥夺个数与剥夺状态的乘积除以总的样本数与维度数的乘积。表示贫困的平均剥夺份额。

第四步：分解。在多为贫困指数的分解中，通过单一维度、单一指标，某一区域的分解，得出不同 K 值下的影响率。用 M_j 表示在多维贫困测量下第 j 个维度对多维贫困指数的影响额，其表达式为：

$$M_j = P_j \cdot W_j / n, \tag{2-4}$$

式中：P_j 为按照设定的 K 个维度下在第 j 个维度的贫困家庭数量；W_j 是第 j 个维度的权重。因此，可以计算出各个维度在设定的 K 个维度下的多维贫困影响率 C_j，其公式为：

$$C_j = M_j / M。 \tag{2-5}$$

2.2.6 城乡一体化理论

杜能（VonThunen）最先阐述了城乡一体化理论，他认为在产业布局时要基于工农业发展的基础考虑到乡村发展。我国经济社会是由城市和乡村的经济活动构成的，但由于传统的城乡二元结构，城乡之间差距较大，这种差距体现出社会经济发展中存在不平衡不健康的特征。城乡之间是不可分离的，城乡之间应该是和谐的、平等的，因此，如何缩小城乡之间的差距，实现城乡平等发展，成为学者们关注的问题，于是城乡一体化理论应运而生。按照范围的大小，可以将城乡一体化的内涵按广义和狭义来区分。狭义的城乡一体化包含的范围较小，它要求在城市和乡村这两个不同性质的地域空间上实现资金、技术、资源的共享与自由流动，而广义城乡一体化则有更大的研究范围，不仅仅要求城市和乡村在经济发展水平上达到一体化，更要求从社会、文化、生态、政治等方面互相影响，共同发展。

在过去特定历史条件的影响下，我国形成了城乡二元体制机制问题，并由此带来了一系列的问题，包括城乡经济、文化等各方面的差距，而"城乡一体化"理论正是为了解决这些问题所提出的。城乡一体化属于制度层面的城市化概念，其目标是通过改革一些有碍于乡村全面发展的政策和体制机制，促进城乡之间人才、资本等要素的相互流通，逐渐缩减城乡之间的差距，改变城乡二元经济结构。目前关于城乡一体化的概念，大致分为两种观点：一种观点认为，城乡一体化就是逐步实现城市范围的扩张，将农村地区进行城市化，并一体化到城市中去，其实质依旧是发展城市；另一种观点认为，城乡一体化主要是通过改革体制机制，使城乡在规划建设上达到一体化，使资源要素能够在城乡之间没有壁垒地自由流动，逐渐形成城乡一体化发展。本研究同意后一种观点。

需要注意的是，作为解决城乡二元结构的一个重要方法，城乡一体化发展所指的消除城乡差距是指消除那些由于城乡之间不平等的制度所产生的差距，这与消除城乡之间的一切差别有着天壤之别。也就是说，城乡差别将会长期存在，只是这种差别不再是由于制度的不公平所引起的。所谓城乡"一样"，是指公共服务从城市向乡村地区延伸，使城乡地区的居民都能够没有差别地享受基本公共服务。换句话说，城乡一体化不是在乡村地区建造一个城市中心的复制品，也不是按照城市景观对乡村地区进行统一改造。按照其他国家的经验来看，城乡地区在文化、景观及观念等方面将会长期存在一定的差异。

2.2.7 农业多功能理论

农业多功能性概念首先由日本学者出于保护"稻米文化"而提出。此后，农业的多功能性逐渐进入国内外学者的视野，诸位学者对其进行深入研究，提出了多种观点。按农业的功能进行分类，朱启荣、闫国宏等（2003）把农业的功能分为商品生产功能和非商品生产功能；姜国忠（2004）则认为农业有物质产品功能和非物质产品功能。学者们对农业功能开展深入研究，有以下几个方面的分类：石言波（1999）从经济、社会、环境3个方面来阐述农业的功能。赵敏（2005）除了从经济和环境两个方面外，还认为农业具有文化功能。陈秋珍（2007）则在前面两位学者观点的基础上对农业的功能进行了更深层次的研究，认为农业还具有就业、粮食安全、动物福利等社会性功能。

随着经济和科技的不断发展，人们改变了对农业的传统认识，农业除了给人类提供粮食和农副产品之外，还有推进工业化进程、催生新兴服务业等其他方面的功能。农业在经济方面的功能体现在农业通过生产农副产品、通过农副产品的购销参与市场经济活动，保证农业产业的经济收入；农业在政治和社会方面的功能具体表现为农业通过自身的运行，解决农业生产者的就业问题，保证其有稳定的收入，进而促进社会的稳定，同时农业不断向其他产业领域延伸，与其他产业进行合作，增加了农民增收的路径，还培养了一批有新思想、新技术的新型农民。农业生产有助于农村生态环境的绿化、水资源的保护和水土质量的保证，同时因为农作物的生长，会给一些动物提供食物，农业作为生态链中的一部分，很好地维持了生物的多样性，这正是农业生态功能的体现。农业文化在教育方面的功能体现为农业发展，可以保护和传承特定的村落文化和农业文明，乡村旅游可以让更多的人认识到我国优秀的农耕文化，农业的各个功能之间是互相影响和互相融合的，如果只发挥农业的一种作用，不但会减少农业生产的收益，而且会丢失我国农业的多功能性特征。

2.2.8 可持续发展理论

"可持续发展"这一概念是在1987年召开的联合国环境规划署理事会第15次会议中提出的，简单概括为当前的产出在满足当代人生活需要的同时，还要保证不能威胁后代人满足需求的发展。从广义上讲，是指在充分考虑时间和空间的情况下，自然经济和社会系统的持续协调发展；从狭义上讲，可以理解为资源和环境的可持续发展，也就是以最小的资源和环境为代价取得最大的经济效益。

可持续发展的思想可以概括为以下几点：第一，改变以往以资源严重浪费和环境严重污染为代价而一味地追求经济高速发展的方式，特别注重与环境保护相协调的自然资源的合理开发和利用，在对资源和环境保护的前提下发展经济。第二，在社会经济普遍发展较好、人们生活水平普遍提高的同时，特别关注贫困人群的生活状况及需求。第三，认为保护地球、维护资源的可持续性是每个国家的责任和义务，当代人和下代人同样拥有享受同等资源的权利，同时也负有保护资源永续发展的义务。第四，发展不仅是经济水平的提高，而且是自然、经济和社会更加平衡、和谐、相辅相成的进化过程。

2.2.9 科技扶贫满意度研究

2.2.9.1 顾客满意度理论

顾客满意度理论最早始于 1970 年年初对于消费者心理学的研究中，1990 年以后，顾客满意度理论的研究运用日益成熟完善，20 世纪 90 年代末，在借鉴瑞典顾客满意度测评模型的基础上，Fornell 等从消费者的角度出发建立了美国的顾客满意度测评模型。

我国的顾客满意度理论测评体系起步较晚，20 世纪 90 年代末，在借鉴西方满意度测评模型的基础上，先后建立了期望模型、绩效模型、公平模型等多种满意度测评模型，目前这几种满意度测评模型在我国学术界已经运用得非常成熟。

2.2.9.2 期望理论

该理论认为，某一项活动或者某一项工作对人的激励或者积极性的提高，取决于他们所能得到成果的全部预想期望价值与他认为实际需要达到该成果的期望概率。当预期的结果小于实际情况时，人们的工作积极性就会有所下降，这种情况下应当加强对员工们的物质奖励，如提薪、分房子等。当预期的结果大于实际情况时，人们的工作积极性将会大大提高，在这种情况下应当对员工进行精神奖励，如口头表扬、发放荣誉证书等。当预想的结果与实际情况相等时，人们的积极性不会有太大的变化。

2.3 国内外研究动态

2.3.1 关于美丽乡村建设的研究动态

2.3.1.1 国内文献综述

从现有的文献看，我国关于美丽乡村建设的研究主要集中在以下几个方面。

①关于美丽乡村的内涵。该研究大多从自然与社会层面，生产、生活与生态之间的关系，以及消除城乡差别等方面探讨美丽乡村建设的内涵。例如，柳

兰芳（2013）认为，美丽乡村之"美丽"体现在3个层面：自然、社会和人文，是良好的生态、优美的环境、合理的规划、和谐的社会、富裕的农民及丰富的产业结构的有机统一。具体来说，它包含了"美"的5个层次：生态环境之美、社会环境之美、人文环境之美、合理布局与规划之美及制度机制之美。魏玉栋（2013）指出，"美丽乡村"首先应该是生态乡村，"美丽乡村"的创建必须在保护当地原有生态环境的基础上进行合理的规划和编制，要尊重当地原有的人文、景观和历史文化，甚至是传统风俗。正确的美丽乡村建设应该是，尊重本地现有的资源并挖掘本土宝藏，针对本地现有的文化和产物进行设计，在保护的前提下利用本地资源打造属于自己的品牌，强化品牌效应，扩大影响力。杨方（2018）认为，美丽乡村建设的目的并非将乡村打造成城市的样子，而是要改善农村的环境质量，按照科学因地制宜地规划编制，让农村真正成为有绿水青山的地方，改善农村的人居环境，在此基础上有效地利用优美的生态环境，打造宜居宜游的环境，从而改变以往单一的农村产业结构，达到人与自然和谐相处的良性循环。张孝德（2013）指出，美丽乡村建设的最终目的是消除城乡二元结构，而要实现这一最终目标，就是要通过建设农村，依据农村现有的特点，发展特色产业，并延长产业链，改变以往单一的产业结构，增加农民的收入，也增加农村的吸引力，吸引周边的人、物及资金等向农村地区聚集，从而逐渐缩小城乡之间的差距，消除城乡二元结构。

②关于美丽乡村的建设现状与模式。该研究多从以下3个方面进行阐述：一是描述和分析其他国家（如美国、英国、日本、法国等）的乡村建设模式，并为我国的建设找到一些可供参考的建议。例如，黄杉等（2013）通过分析日本的"造村运动"、韩国的"新村运动"、德国的"村庄更新"和荷兰的"农地整理"，认为这些国家的乡村建设过程都是依据自身的特点因地制宜地进行规划的，因此，我国美丽乡村建设也应该是按照各地的特色进行，而不能是千篇一律地建设。二是描述我国美丽乡村建设较为成功的地区（如安吉、宁国等地）的建设情况，并总结不同特色的美丽乡村建设模式，包括依据乡村类型、地名及其主要特征来命名3种情况。例如，王卫星（2014）的研究认为，我国的美丽乡村建设模式大致可分为4类，分别是：聚集发展型、旧村改造型、古

村保护型及景区园区带动型。聚集发展型的特点是有一个中心村，这个中心村的水、电、路、房及公共服务等配套设施建设较为完善。旧村改造型就是将原本村容村貌较差、基础设施不够完善的破旧村落按照美丽乡村的建设标准进行改造。古村保护型，顾名思义，这个村庄里古文物、古建筑较多，有保存开发的价值，因此，在保护的前提下，可以将这样的村庄进行改造，以便发展旅游业。景区园区带动型的特点是这个村子的周围一定有景区或园区，这样的村子进行建设时可以多建造一些景区配套设施，如宾馆、农家乐等。李永清（2018）认为美丽乡村建设的模式是多种多样的，在实际建设过程中，必须充分结合农村地区的实际情况，选择科学的实施路径。三是探索国内外现代乡村建设的经验和启示，其中以对国内美丽乡村建设经验的总结为主。例如，农业部农村社会事业发展中心（2012）通过对"宁国模式"的研究总结，认为美丽乡村建设不能千篇一律，必须按照当地特色，结合当地传统，在保护资源环境的前提下开发利用，培养优势特色产业，坚持城乡统筹，依靠全民参与。

③关于美丽乡村建设的成效。在现有的文献中，关于美丽乡村建设成效的研究较少，仅有的研究主要可以分为两类：一是在某一地区美丽乡村建设现状和总结中分析其成效。例如，农业部农村社会事业发展中心新农村建设课题组（2015）在分析"安吉模式"背景、形成过程、内涵的过程中总结了其建设成效。农业部农村社会事业发展中心在描述"宁国模式"背景、形成过程、内涵及建设模式的基础上总结了其5个方面的建设成效，主要包括人民群众更加富裕、城乡差距逐渐缩小、产业结构更加多元、生态环境更加优美、乡风更加文明。二是从总体上对我国美丽乡村建设的成效进行总结。例如，陈秋红（2017）认为，我国自开始美丽乡村建设的事业以来，总体的建设成效可以总结为：农村水、电、路及公共服务等基础设施配套越来越完备，人居生活环境越来越优美，农民生活质量越来越高，农村产业结构越来越多元化，农民精神生活越来越丰富。

2.3.1.2 国外文献综述

根据已有文献及书籍的记载，国外并没有"美丽乡村"这一用语，出现最多的是"乡村发展"及"乡村建设"，但其"乡村建设"与我国的"美丽乡村建设"

基本一致。现有的国外文献大多是从以下两个方面进行研究的。

（1）乡村发展理论

恩格斯（1914）最早提出了"城乡融合"的概念，他认为城乡融合既能解决农村地区贫穷落后的问题，还能帮助城市解决其由于大量农村居民涌入而导致的许多问题，并且进而能够解决多年形成的城乡对立问题。舒尔茨（1987）提出了"城乡发展"理论，他认为农业与工业一样，在一国的经济增长中也占据重要地位，因此，应该重视农业、重视农村的发展。埃比尼泽·霍华德（1902）在田园城市理论中提出，解决城市扩张的方法是将城市集中发展的方式改为分散发展，即在中心城市周围建立若干围绕着的田园城市，让人口重新返回乡村中。麦基（1990）在对亚洲国家和地区社会经济发展进行研究后，认为城乡要统一规划，才可以减小城乡之间的差距。

（2）乡村建设模式

国外一些国家在乡村建设方面进行得比我国早，形成了一些典型的模式和值得借鉴的经验做法，比较有代表性的是德国的村庄革新、韩国的新村运动、日本的造村运动及美国的乡村发展模式。

德国的村庄革新运动始于1988年巴伐利亚州提出的《巴伐利亚州通过土地整理与村庄更新促进农村发展的纲要》，通过实施乡村土地整合及村庄重新建设等项目，促使大量涌入城市寻找生计的农村人口重新回到农村，从而平衡农村经济和城市经济。金英姬（2006）通过总结新村运动的历程认为，随着形势的变化和经济的发展，韩国的新村运动不再只是最初在农村地区由政府主导的单纯解决农村问题的政策，而是已经转变为由民间自发进行地可以实现国家现代化的政策，新村运动不仅取得了物质上的成就，更重要的是对韩国国民起到了精神激励方面的成效。陈磊等（2006）认为日本的造村运动将普通居民们当作行动的主体，政府只在技术和政策方面给予支持，通过对乡村资源综合化、高效化的开发，培育具有优势的产业基地，振兴经济，增加产品附加值，促进农村经济的可持续发展。日本通过造村运动，乡村环境得到了极大改善，经济得到了良好发展。美国的乡村发展主要由城市工业化带动，利用已经发展起来的城市带动周边乡村产业发展。

2.3.1.3 国内外研究述评

通过对相关文献的梳理可以看出,国外对乡村建设的研究开始较早,相关理论较为完善,有一定的借鉴作用。国内关于美丽乡村建设的研究主要集中在对美丽乡村的内涵、美丽乡村建设的现状、美丽乡村建设的模式等方面。但也存在些许不足之处,主要表现在:①在研究内容方面,现有相关文献大多从理论方面解读相关政策,对相关概念及建设现状等进行定性阐述,缺少以实际数据为基础分析的定量研究;②在绩效评价方面,现有相关文献大多从宏观角度分析我国美丽乡村建设的整体成效,或者是以现有较为有名的"安吉模式"等开展评价,总结其建设的初步成效,缺少微观层面和以农民为主体进行的探讨。

2.3.2 关于科技扶贫的研究动态

2.3.2.1 国外文献综述

(1) 关于贫困概念的研究

国外学者对于"贫困"的研究始于 20 世纪 20 年代初。美国著名学者雷诺兹(Lloyd Reynolds)主要从家庭成员收入不足来展开论述,认为所谓贫困是指在许多美国家庭中,家庭成员的收入不能满足日常的消费开支,物质上相对匮乏。奥本海默(Carey Oppenheim)对"贫困"的解释范围更广,他所谓的"贫困"涉及日常生活中的各个方面,但最终还是落到了"开支",即消费,认为贫困是指在日常消费的物质生活上、精神生活上和情感生活上的不足。这就意味着人们在衣、食、住、行等多方面的支出要低于全国的平均消费水平。在《1990 年世界发展报告》中,对"贫困"定义为"在日常消费生活中,物质消费水平上达不到最低生活保障"。在《2000—2001 年世界发展报告》中,学者们更是进一步把"贫困"解释为,贫困是除了物质消费上的不足、低于全国教育平均水平和医疗卫生平均水平外,还包括面对风险和面临风险时的脆弱性,以及不能表达自身的物质需求和精神需求的能力。

(2) 关于科技扶贫的研究

在对科技扶贫的研究中,近年来国际上许多专家学者做了大量的研究,成果丰硕，研究方法相对成熟。Yunbi Xuetal 在对科技扶贫的研究中发现，自然环境、社会投入资本等众多要素对拉动经济增长的速度明显要小于科学技术对于经济增长的拉动速度，由此可以看出科学技术是拉动经济增长的关键因素，这一研究结果为科技扶贫带动农户脱贫致富提供了有力的科学理论支撑。Denavaswalt Cetal 研究了随着农业科学技术水平的不断提高，在经济快速发展的条件下，贫困与健康保障之间的关系，最后得出结论：随着农业科学技术水平的不断提高，农户收入不断增加，生活水平逐渐改善，最终将会彻底摆脱贫困问题。Pandya M 和 Bhatt K 研究了印度贫困发生率及贫困人口大幅下降的直接原因，认为随着农业科学技术的快速发展，推动了农业灌溉技术的现代化，许多荒地、旱地等不具备农作物生长条件的土地因灌溉技术的提高被大量开垦出来，人均耕地面积不断扩张，粮食产量不断提高，推动了商品粮市场的快速发展，农户的收入不断增加，贫困人口显著减少，贫困发生率逐年下降。

（3）关于满意度的研究

关于满意度的定义，国外学者认为它是一种认知评价。国际上关于满意度的研究已经相当成熟，主要采取调查问卷形式了解消费者对于某种产品或服务的主观评价，或者构建满意度测评模型运用数学的方法，将难以量化的满意度测评问题转化成可以量化的定量问题进行满意度计算。Gregg 采用电话访谈的形式对纽约市政府公众服务总体满意度进行了调查，最终得出结论：纽约市民对政府的各项服务整体呈满意态度，但还是有部分市民对政府的各项福利政策、种族政策、救济措施等不太满意。Janet Sim 通过构建顾客满意度模型，对顾客的消费行为进行分析。结果表明，顾客对于商品或服务的满意度评判标准是该商品或服务的质量、实用性、舒适性是否达到预想的结果，顾客对商品或服务的满意度取决于顾客的年龄、性别、喜好等多个方面。

2.3.2.2　国内文献综述

（1）关于贫困的研究

国内学者对于贫困的研究起步较晚，主要从扶贫政策的演变、贫困的成因及改善贫困的具体措施等方面进行研究。黄一玲、刘文祥（2020）将我国农村扶贫政策演进划分为4个时间段：①寻找贫困根源的初步探索阶段（1949—1977年）。②解决温饱问题的发展阶段（1978—2000年）。③完善先富带动后富的帮扶阶段（2001—2011年）。④以解决深度贫困为主要目标的帮扶阶段（2012年至今）。张子睿（2019）将我国部分地区长期贫困的原因归结为主观和客观两个方面。客观上，贫困地区贫困的原因基本相同，主要表现为山多、水少、资源匮乏、交通不发达、缺乏主导产业、缺技术等。主观上表现为这些贫困地区的贫困户受传统农业发展思想影响，文化素质偏低，科技接受能力弱，无法满足快速发展的市场经济需求。周珂珂、沈权平（2019）从4个方面提出了解决相对贫困问题的措施。①项目带动产业发展，促进农户增收模式。加大对贫困地区特色产业项目的资金投入力度，完善交通、电力、饮水等基础设施建设，保障各项目能够顺利进行。②提高农户科学文化素质，增强农户内生发展动力的教育扶贫模式。加强对农村贫困地区的教育投入力度，加大对农户的科技培训次数，提高农户自我发展能力。③人才引进扶贫模式。加快出台各项人才引进政策，吸引高素质人才助推发展。④产业扶贫模式。大力发展农产品加工、民俗文化等特色产业，将资源优势转化为经济效益。

（2）关于科技扶贫模式的研究

黎世民、苏磊等（2020）主要对科研院所带动、龙头企业带动、帮扶干部带动、科技（产业）园区带动和农村电商带动等5种科技扶贫模式进行了阐述，分析了河南省科技扶贫中存在的问题并提出了推动河南省科技扶贫快速发展的对策建议。秦建军（2018）从科学技术在农业领域的应用、科学技术带动产业发展、科学技术在提高农业劳动生产率和增加农户收入等方面，总结出了江苏省农业科技扶贫发展的主要模式，为江苏省的科技扶贫探索出了一套完善的科技扶贫体系。靳拥军（2011）从重庆市三峡库区石柱土家族自治县农村地区科技扶贫实际情况出发，在了解科技扶贫真实效果和社会公众满意度的基础上，对重庆市农村地区科技扶贫取得的成果进行定量分析研究，找出了重庆市农村地区目前科技扶贫存在着科技扶贫模式运用不成熟、科技投入不足、高素质技术人才缺乏等问题。提出了要把"输血式"扶贫与产业扶贫、科技扶贫等结合起来共同发挥作用，改变重庆市三门峡地区农户的贫困状况。

（3）关于满意度测评的研究

徐铭蔓、徐曼（2019）运用层次分析法计算出各指标权重，构建 Ologit 模型建立贫困户满意度测评模型，研究分析出了影响农户满意度的各因素。张晓佳等（2017）采用问卷的形式从社会群众的角度出发，对精准帮扶政策的必要性、精准扶贫政策执行效果、精准扶贫政策实施过程中存在的问题等，了解精准扶贫公众满意度情况。认为从社会群众的角度出发能够全面地了解精准扶贫政策的实施效果，从而真实地反映社会群众对于精准扶贫政策的满意度情况。林知远（2019）从农户的角度出发，对生态扶贫促进经济发展、生态扶贫推动旅游业发展、生态扶贫增加农户收入等多个方面的满意度情况进行因子分析，得出以下基本结论：生态扶贫对于促进经济发展、提高农户收入、推动旅游业发展具有正相关关系。王秋（2019）通过从昆明市石林县长湖镇等多个乡镇的公共文化服务公众满意度出发，分析了昆明市农村地区公共文化服务发展的现状及存在的问题，提出了加强政策宣传力度、加大对文化广场、体育锻炼设施、图书馆等基础文化设施建设的资金投入力度，建立健全文化服务监督反馈机制，为地方政府高效地提升农村公共文化服务提出对策建议。

2.3.2.3 国内外研究述评

从以上国内外相关文献可以看出，目前国内外专家学者对于贫困的概念、贫困的原因、脱贫的具体措施、扶贫政策的演变等的研究已经相当成熟。关于科技扶贫的研究中，国外学者主要从科技对经济发展的贡献、科学技术在农业方面的应用等做了大量研究。国内学者主要从科技扶贫模式、科技对产业的发展及科技对农业生产效率的提高等多方面进行了深入研究与分析，找出了目前科技扶贫中存在的问题及解决措施。在对满意度的研究中，国内外专家学者分别从政府、公众、农户等角度出发，运用调查问卷、满意度测评模型、因子分析法、模糊综合评价法等对精准扶贫、生态扶贫、公共文化服务等满意度进行分析研究，找出了精准扶贫、生态扶贫、公共文化服务中存在的问题，并有针对性地提出了对策建议。

2.3.3 关于多维贫困的研究动态

国内外学者对于多维贫困的研究,大多数都是统计计量分析验证、基础理论的开发、指标的选择及治理的研究。在多维贫困测度领域的研究方面国外学者具有开创性的作用,但国内学者在构建符合国情和生存特点的研究方面做出了一定的贡献。因此,逐步出现了国内对于多维贫困的应用大部分是借鉴国外相关研究方法,并在此基础上联系自己所做研究的实际情况进行分析与探究。例如,多维贫困指标的确定、数据的收集、根据区域间的异质性来进行检验与分析。

2.3.3.1 关于多维贫困测量的研究态势

1985年,阿玛蒂亚·森在其《商品和能力》著作中对贫困概念进行了拓展,由原来单方面从经济学的角度判定贫困及以传统的收入为判定标准的贫困鉴定,拓展到将人力资本和社会发展等其他方面相结合,形成多种鉴定条件下的多维贫困测度,这也促进了多维贫困这一概念的产生。随着经济社会的发展,以及对贫困探究的不断深入,这一概念的产生迅速得到了各位学者的认同。随着各位学者在已有多维贫困框架研究的基础上,深入地研究多维贫困测量在方法、指标的构建、测量结果的分析3个方面的应用。

伴随着多维概念的扩展,多维贫困测度的方法也开始不断拓展,现在主流的多维贫困测量方法均由国外的研究学者提出。Hagenaars(1987)在空间上计量各地区的收入差异,从而确定 H-M 指数。从两个方面衡量贫困的剥夺程度,为国外学者探索其他不同维度同收入维度相结合的方法提供了借鉴依据,同时也为多维贫困测度的多种计算形式奠定了基础。随着越来越多的学者研究多维贫困测度,提出了人类发展指数(HDI),这一指数的主要作用是以研究个体为基础,通过确定人类预期寿命、总体教育年限、居民生活水平3个指标,构建成为一个测度的贫困能力方法理论。2007年,适用范围最广的以测算多维贫困指数(MPI)为主的"Alkire·Foster方法"被阿尔基尔(Alkire)和福斯特(Foster)提出并发表,该方法被简称为 A-F 方法。该方法被广泛应用于目前多维贫困的措施,主要是为了比较不同研究个体的贫困状态,从而确定是否被剥夺,计算多维贫困每个维度值,与确定的阈值进行分析,并形成剥夺多维贫困指数总结。

　　国内对于多维贫困的研究起步相对较晚，但国内学者为将多维贫困测度理论同我国实际贫困情况结合起来进行研究做出了一定贡献。张建华等（2006）在总结多维测度方法优势和劣势的同时，汇总了过去100年左右的贫困计量方法，述评基于公理方法的贫困测度，为中国的研究奠定了基础。张全红、周强(2014)通过分析非公理化分析方法与公理化思想方法在多维贫困测度中的应用得出了不同的结论，同时述评了两种方法在进行测度时需要的适用环境。高艳云、马宇（2014）在理论基础部分对如何开展多维贫困测度进行了深入阐释，同时对国内外在研究贫困中常采用的多维贫困测量方法进行了大致分类，总结了各种方法的计算思路，结合实际情况对不同测量方法做出了相应的评价，最后指出了今后应深入研究的一些问题。丁建军（2014）从理论、方法、实践进展3个方面对多维贫困测度进行了系统阐释，并有针对性地给出了健全测度的方法，并建议大量应用到具有针对性的扶贫政策研究中。文娟（2018）以当前已有的学术成果为基础，梳理国内外贫困界定方法、贫困测定相关理论。综上所述，国内学者主要在国外学者的基础上提出了多样化多维贫困测量方法，进行了深入的分析和研究。

　　国内对贫困测度的研究主要集中在从这个单一维度拓展收入贫穷的经济影响。随着国外多维贫困学理论的引入，从多维视角对贫困问题进行控制测量不断被国内经济学者认可并加以运用。国内学者主要进行了测量多维贫困指数基于中国的实际情况，临界尺度的变化、延伸和拓展使用。从贫困的识别，单一维度到多维度等测度方法的实施，以王小林的研究基础拓展为主，也不断地丰富了国内在贫困研究领域对多维测度的应用。侯卉等（2012）基于通过贫穷理论解释了"能力"这一概念，认为贫困不仅是收入贫困，当处于一种特殊的环境、不具有消费能力，这种能力的欠缺遭受社会排斥，同时限制了行使政治权利，因此选择了9个省份，运用7个指标以模糊评价方法来确定贫困措施。王雅萍（2015）以宁波市88户家庭调查为例，根据可获得的数据，结合我国实际发展情况从生活资料、精神、健康这3个方面重新定义，对我国目前贫困概念的界定与扶贫相关理论做出了新的创新。张童超（2016）在维度指标上引入市场唯一参与者指标的收入与教育、基础设施3个维度进行测量,从4个维度比较不同市场参与后的测量结果。最后根据不同的研究目标进行多维贫困测量的实证分析。国内学者也对多维贫困的不同测量对象进行了大量的研究,从最初的大规模研究对象逐渐减少到农民微观个体,研究对象越来越精确。郭建宇(2012)以联合国计划开发署的研究指标为主,运用多维贫困测度指数,分析山西省2009年的农村贫困监测数据,分析了样本中不同农户所处的多维贫困状况,计算出山西省不同地区对贫困的贡献度及不同地区的贫困差异。基于主成分分析理论的前提下,张全红等(2014)选择全国有代表性的9个省为测量对象,从4个维度选取10个指标,分析9个省在8年间多维贫困的变化,并分析了不同省份人均收入水平引起的贫困指数。周常春等(2017)通过在UNDP基础上,引入社会资源这一维度对贫困地区农户进行测度,并从政府社区内部项目资源管理能力、扶贫项目参与能力和农户自我发展能力3个方面对连片特困区农户多维贫困的影响因素进行分析。张雄、张庆红(2019)通过引入思想观念、普通话水平指标,分析了连片特困地区农户多维贫困状况,并进一步从家庭特征、村庄特征和县域特征方面系统地探究农户多维贫困的影响因素。

2.3.3.2 关于致贫原因的研究态势

国外学者对于贫困原因的基本思想理论阐释起源较早,不同学者对于贫困的原因提出了自己不同的见解。基于目前经济呈现论"怪圈"系列中的"贫困恶性循环",即由于缺乏资金导致开局不利到低收入者因为资金的困乏导致自身无力购入生产资本,从而引发了贫困的再次加深,不断地陷入贫困恶性循环陷阱。纳尔逊通过研究企业内部的收入与人口之间的关系问题,提出了"低水平均衡陷阱"理论,即某一贫困人口的人均收入水平不能满足或者超过规定的贫困线标准,那么这一贫困人口就会陷入中等收入陷阱。缪尔达尔认为影响企业收入的因素通常是形式多样的,且各因素之间存在相互影响、相互制约,互为因果,使各因素处于"循环积累"的状态。阿马蒂亚森提出了一个独特的视角,认为抵抗贫困的有效方式是提升个人的"能力"。这些因素理论都对贫困问题的原因进行了具体阐述，也为后来学者进行研究贫困的多种原因提供了一定的理论知识基础。

我国资源分布各有不同，各个地区的贫困状况也不同，贫困范围比较广。因此，对贫困成因的研究更为深入。国内学者结合发展经济学相关理论，对不同地区的贫困原因进行了逐个分析对比。汪三贵（1992）通过研究发现，导致农村贫困的主要因素是自然环境差、自然资源匮乏和生态脆弱。张车伟（2003）通过研究全国不同地区农村贫困地区的贫困形成原因，发现营养状况和劳动力或者家庭成员的健康状况对家庭从事农业生产的效率具有重大影响，在营养的投入上必须进行加强，这就涉及经济收入与物价的关系，同时还应该关注个人的健康问题。农村面对的致贫原因，更易受到制度因素的制约，特别是资源禀赋并不突出的西部地区。陈烨峰等（2016）通过设计村级多维贫困综合度量模型对中国贫困村的贫困程度进行系统测算，要深入地研究农村地区的贫困成因，就需要以村为单位进行剖析，并有针对性地提出扶贫政策。对农村的致贫原因进行分析，建议更应该以贫困村的形式进行扶贫。王欣欣、王怡（2018）在研究贵州秦巴山区致贫原因中提出，地处偏远山区，物流交通滞后，自然资源充足，但未有效开发利用，文化素质普遍较低，农户从事生产生活的内生动力不足。

2.3.3.3　关于贫困治理的研究态势

对于贫困的治理，国外提出的比较经典主流的反贫困理论主要是从促进社会资本主义形成、促进经济结构转换、不平衡增长方式及企业全面提高综合反贫困理论着手进行管理研究的。许多学者特别关注贫困区的资本与地区发展的协同作用。例如，Nussbaum（1993）认为，发展中国家要脱贫致富，必须要打破恶性循环，按"大推"式投资计划的发展是相互补充的几个部门共同实施一个全面的投资策略，以创建一个相互实施全面的市场需求的增长，可以促进经济发展，逐步摆脱贫困；Cheli（1995）也认为，促进资本形成是摆脱贫困的关键所在，打破了长期的经济停滞状态，达到短期经济结构和生产方式的快速变化，并最终实现经济高质量增长，因此，必须保持投资增幅超过10%，再加上建立主导产业部门,以确保机构采取联合行动,实现经济腾飞,其中增加投资是一个先决条件。也有一些学者认为,企业通过不断促进社会结构的转换可以实现中国贫困的治理;Betti(2001)从"无限过剩劳动供给"的视角进行研究,发现了发展中国家的农业生产部门和工业生产部门这两个二元经济组织结构之间的矛盾,必须通过提高城市工业员工在薪酬水平上具有一个较高的标准,从而吸引农村的过剩劳动力,使经济文化活动过程中发生转移进而实现世界经济产业结构的转换,由此缓解农村地区的贫困程度。同时 Tsui(2002)提出了必须要创新经济结构、产业结构和制度结构等一系列渐进式发展模式。此后,学者们提出了一种不平衡增长的反贫困国家战略。Bourguignon(2003)认为企业要想真正实现中国经济的快速增长就必须实行不平衡增长战略,只有学习这种不均衡增长才能使我国经济社会发展时刻保持活力。发达国家首先必须集中有限的资金投资在几个工业部门的发展,由于各部门之间密切联系存在的影响,优先领域会导致其他行业的滞后发展,并最终摆脱各行业的不佳状态;Maasoumi(2008)也赞同不平衡发展战略,提出了领先的行业,通过"极化效应"促进行业实现快速发展,从而推动整体经济发展。Hagenaars(2001)提出了一种基于累积因果关系理论的全面反贫困战略,他认为应从政治、经济、文化和其他各级进行大规模改革,加强土地、教育和权力关系的改革,发达国家的援助也是必不可少的。叶普万的全面反贫困思想拓宽了反贫困研究的新视野,为后世学者研究反贫困战略提供了一个全新的视角。

  目前,我国贫困地区教育问题比较突出,因此,学者们针对不同贫困治理的研究也比较深入。在研究内容中,对于社会治理贫困,主要是从扶贫工作对象、扶贫方式、扶贫主体3方面进行分析。以减贫为目标,尽早实现脱贫,随着脱贫攻坚事业的不断推进,贫困地区的贫困状况也得到了相对较大的缓解,贫困对象往往是分散的,致贫因素相对复杂,近几年对于贫困治理问题不断发生转变,新时期亟须紧盯乡村振兴发展战略,因此,需要提供多样化的帮扶措施,从而达到消除贫困的目的。林万龙(2008)提出的合作各方参与扶贫政策,由于政府的力量是有限的,必须加强政府和社区与穷困者之间的有效合作,建立有效的合作机制，实现可持续发展。刘娟（2012）提出灵活运用生态式扶贫等方法，在全面帮扶的同时，也需要注重个体的发展与脱贫。在扶贫工作主体上，实现以政府为主导、多方共同参与的扶贫方式。同样冯朝睿（2014）也提出了多中心进行协同发展治理工作模式，强调社会治理主体的多元化，要积极通过加强中国政府与各主体的合作，寻求更多的合作学习方式和合作路径，以此可以建立一个多方参与、多方联系的多中心协同反贫困结构体系。刘诗铭、付淑婧（2017）在解决贫困问题的研究中指出，首先对于农户是否处于贫困一定要精准识别，并且根据地方特征深入研究；其次在开展扶贫工作时要体现出扶贫开发的精准性，也就是要一户一策地实施，每一户都有一个帮扶计划，通过多方协作，将更多的资源协调起来应用到扶贫工作中，保证扶贫工作的持续性。吕新博、赵伟（2019）在研究农村相对贫困的治理时提出，首先应因地制宜地设定多维贫困指标，相对贫困线划定应有地区性、层次性和阶段性；其次应有针对性地加大在公共服务方面所欠缺的基础资源，从而提高公共服务水平。

2.3.3.4　国内外研究述评

根据以上国内外对贫困相关问题的研究，对贫困的研究不断进步、不断深化，教育、健康、权利等方面的贫困界定选择也发生了变化，贫困多维度研究内容变得丰富。在多维贫困度量方法上，不断探索各种可能的方法，构建了一系列多元多维贫困度量指标。但是很少有文献研究不同维度指标之间是否存在密切联系及它们之间的关联程度，同时在致贫原因研究上，仍然过度重视宏观经济结构、制度、政策等方面的因素，虽然也有不少学者将致贫原因归因于健康、营养等具体的因素，但是忽视了对微观具体个体家庭特征、家庭禀赋等的探究。因此，对研究对象进行多维贫困测量，分析各维度指标存在的密切关系，为研究提供了基础，并从家庭特征、家庭禀赋等微观个体出发进行致贫机制研究，实现贫困农户的精准扶贫，使特定农户实现真正意义上的脱贫。

2.3.4 关于产业融合发展的研究动态

2.3.4.1 国外研究综述

国外学者对产业融合在工业化时代就开始关注了，最早的研究来源于 Rosenbegrd 对美国机械工具产业的研究。在 19 世纪早期，一些机械设备被制造出来，目的是为了满足客户不断增加的需求。到 19 世纪中期时，机械设备业才达到独立和专业化的状态，然而这种独立化的过程需要钻孔、打磨等产业的参与，把这种某种通用技术运用于其他产业而导致的某一产业独立化过程称为技术融合。麻省理工学院（MIT）媒体实验室创始人 Negreouponte（1978）对电子计算机、印刷业和广播业 3 个产业进行研究，发现这 3 个产业之间有技术的交融，他用 3 个重叠的圆圈来描述这种融合的状态，并且认为 3 个圆的交叉部分会是发展速度最快、创新最强的领域。此后，学者们对产业之间的融合现象引起了高度关注。

关于产业融合的成因，Dosi（1988）认为产业之间是由于技术的渗透而出现了融合。植益草（2001）则认为技术的不断革新和使用权限的放开使得企业之间的交流增多。Lee（2000）同样也认为是技术的革新促生了产业间相互融合。澳大利亚联合报告中指出随着消费者需求的变化而变化的市场需求是产业融合的根本动因。总结来看，国外学者提出的产业融合的动因主要在于技术革新、权限放开、市场需求的变化等。

关于产业融合的类型，Stieglitz（2002）按照技术在产业生产过程中的使用状态，把产业融合分为技术替代型融合与技术整合型融合。Youngjung Geum（2016）通过分析韩国产业融合实际案例，提出了技术增强型融合、政策驱动型融合、社会商业型融合及技术驱动型 4 种类型。Hacklin 等（2005）按照技术在融合过程中的作用状态，分为应用融合、横向融合和潜在融合。

关于产业融合的途径，Hacklin 等（2010）认为企业的创新能力和创新意识是提升融合水平的重要途径。Curran 等（2010）则把技术的交叉融合作为产业融合的重要途径。B.Cho（2005）提出技术创新可以促进产业融合。Zeković Slavka（2009）认为发展产业园区，提高企业竞争力，可以有效促进产业融合。

K.L.S.Sharma（2017）从信息技术行业入手，认为通过利用信息技术拓宽信息渠道，提高社会创新能力是提高产业融合水平的重要途径。

最早研究农村产业融合的学者是东京大学教授今村奈良臣（1994），他鼓励农户从多种渠道进行经营，除了从事最基本的种养业，还要从事农产品的加工、配送、销售等工作，不断挖掘农产品的附加值，不断延长农业生产的链条，并且参与到各个环节中去，将农村产业融合起来发展，提升农产品附加值和农民收入。

2.3.4.2　国内研究综述

国内学者对于产业融合的关注时间比较晚，大部分学者都是从融合的内涵、类型、实现路径、融合模式等方面来对农村产业融合进行研究。

国内学者从多个角度阐述农村产业融合的内涵。卢东斌（2001）从技术角度定义农村产业融合，认为是传统农业生产方式和现代新技术的交融促进了农村产业融合。赵海（2015）认为农村产业融合是各类农业产业组织在发展过程中，不断探索更好获益的方式，如延长产业链条等，通过这些方式，将农产品产、加、销等各个环节连接起来，形成农业产业各个环节共同和谐发展的产业形态。姜长云（2015）认为农村产业融合发展是在开发更好融合途径的过程中，通过产业链延伸、产业范围扩大和产品功能的挖掘将资源、生产要素、技术等进行整合和优化重组，让新业态、新动能、新技术充分融入产业发展的整个过程中，最后促使产业向好发展和产业发展方式转变。王兴国（2016）从产业多功能性角度出发，认为一二三产业融合就是开发产业的多功能性，发挥区域优势资源，将产业、加工、销售、旅游等产业综合发展。王南南（2018）从产业融合的目的出发，认为产业融合是产业和不同行业之间发生关联，通过交叉渗透产生一种新的生产模式或业态，这样做的目的是为了获得更大的收益。唐福军（2018）认为产业融合除了技术之间的相互渗透，还有管制放松，使得产业之间产生联系，并逐渐融合形成新的产业形态。肖卫东、杜志雄（2019）认为"三产融合"是指农业内部各个组织结构、农业与农村二三产业相互渗透重组形成新的农业生产模式的过程。

新时期巩固脱贫攻坚成果
与推进乡村振兴有效衔接机制研究
—— 以甘肃省康县为例

关于产业融合的类型研究，马晓河（2015）把产业融合分为四类，分别是产业链延伸型、技术渗透型、一二三产业交叉型、产业内部整合型。梁伟军（2010）对产业融合的类型划分与马晓河相差不多，认为农村产业融合除了技术渗透型融合和产业内部整合型融合之外，还有农业与服务业融合型、综合型融合。王昕坤（2007）对产业融合的划分较为简单，他把产业融合划分为产业内融合和产业间融合。黄花（2019）按照融合主体把农村产业融合划分为农业生产者顺向延伸型、龙头企业逆向融合型、农业产业化联合体型。

关于农村产业融合路径，马晓河（2015）从改革农业农村管理制度、发展壮大新型农业经营组织、建立健全的利益协调机制、制定合理的政策框架、建立产业融合发展基金5个方面进行了阐述。徐旭初（2015）提出延长产业链、提高附加值、发挥农业多功能性、建立农业服务业机制；激活农村要素资源3个方面的路径。陈晓华（2015）将龙头企业作为推进农村产业融合的关键点，认为龙头企业要积极发挥带头作用，引导农业生产方式转变，进行规模化经营，延长农产品的产业链，挖掘农产品附加值，在积极参与"一带一路"农业发展的过程中不断提高农业生产效率和质量，不断提高农业综合竞争力。姜长云（2015）通过研究日本"六次产业化"，提出推进农村三次产业融合有效快速发展仅仅依靠本土的农业经营主体是不可行的，还需要外部力量的加入，需要外部型新型经营主体充分发挥力量，带领本土化经营主体一起发挥示范引导作用，让农村一二三产业进行更深层次的融合。王南南（2018）在上述学者的观点上，还补充了对农村进行科技支持、培养专业的技术人员、完善土地流转机制和农村基础设施等相关措施。关于农村产业融合模式的研究，姜长云（2015）提出了5种模式：一是大力促进农业产业链的延伸，推广循环农业；二是把与农业相关的二三产业在乡村聚集起来，形成产业集聚效应和网格化模式；三是运用现代化信息技术打破农村三次产业在空间上的分割，使它们在网络上紧密相关；四是大力开发农业在文化、环境等诸多方面的价值；五是推行可持续农业生产方式，拓展食品简单生产链，生产本土可持续替代的食品。王南南（2018）总结出我国农村产业融合的模式有农业内部融合、产业链条延伸、农业功能拓展、新技术渗透、多元复合融合、产业集聚融合。

2.3.4.3 国内外研究评述

国外学者对产业融合研究较早，主要集中在工业领域和信息技术领域，日本是对于农村产业融合进行最早研究的国家，对我国有重要的借鉴意义。国内学者对产业融合的研究多数以内涵、类型、路径作为研究对象，对农村产业融合从农民增收和农业增产两个角度进行灰色关联分析，全面分析陇南市产业融合情况，提出合理对策，为其他地区提供借鉴。产业融合发展思路是在新的发展背景、新的生产条件下产生的，是对解决"三农"问题的一种创新。尽管从中央一号文件提出产业融合政策以来，我国各省市都对农业与二三产业的融合开展了相应的工作，但由于起步晚，尚处于初级阶段，各项理论体系和实施方案都不完善。我国学者结合实际情况，通过对融合类型、融合模式、融合条件进行研究，并借鉴国外发达国家经验，积极寻找适合中国国情的产业融合道路。

2.3.5 关于产业集聚与精准扶贫的研究动态

2.3.5.1 国外研究态势

阿尔弗雷德·马歇尔（1890）首次提出了产业集聚及内部集聚和空间外部经济，产业集聚产生的经济动因是存在外部经济与规模经济的条件。迈克尔·波特（1990）从企业竞争优势的获得角度对产业集聚现象进行了详细的研究，从企业竞争优势的角度对这种现象进行了理论分析，提出了产业群的概念，同时还利用"钻石"模型对产业集聚及产业群进行了分析。1999年，基于南非旅游产业的发展现状，集聚协会运用波特的钻石模型更为系统地分析，明确指出发展旅游产业集聚，能够提高综合竞争力。波特认为，旅游集聚是旅游活动及其价值链在国家地理范围内的集中。美国学者GuIIub等（2002）认为旅游集聚的核心是价值链，通过价值链可以反映出一定区域内旅游集聚的发展过程，其价值链构成的主要层次有主产出层、供给层和投入层。

旅游扶贫是以通过发展旅游的手段对贫困地区经济做出的影响。在国外，自20世纪70年代就开始研究旅游对经济的影响，最早具有代表性的是哈罗德金，他在1998年指出旅游和扶贫有着密切的关系。首次将旅游与扶贫联系起来，并表明该理论的宗旨是使贫困人口从旅游产业发展中得到更多的经济利益或是工作机会等。

国外学者对旅游聚集研究大都沿用 Porter 对集群概念的界定，并没有在旅游产业聚集的特点方面进行专门论述。旅游产业集聚概念的界定很大程度上把它等同于"旅游业"。研究方法大多参照了制造业集群的研究方法。把一个州或一个国家作为研究对象进行实证案例分析，主要研究模式是选定某一个旅游区域，首先分析旅游集聚发展现状，然后找出制约旅游集聚发展过程中存在的问题，最后提出相应的建议和改进措施。国外学者并没有对旅游集聚进行系统的理论研究，没有形成完整的理论体系。

2.3.5.2　国内研究态势

尹贻梅、刘志高（2006）从旅游产业是否适用产业集群理论、旅游产业集群存不存在方面，提出旅游产业集群存在必须具备"聚集和产业联系"两个先决条件，并从创新性集群产生的效应角度证明了旅游产业集群的存在。袁莉、刘鞠林（2010）从专业化、地理空间接近性、外部性角度，详细阐述了旅游产业适合集群化发展。在旅游产业聚集的认识方面，尹贻梅认为旅游产业集群是一种相互紧密联系、工作协同合作、不断提高旅游产业竞争力的活动；麻学峰（2005）则认为旅游集群是旅游经济集聚的一种现象；张建春（2006）认为，旅游集聚是旅游企业在一定地理空间范围内集中的趋向和过程；廖可贵的观点是，旅游集群是具有竞争优势的某个群落，常叔杰认为，旅游产业集群就是一个同盟；宁奉菊认为，旅游产业集群是一个开放的区域网络协作系统，在此系统中竞争与合作并存；鲁明勇（2006）认为，旅游产业集群是一个旅游服务体系，这个服务体系主要以企业为主。在旅游产业聚集的具体构成方面，尹贻梅从要素层、核心层、辅助层等方面讨论了旅游聚集的构成；鲁明勇从产业关联度和产业链条方面，从"核心层、扩展层、核心辅助层、扩展外层"对旅游集聚展开讨论；唐娟的观点是旅游聚集由核心、中层支撑企业网络、基础底层等组成，还从旅游集聚的效应方面指出了旅游集聚具有专业、协同、规模的效应。在旅游集聚的优势方面，张俐俐从直接经济、非直接经济因素探讨酒店产业集群的竞争优势；袁莉、刘鞠林认为旅游产业集群具有知识创新、降低成本、获得互补性利益的优势；颜醒华从旅游产业集群运行的竞争机制、激励约束机制、动力机制等方面分析了旅游企业集群的竞争优势；尹贻梅认为旅游集聚具有促进创新、完善旅游集聚的功能，以及增进企业合作、树立区域旅游品牌、提升竞争力等优势；张梦（2005）认为旅游聚集有利于降低成本、品牌树立、销售创新和资本吸引等方面的优势；麻学峰认为旅游集聚具有资源、规模、信用、创新等经济优势；常叔杰、王苏喜认为，旅游集聚发展可以整合旅游资源、降低成本、促进创新、树立区域旅游品牌，不断提升区域竞争力；唐正超、谢春山则重点指出了旅游产业集群的创新优势。

陈有华（2014）提出造血型旅游扶贫等多种模式，在扶贫过程中更要注重扶志与扶智、扶知。黄国庆（2013）指出在未来10年里，我国将把集中连片贫困地区作为主战场，结合连片贫困地区现有扶贫模式存在的不足，解决集中连片特殊地区的贫困问题，构建政府主导型旅游扶贫模式，分析该模式的内涵和特色。耿文杰（2010）指出在旅游扶贫过程中，以社区居民参与型扶贫模式，可以使居民参与旅游业的发展、分享好处。王丽丽、李磊（2010）分析了贫困落后村庄旅游业顺利开展的内在机制、模式的特征及存在的问题，指出未来旅游业的发展需要政府、外来开发商、非政府组织等外界力量来帮扶。王孔敬（2015）提出了走政府主导下的以生态旅游和民族文化旅游的发展旅游扶贫开发模式的对策和措施。李会琴（2011）提出景区带动7种模式，发挥政府主导，居民参与的主体地位，加大培训，并跟踪旅游扶贫。杨袆等（2016）对新时期我国旅游扶贫面临的精准识别问题进行探讨分析，提出4种旅游精准扶贫模式。杨艳霞和王绍翰（2015）针对黔东南民族村寨生态旅游扶贫开发的模式进行分析，发现黔东南民族村寨生态资源保存完好，民族文化独具特色。认为充分发挥生态资源、民族文化的优势，走生态旅游扶贫的路子，应该成为黔东南民族村寨脱贫致富的必然选择。

旅游扶贫既能改变连片特困地区的贫困落后面貌，也能在不同程度上影响和改变连片特困地区的生态环境。在此基础上，秦远好等（2016）探索了武隆县仙女山镇旅游扶贫与生态保护系统的演化趋势与耦合态势，在系统论和协同论的指导下，构建了旅游扶贫与生态保护耦合态势模型和评价指标体系，发现旅游扶贫系统的演化速度高于生态保护系统，旅游扶贫与生态保护之间的交互胁迫约束作用日趋明显。

国内学者虽然分别从不同角度论述了旅游集聚，包括是否存在旅游集聚，旅游集聚的概念、特征，如何分类、识别与判断旅游集聚，旅游集聚的构成与层次、效应，如何培育旅游集聚、提高竞争力，如何实现旅游集聚地的可持续性发展等，但是由于研究时间较短、内容分散、力量薄弱、研究过程不够深入等因素，还没有形成旅游集聚特定的发展模式。

2.3.5.3 国内外研究文献述评

国内外对产业集聚的研究主要集中在产业集聚的本质、优势、特征、分类和政府在产业集聚发展中的作用上。综合理论界对产业集群的研究，产业集群是指在特定的地理区域范围内，具有竞争和合作关系，有产业相关的企业、专业化组织、服务组织、金融机构及其他相关机构，如产业协会、标准化制定机构等在空间上聚集所构成的具有强大竞争优势的群体。

2.3.6 党的十九大以来我国乡村振兴战略研究动态

实施乡村振兴战略，是以习近平同志为核心的党中央着眼党和国家事业全局、顺应亿万农民对美好生活的向往，对"三农"工作做出的重大决策部署。乡村振兴战略一经提出便引起了学术界的广泛关注，并开展了全方位、多角度、多层次的探索与研究，取得了一系列可喜的成就。本研究试图在梳理已有研究成果的基础上，分析存在的问题，并结合农业农村发展状况，探究未来乡村振兴研究的演进态势。

2.3.6.1 乡村振兴战略实施的提出

对于乡村振兴战略的提出，多数学者认为我国的基本国情和经济社会发展现状决定了我国的乡村不能衰败，乡村振兴战略的提出是顺势而为，适逢其时。

从社会主要矛盾转化来看，"乡村振兴战略既是适应当前社会主要矛盾变化的必然选择，也是应对当前社会主要矛盾的重大举措"。党的十九大报告明确指出，我国社会主要矛盾已经演化为人民日益增长的美好生活需要和不平衡不充分的发展之间的矛盾。这种发展的不平衡不充分，"最突出的反映就是农业和乡村发展的滞后。我国当前最大的发展不平衡就是城乡发展不平衡，最大的发展不充分就是农村发展不充分"。当前，农业发展质量效益普遍偏低，农民增收缺乏后续动力，农村自我发展能力较差，城乡差距依然较大，这一系列的问题是制约我们全面建设社会主义现代化的最大短板。因此，大力实施乡村振兴战略，是解决当前社会主要矛盾的必然要求。

从城乡关系发展历程来看，大力实施乡村振兴战略是基于我国农情、国情和经济社会阶段性的考量。城镇化是实现现代化的必由之路和强大动力，这是已被世界各国实践证明的规律。在城镇化的进程中，乡村人口数量必然会大幅减少，大多数村庄也会逐渐消亡。除这些共性特征外，我国城镇化还具有明显的中国特色。相关研究表明，到2050年，我国城镇化率可达80%，但仍有3亿人口在农村，所以，"我国的基本国情决定了不管城镇化发展到什么程度，乡村都不可能完全被消灭"。另外，从国际经验看，"当一个国家城市化率超过50%，资本、技术、管理等要素就会转向农业部门流动"。2010年，我国的城市化率已接近50%，2016年年底已达57.6%。由此可见，当前是实施乡村振兴战略的最佳时期。

从乡村发展的历史脉络来看，实施乡村振兴战略是历史发展的必然要求。长期以来，我国乡村面临想解决而没有解决的问题。自温铁军教授首次提出"三农"问题后，便引起大家的广泛关注。2003年"三农"问题首次纳入了《政府工作报告》，并强调农业、农村、农民问题，关系我国改革开放和现代化建设全局。随着城乡发展的失衡，"三农"问题变得更加复杂严峻，农业边缘化、农民老龄化、农村空心化等问题日益突出，引发了各方对"三农"问题的深刻反思。如何化解工农城乡矛盾，有学者认为，乡村问题本质上是衰与活的问题，乡村是否衰落决定着国家的发展。要让那些衰落的村庄找到出路，活的村庄更好地走下去。当然，提出乡村振兴战略，不是不要城镇化，也不是要把城乡发展对立起来，而是要从我国实际出发，实施乡村振兴和新型城镇化"双轮驱动",加快推动城乡融合发展。

2.3.6.2 实施乡村振兴战略的意义

乡村振兴战略是指导当前乃至今后一个时期"三农"工作的基本遵循,它的提出具有以下重大意义。

①世界意义。有学者指出,乡村振兴战略的实施不仅对于我国意义重大,而且对于整个世界来说,也是意义非凡。它能够为世界农业的发展树立中国样板,为世界农业发展问题提供中国方案。

②理论意义。有学者指出,乡村振兴战略创造性地回答了新时代"三农"问题的未来走向和如何发展这个重大课题,体现了问题导向、价值导向、实践导向和目标导向的统一,是中国共产党"三农"思想的重大创新与发展。

③战略意义。有学者指出,乡村振兴战略从顶层确立了我国乡村发展的新思路,是党中央对新时代我国"三农"工作做出的战略性安排。另有学者指出,实施乡村振兴战略是解决不平衡不充分发展的战略举措;是适应经济发展新阶段的战略举措;是实现农村地区内生性发展的战略举措。还有学者指出,乡村振兴战略是加快农业农村现代化、全面提振农村发展活力、遏制乡村日渐凋敝衰落的战略举措。

④现实意义。有学者指出,乡村振兴战略是建设社会主义新农村的升级版;是顺应当前社会主要矛盾变化的迫切要求;是决胜全面建成小康社会进而全面建设社会主义现代化强国的客观需要;是中国共产党的神圣使命。另有学者指出,乡村振兴是厚植中华文明根基、发展现代文明的需要;是实现城乡、区域和人的均衡发展的必要条件;是推动新型城市化、实现中国经济可持续发展的需要;是实现中国充分发展的必由之路。

2.3.6.3 乡村振兴的实施主体研究

乡村振兴战略是一个长期复杂的系统工程,涉及经济社会的各个领域,其实施的过程也需要多元主体参与,共建共治共享。因此,这就需要进一步明确各主体的权责利,厘清多元参与主体的职能边界,才能各司其职,各尽其能,构建成以农民为主体、以政府为主导、以社会力量为支撑的乡村振兴实施大格局。

首先，农民是乡村振兴的主体。坚持农民的主体地位是实施乡村振兴战略的重要原则。2018年中央一号文件明确提出，要坚持农民的主体地位，充分尊重农民意愿，切实发挥农民在乡村振兴中的主体作用。习近平总书记曾多次指出：乡村振兴归根结底是广大农民自己的事业，农民是振兴乡村的主体。在发展建设过程中，要充分尊重农民的意愿，善于听取农民的意见，切实保障农民的权益，要调动广大农民的积极性、主动性、创造性。更深层次理解乡村振兴坚持农民的主体地位，"本质上是以人民为中心的发展观在乡村振兴战略中的体现。振兴的乡村仍然是农民的乡村，农民是乡村振兴的主体，只有农民参与和主导的乡村振兴才是真正的乡村振兴"。农民的主体地位主要体现在"建设主体、经营管理主体、受益主体、合作主体"等方面。坚持农民的主体地位就要把农民的利益诉求作为制定政策和分配公共资源的出发点和落脚点。从另一层面来讲，也只有确保农民的主体地位，维护农民的根本利益，实现农民的生活富裕，才能使产业发展、生态建设、文化建设和社会治理等活动不偏离乡村振兴的初衷和目标，才能真正不断提升农民的获得感、幸福感、安全感。

其次，强调政府的主导作用。应大力发挥各级政府在乡村振兴战略中的主导作用，为"三农"发展提供合理的支撑和保障，政府的主导作用主要表现在政策、组织、服务、投入4个方面。吴金明认为，根据市场在资源配置中起决定性作用和更好发挥政府作用的要求，"政府在乡村振兴中的主要职能为发挥引领、服务、监督、推动四大作用"。其实，明确政府的主导地位，关键在于界定政府的角色和功能，"既不能在乡村振兴中挤压农民、边缘农民、一统江山、主体自居，也不能越俎代庖、喧宾夺主，取代农民的主体地位，而是要在整个乡村振兴的治理体系中充当先锋、把握方向，为农民保驾护航、兜底撑腰，在乡村振兴战略中的政府治理、社会治理和市场治理等各方面都要发挥主导优势"。

最后，充分发挥社会力量的支撑作用。随着农村人口大规模地转移到城市，人才支撑不足已成为制约实施乡村振兴战略的瓶颈。2021年2月23日，中共中央、国务院办公厅联合印发了《关于加快推进乡村人才振兴的意见》，坚持把人力资本开发放在首位，激励各类人才在农村广阔天地大展才华。各地也相继出台优惠政策，着力从引才、育才、用才、惜才的长效机制上下功夫。当前，乡村急需一大批"有文化、懂技术、会管理、善经营、爱农村的实用型人才，尤其是现代农业、农产品加工、公共服务、公共管理、新兴服务业等领域的技术和管理人才"。因此，要注重新乡贤、专业技术人员、企业家、创业者、青年学生、退伍军人、离退休干部等社会力量在乡村振兴中的积极作用。

总之，明确农民、政府、社会力量的权责利是处理好乡村振兴主体关系的前提。乡村振兴主体是多元的，而不是单一的；是多元主体的大合唱，而不是某一主体的独角戏，不仅需要发挥各主体的积极性和主动性，更需要各主体之间相互配合，相互作用，形成合力。

2.3.6.4 乡村振兴评价指标方法研究

实施乡村振兴战略意义重大，影响深远。为及时纠偏纠错，确保如期取得实效，迫切需要建立一套科学合理的评价指标体系，对乡村振兴推进情况进行定量评价和动态监测，从而为政府考核监督和建立有效的激励约束机制提供参考依据。依据不同的评价标准，当前学术界从不同角度构建了乡村振兴评价指标体系。

从国家层面来看，张雪等（2020）、陈秧分等（2018）、张挺等（2018）、闫周府等以乡村振兴"20字方针"为依据，将产业兴旺、治理有效、乡风文明、生活富裕和生态宜居五大方面作为一级指标，因地制宜地分析不同地区一级指标的内涵与目标，有针对性地下设不同的二级、三级指标，形成各具特色的乡村振兴水平评价指标体系。而郭翔宇等（2020）则在"20字方针"的基础上，增加了农业农村优先及城乡融合发展指标项，形成了由6个一级指标、21个二级指标、55个三级指标构成的乡村振兴水平评价指标体系，并具体测算了全国和地方层面的乡村振兴水平与进展情况。

从区域层面来看，李铜山等（2019）、李坦等（2020）、陈俊梁等（2020）分别选取中部六省、长江经济带、长三角等部分地区进行多省域评价；周栋良（2019）、贺文丽等（2019）、郭杰豪等（2019），分别以湖南、海南、云南为例实证分析了单一省份的乡村振兴水平；郑兴明（2019）、程明等（2020）则通过抽样调查的方法，对福建、安徽等省份的村庄进行研究，挖掘乡村振兴的潜力与效度。此外，河南省（2018）、浙江省（2019）、上海市（2020）也相继制定了具有本地特色和应用价值的指标体系。还有一些学者对乡村振兴的专项进行研究，如申云等(2020)、詹国辉(2019)、李建峰等(2019)、袁久和等(2018)分别从产业振兴、乡村治理、城乡关系、乡村振兴评价、乡村旅游等方面开展评价。

总之，随着相关研究和实践的不断深入，乡村振兴理论体系也日益丰富，逐渐形成了乡村振兴战略背景、乡村振兴战略内涵、乡村振兴主体、乡村振兴实施路径及评价体系构建等重要研究议题，具有一定的理论意义和实践价值，为全面推进乡村振兴、做好"三农"工作提供了思想指导和行动指南。但现有的研究总体上讲还处于起步阶段，存在碎片化成果多，系统性成果缺乏；定性研究多，定量研究单薄；政策解读多，理论概括不足等问题，乡村振兴指标体系亟待进一步完善，乡村振兴的理论体系构建仍然面临着诸多挑战。

2.3.6.5 推进乡村振兴的路径研究

随着脱贫攻坚战的全面胜利，"三农"工作重心也全面转向乡村振兴，因此，要抓紧研究完善各级政府乡村振兴实施方案，以更加有力的措施、更加强大的力量来推进。有学者提出，推进乡村振兴要准确把握"一个核心""两个载体""三块地改革""四个优先""五个振兴"。

（1）"一个核心"

坚持以党的领导为核心，统揽乡村振兴全局。实现乡村振兴，关键在党。中国共产党的领导，是实施乡村振兴战略的根本保证。要发挥党领导的政治优势，坚持以党的领导为核心统揽乡村振兴全局，完善党的农村工作领导体制，推进"五级书记"责任制，落实责任，强化考核，把农业农村优先发展的原则体现到各个方面。而基层党组织是党联系群众的桥梁和纽带，是党的领导延伸到基层的重要载体。因此，乡村振兴战略的实施，要以组织力建设为根本遵循，以领导力建设为核心原则，推进农村基层党组织建设。

(2)"两个载体"

创新城乡融合发展思路,促进城乡要素双向流动。城与乡是人们生产和生活的两个载体。城与乡的融合发展是一个国家现代化的重要标志,也是实现乡村振兴、拓展发展空间的关键抓手。城乡融合发展的核心在于"融",城乡之间要融为一体,水乳交融,发生化学变化。城乡融合发展的关键在于让劳动力、土地、资本等要素实现城乡自由流动。城乡融合发展的目标是实现"五化",即城乡居民基本权益平等化、城乡公共服务均等化、城乡居民收入均衡化、城乡要素配置合理化、城乡产业发展融合化。

(3)"三块地改革"

深入推进农村改革,增强农村发展内生动力。农村土地是属于农民集体所有的重要资源,是农民生产生活的空间载体和增收致富的核心资产。在新形势下,农村改革的主线仍然是处理好人地关系,需要做足做活农村宅基地、集体经营性建设用地、农用地等"三块地"的改革。需要进一步巩固完善农村承包地"三权分置"制度,稳妥推进农村集体经营性建设用地入市,探索宅基地所有权、资格权、使用权"三权分置"。

(4)"四个优先"

坚持农业农村优先发展,既是补短板、强弱项的迫切需要,也是由农业现代化向农业农村现代化的战略扩展。"四个优先",即在干部配备上要优先考虑、在要素配置上要优先满足、在资金投入上要优先保障、在公共服务上要优先安排,把农业农村优先发展落实到党的领导、规划引领、投入保障、督导考核和农民主体上。

(5)"五个振兴"

聚焦"五个振兴",推动乡村振兴战略落地。2018年3月8日,习近平总书记在参加山东代表团审议时提出"五个振兴"的科学论断,即产业振兴、人才振兴、文化振兴、生态振兴、组织振兴。这"五个振兴"不是孤立的个体,而是一个相辅相成、相融共促的有机整体。"五个振兴"是乡村振兴的"五驾马车",是实现乡村振兴的"五张蓝图"。

2.3.6.6 乡村振兴战略的原则和误区

（1）实施乡村振兴战略应该坚持的主要原则

①"一大原则说"：有学者指出，实施乡村振兴战略，关键要坚持因地制宜的原则。②"两大原则说"：有学者指出，实施乡村振兴战略，要牢牢把握优先发展和融合发展两大原则。③"三大原则说"：有学者指出，乡村建设要坚持规划先行、慎重推进村庄撤并、因地制宜和分类指导3条原则。④"五大原则说"：有学者指出，独特的内在机制决定了我国的乡村战略只能走自己的路，坚持生态立本、文化传承、创新驱动、改革引领、系统思维五大原则。另有学者还提出了"五不"原则，即乡村振兴不是"去小农化"、不是乡村过度产业化、不能盲目推进农村土地流转、不能消灭农民生活方式的差异、不应轻视基层的"三农"工作。⑤"六大原则说"：有学者指出，实施乡村振兴战略，关键要做到"六个坚持"，即坚持以农为本、坚持统筹规划、坚持融合发展、坚持因地制宜、坚持改革创新、坚持共建共享。⑥"七大原则说"：有学者指出，实施乡村振兴战略应坚持党管农村工作，农业农村优先发展，农民主体地位，乡村全面振兴，城乡融合发展，人与自然和谐共生，因地制宜、循序渐进七大原则。

（2）实施乡村振兴战略应该规避的主要误区

①"一大误区说"：有学者指出，乡村振兴战略是面向全国农村和农民的绝大多数，而不只是要让小部分乡村振兴。②"三大误区说"：有学者指出，在实施乡村振兴战略时，应该规避三大误区：一是指导思想方面，乡村振兴不能固守农村两个"蓄水池"的思想；二是内容方面，乡村振兴不只是乡村经济振兴；三是实施方式方面，乡村振兴应重点防止政府意志替代农民主体地位等误区。③"四大误区说"：有学者指出，实施乡村振兴战略，需要防范过度行政化、过度形式化、过度产业化、过度外部化四大问题。另有学者指出，实施乡村振兴战略，应该避开大跃进、无参与、太单一、增负担等潜在的战略实施误区。④"五大误区说"：有学者指出，实施乡村振兴战略，要努力规避五大错误倾向。一要规避战略问题战术化倾向；二要规避发展目标浪漫化、理想化

倾向；三要规避振兴方式单一化和"一刀切"倾向；四要规避体制机制改革工程化、政策支持盆景化倾向；五要规避支持重点错乱化和推动"三农"配角化倾向。另有学者指出，在不断升温的乡村振兴战略实践探索中，有一些苗头性问题需要高度警惕：一是将乡村振兴战略与新型城镇化战略割裂、对立；二是无视乡村现实基础"提挡加速"，人为拔高乡村振兴未来预期和阶段性目标；三是盲目选择支柱产业，产业同构化风险加剧；四是无限制地引入社会资本，农民权益受损可能性增加；五是试点地区优势资源过度集中，导致乡村之间发展不平衡进一步扩大。⑤"六大误区说"：有学者指出，为切实推进乡村振兴战略，必须规避六大政策误区。一是多元化的振兴，而非一刀切振兴；二是人的振兴，而不仅仅是物的振兴；三是内生力量的振兴，而非依赖外力的振兴；四是绿色振兴，而非黑色振兴；五是可持续的振兴，而非运动式的振兴；六是造血式振兴，而非输血式振兴。

2.4 我国脱贫攻坚历程演进

2.4.1 我国农村扶贫历程

2.4.1.1 救济式扶贫阶段（1949—1977年）

新中国成立之初，经济基础薄弱，公共设施建设落后，自然灾害频繁，处于普遍贫困状态，人民群众面临严重的生存温饱问题。政府主要采取自上而下的救济式扶贫策略解决人民群众的温饱问题，以"外部输血式"扶贫策略为主。1952年，国家完成了土地制度改革，改善土地分配，使农民获得土地所有权，基本消除农民无地的状态。1956年年底，国家在农村建立起人民公社化制度，对农村贫困群体和特殊群体等提供社会救济、自然灾害救济和优抚安置等实物救济，解决其温饱问题，同时改善公共服务和社会保障体系，加强农业金融服务和推广农业技术服务。通过救济式扶贫，人民群众温饱问题得到有效缓解，为农村经济发展和缓解贫困发挥了重要作用。1977年，我国粮食总产量增加了1.7倍，未达到温饱线的农村人口占比下降50%，城乡居民收入明显增加，城乡居民生活显著改善。

2.4.1.2 体制改革式扶贫阶段（1978—1985年）

十一届三中全会后，我国进入改革开放新时期，由于当时农业经营体制不适应生产力发展的需求，农民生产积极性较差，出现普遍性的农村贫困现象。按1978年贫困标准（100元），我国农村贫困人口有2.5亿人，分别占全国总人口和世界总贫困人口的26%和25%，贫困发生率为30.7%，我国实施了以解决农村贫困人口温饱问题为主要目标的大规模体制改革式扶贫开发工作，扶贫政策主要是以"输血式"扶贫为主，实行以家庭联产承包经营责任制为主的经济体制改革，生产力得到极大解放，农民收入大幅提高，极大缓解了当时农村严重的贫困现象，农民温饱问题逐步得以解决。1983年，中央将甘肃定西、河西和宁夏西海固（"三西"地区）集中连片地区建设列入国家计划，重点改善"三西"地区农业基础设施条件，稳定解决贫困农户的经济来源和温饱问题。1984年，国务院提出要帮助我国"老、少、边、穷"地区尽快改变贫困面貌，实施以工代赈，改善贫困地区的基础设施，有效提高贫困人口收入。1978—1985年，我国农村经济快速增长，生产力快速发展，农民年人均收入累计增加264元，农村贫困人口累计减少1.25亿人，贫困发生率累计下降15.9%。

2.4.1.3 大规模开发式扶贫阶段（1986—1993年）

在改革开放背景下，中西部偏远落后地区由于资源约束和地理位置偏远，农村贫困形势严峻，城乡和农村内部收入差距明显，各地区发展极不均衡。1987年，国务院发布《关于加强贫困地区经济开发工作的通知》，提出1986—1993年扶贫开发战略的主要目标是促进贫困地区的经济增长。1992年，党的十四大报告明确提出通过加大政策扶持，采取多种方式对18个连片特困地区进行帮扶。通过大规模开发扶贫，农村贫困状况得以显著改善，农民收入稳步提高，1986—1993年，国家级贫困县农民人均纯收入从206元增加到484元，农村贫困人口由12 500万人减少到8000万人，贫困发生率从14.7%降低至8.7%。

2.4.1.4 综合开发式扶贫阶段（1994—2000年）

随着中国农村改革的不断深化和国家扶贫开发的有序推进，贫困人口逐渐向中西部深度贫困地区倾斜，贫困程度深、脱贫难度大、因病因灾返贫率高。为了尽快解决剩余贫困人口的温饱问题，1994年，国务院颁布了《国家八七扶贫攻坚计划（1994—2000年）》，确定了592个国家级贫困县，目标是解决农村贫困问题，基本解决农村8000万贫困人口的温饱问题。通过扶贫到村到户、定点帮扶和对口帮扶等扶贫机制，以开发式扶贫和参与式扶贫相结合，引导社会公共参与，注重激发贫困人口主动脱贫的积极性，实现"内外造血式"扶贫开发机制，扶贫取得显著成效。1994—2000年，农村绝对贫困人口从8000万人减少到3209万人，贫困发生率由8.7%下降到3.4%，农村贫困人口温饱问题基本解决。2000年年底，贫困地区通电、通路、通邮、通电话的行政村分别达到95.5%、89.0%、69.0%和67.7%。

2.4.1.5 参与式扶贫阶段（2001—2010年）

2001年，国务院颁布《中国农村扶贫开发纲要（2001—2010年）》，目标是到2010年尽快解决少数贫困人口的温饱问题，改善贫困地区的基本生产生活条件，提高贫困人口的生活质量，逐步改变贫困地区的落后状况，确定14.8万个扶持重点贫困村，以整村推进、产业扶贫和劳动力转移培训等扶贫方式为主，对贫困人口进行"造血式"扶贫，有效解决贫困人口的温饱问题，建立起新型农村合作医疗制度和废除农业税费，使农民医疗有保障，减缓农业生产负担。按2008年贫困标准（1196元），2001—2010年中国农村贫困人口从9422万人减少到2688万人，贫困发生率从10.2%下降到2.8%，贫困地区农村基础设施和基本公共服务明显改善。

2.4.1.6 精准扶贫、精准脱贫阶段（2011—2020年）

2011年至今，扶贫开发工作进入精准扶贫、精准脱贫阶段。2011年，国务院印发的《中国农村扶贫开发纲要（2011—2020年）》，确定了832个扶贫开发重点县，总体目标是到2020年稳定实现扶贫对象不愁吃、不愁穿，保障其义务教育、基本医疗和住房，通过易地移民搬迁、整村推进、产业扶贫和革命老区建设等专项扶贫计划对重点县和贫困村进行精准扶贫。尤其是自党的十八大以来，通过建档立卡和动态管理，注重"六个精准"和"五个一批"，逐渐形成了较为完整的精准扶贫工作机制。2018年，中共中央、国务院印发《乡村振兴战略规划（2018—2022年）》，强调把打好精准脱贫攻坚战作为实施乡村振兴战略的优先任务，做好精准脱贫与乡村振兴的有效衔接，确保到2020年我国现行标准下农村贫困人口实现脱贫，贫困县全部摘帽，解决区域性整体贫困，改善深度贫困地区发展条件，增强贫困农户发展能力，完善公共服务体系，增强脱贫地区"多元造血"功能。2011—2018年，中国农村贫困人口从12 238万人减少到1660万人，贫困发生率从12.7%下降到1.7%。

2.4.2 我国扶贫政策演进历程

改革开放至今，中国农村经历了从普遍性绝对贫困、部分绝对贫困到个别绝对贫困的变迁，扶贫实践经历了从单纯救济式扶贫、开发式扶贫到精准扶贫的演进，扶贫的参与主体、主要做法和取得的成效随着时间的推移逐渐呈现出从小范围向大区域辐射的态势。通过政策梳理可以发现，改革开放以来中国的扶贫实践具有向横向拓展和向纵向延伸的特点。

1982年以来，中国主要扶贫政策概经历了5个阶段：① 1982—1993年：以救济式扶贫为主（图2-1）；② 1994—2000年：开发式扶贫（第一阶段）（图2-2）；③ 2001—2010年：开发式扶贫（第二阶段）（图2-3）；④ 2011—2014年：开发式扶贫（第三阶段）（图2-4）；⑤ 2015—2020年：精准扶贫（2014年党中央开始研究推动精准扶贫战略落地）（图2-5）。每个阶段政策侧重点不同，扶贫方式也略有不同。

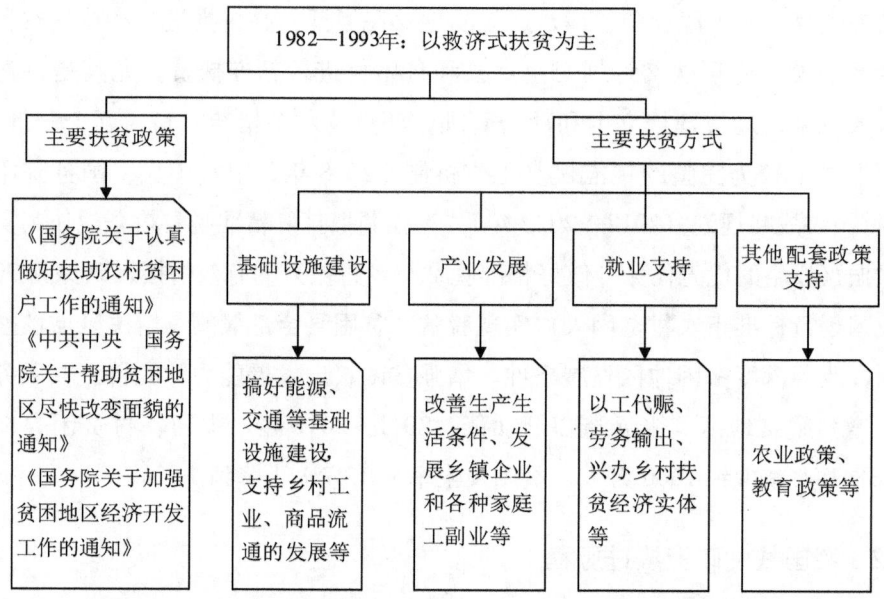

图 2-1 以救济式扶贫为主（1982—1993 年）的扶贫政策和方式

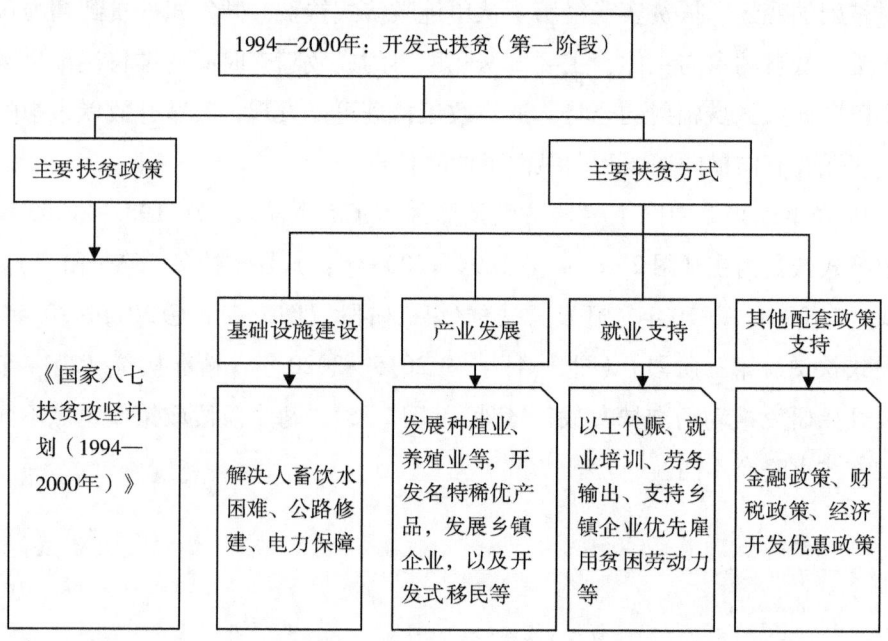

图 2-2 开发式扶贫（第一阶段 1994—2000 年）的扶贫政策和方式

第二章 相关理论研究

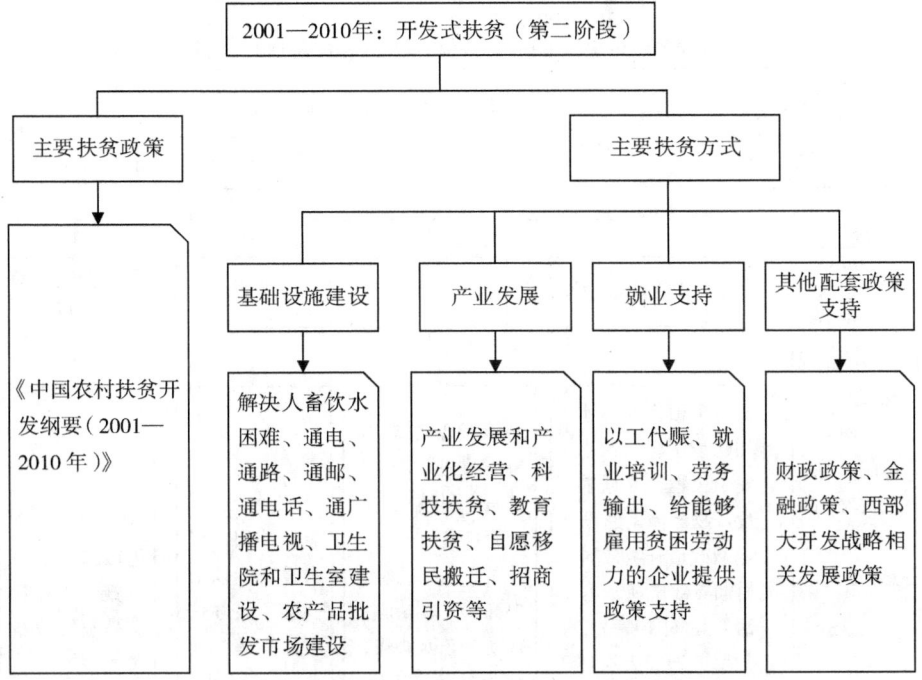

图 2-3 开发式扶贫（第二阶段 2001—2010 年）的扶贫政策和方式

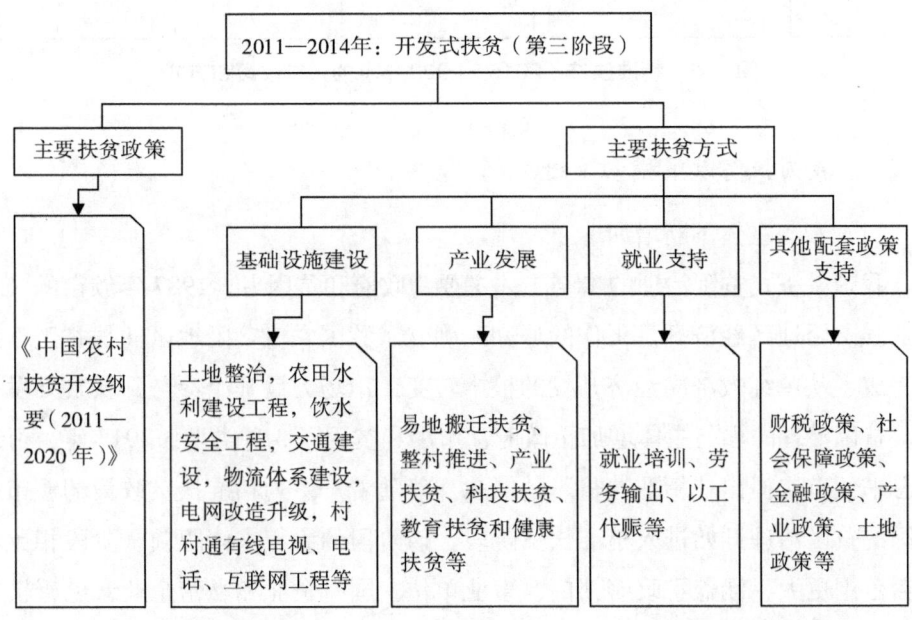

图 2-4 开发式扶贫（第三阶段 2011—2014 年）的扶贫政策和方式

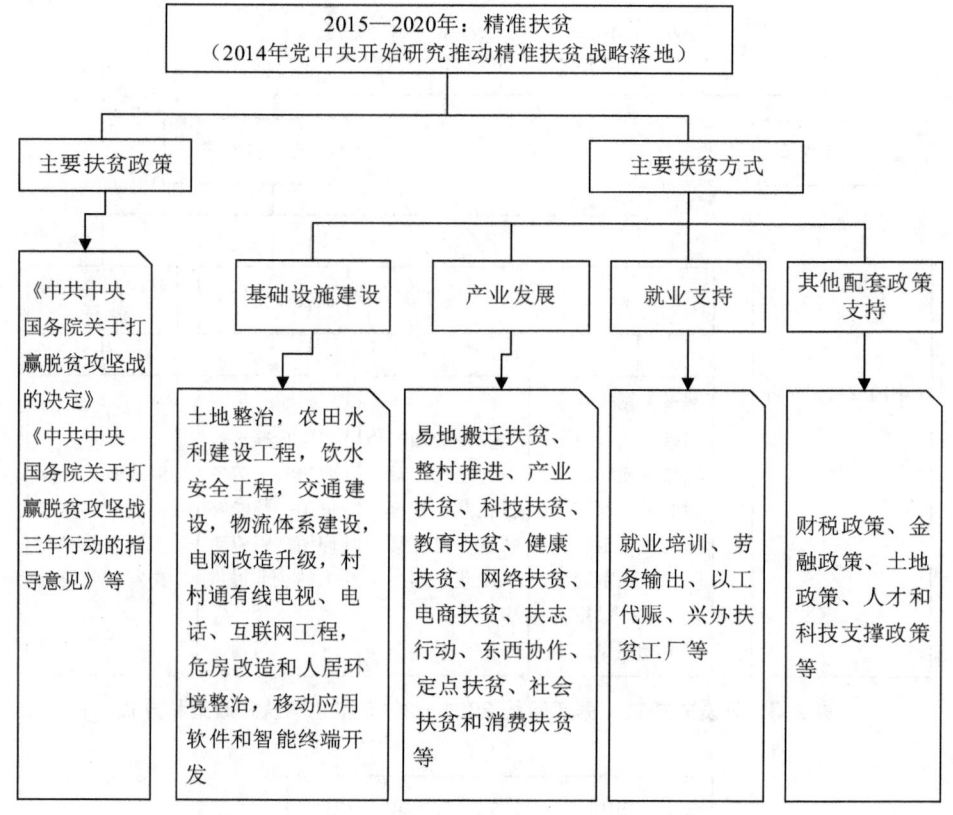

图 2-5 精准扶贫（2015—2020 年）的扶贫政策和方式

2.4.2.1 我国扶贫政策横向演进特征

（1）参与主体不断增加

我国救济式贫困治理的参与主体主要为政府和贫困者。1987年颁布的《关于加强贫困地区经济开发工作的通知》确立了我国农村贫困地区的扶贫工作已经完成了从单纯救济向经济开发的根本转变，市场力量开始参与到扶贫开发中来，贫困治理的参与主体增加至政府、市场和贫困者3种类型。2013年，习近平总书记首次提出"精准扶贫"的概念。伴随着一系列精准扶贫政策的颁布，中国的贫困治理开始进入精准扶贫阶段。该阶段的参与主体跟前一阶段相比，覆盖范围更大，涵盖了政府部门、事业单位、国有企业和私营企业、慈善机构及贫困者。至此，贫困治理已经形成了一种政府主导，全社会广泛参与的大扶贫格局。

(2) 基础设施建设覆盖范围不断扩大

将基础设施建设纳入贫困治理体系开始于开发式扶贫阶段。随着中国经济的快速发展，农村贫困地区的基础设施建设覆盖范围逐渐从局部走向普及，建设特点呈现出从"无"到"有"，再到"提质增效"的转变。1987年，贫困地区的基础设施建设主要涵盖交通（兴修公路和水上河道）和能源（兴办水电、火电）两大领域；1994年，我国将水利领域（人畜饮水问题）纳入贫困地区基础设计建设，并提出了"消灭无电县"的要求；2001年，扩大了交通、能源和水利建设的覆盖范围，并将基础设施建设延伸到了通信工程领域（绝大多数行政村通邮、通电话、通广播电视）和公共卫生领域（大多数贫困乡有卫生院，贫困村有卫生室）；2011年，我国农村贫困地区的基础设施建设增加了土地整治、物流体系建设、互联网建设、信息服务普及等内容，并将"基本解决人畜饮水问题"的目标进一步提升为"安全饮水工程"，"解决用电问题"的目标进一步发展成为"农村电网改造升级、城乡用电同网同价"等；2015—2018年，基础设施建设的范围进一步扩大，交通、能源、水利等领域的基础设施建设开始发展成扶贫体系，提法变为交通扶贫、水利扶贫、电力和网络扶贫等，覆盖范围更加广泛和细化；此外，还增加了危房改造和农村人居环境整治等内容。

(3) 产业发展扶贫政策覆盖范围不断扩大

产业发展是贫困治理的核心内容之一，旨在增强贫困者的自我发展能力，是一种"造血式"扶贫。产业发展脱贫政策的雏形在救济式扶贫阶段就已出现，1982年中央多部门联合发布的《关于认真做好扶助农村贫困户工作的通知》指出要千方百计帮助贫困户搞好多种经营，但是并未提出更加具体的措施；1994年的产业发展脱贫政策包括了财税、金融等政策保障，发展种养业、加工业，兴办乡村扶贫经济实体和科技扶贫等内容；2001年，在之前的基础上，政策保障范围进一步增加和细化，增加了对农业产业化经营的规定，对科技扶贫的具体做法也做出了更加细化的阐述；到2011年，产业扶贫政策内嵌于易地扶贫搬迁、整村推进、东西协作、定点扶贫、社会扶贫、科技扶贫等多个扶贫体系中，针对不同贫困成因和不同地区资源禀赋实行不同的产业发展政策，体现了分而治之的思想，有关政策保障也更加完善；2015—2019年，产业扶贫体系增加了"互联网+"扶贫、资产收益扶贫和就业扶贫等内容，产业帮扶措施更加多元化，覆盖了生产、流通、销售等多个环节。

（4）公共服务扶贫政策覆盖范围不断扩大

公共服务扶贫政策体系主要包括教育、公共卫生、公共文化服务和社会保障4个方面内容。1982年的公共服务扶贫政策仅涉及教育（为贫困户子女减免学杂费）、公共卫生（部分地区帮助贫困户防病治病）和社会保障（拨出适当数额的农村救济经费）3个领域的部分内容，扶贫形式相对单一；到1994年，公共服务扶贫政策开始触及文化领域，对文化设施建设和改善群众文化生活进行了相应规定，同时教育领域扶贫政策转变为"教育改革和初等教育普及等"、公共卫生领域的扶贫政策转变为"改善医疗卫生条件和完善贫困地区三级医疗预防保健网等"、社会保障领域的扶贫政策转变为"建立健全社会保障体系等"；2001年，农科教结合、成人教育、职业教育等内容纳入教育领域的扶贫工作，公共卫生领域扶贫目标更加细化（要求大多数贫困乡有卫生院、贫困村有卫生室，基本控制贫困地区的主要地方病）；2011年，教育、公共卫生、公共文化服务和社会保障领域的扶贫政策各自开始形成体系，覆盖范围更广；2015—2019年，实施精准扶贫战略以来，教育扶贫（学生资助、教师配备、教学硬件设施建设等）、健康扶贫（医疗救助、营养改善、疾病防治）、社会保障兜底（"低保"、"五保"、临时救助、慈善救助等）、文化扶贫（图书室、健身场地等文化设施建设）共同构成了公共服务扶贫政策体系，扶贫目标更加明确，极大地提升了贫困地区公共服务的可及性。

2.4.2.2 我国扶贫政策纵向演进特征

（1）参与主体层级不断延伸

从政策供给层来看，主要体现为贫困治理组织形式的变迁，即贫困治理的统筹单位从中央有关部门上升至党中央，扶贫对象从贫困县逐步延伸至所有贫困村和所有贫困户。

(2) 扶贫实践从"以物质层面为主"到"物质与精神并重"

随着主导扶贫方式的转变，帮扶手段也经历了从物质帮扶、能力建设和权利保障到精神扶贫的层层递进。救济式扶贫阶段的主要做法是物质帮扶，即给贫困户发放一定的物资用于生活生产；进入开发式扶贫阶段后，主要帮扶手段更侧重于以经济开发带动贫困户脱贫致富，从物质帮扶开始深入权利保障和能力建设；到了精准扶贫阶段，在完善的扶贫政策体系下，"等、靠、要"等福利依赖现象开始成为阻碍扶贫成效的重要因素之一，精神扶贫的重要性日益凸显，多部门联动的"扶志扶智"行动开始成为贫困治理体系的重要组成部分，这标志着贫困治理正式深入精神层面。尽管"扶贫扶志"在1982年就已提出，但是系统性的精神扶贫实践是在精准扶贫之后才出现，减贫真正触及精神层面是在精准扶贫之后。

2.4.3 精准扶贫与乡村治理创新的关系构建

谈及精准扶贫，不可回避的首要问题就是精准扶贫的主要落脚点——乡村。从逻辑起点和实际效果来看，构建精准扶贫与乡村治理发展的关系就显得尤为必要。确切来看，精准扶贫与乡村治理创新在扶贫的观念、目标、协调上具有继承性和一致性，因而乡村精准扶贫的进程和乡村治理的发展也能够相互促进、相互影响、协同发展。系统来看，精准扶贫与乡村治理的具体关系表现在下述3个方面。其一，扶贫观念高度一致。在新阶段的扶贫工作中，精准化是扶贫工作的核心理念，此项理念一直落实在扶贫攻坚的全过程中。具体体现为贫困户识别要精准，帮扶政策要精准，扶贫管理要精准，扶贫成效考核要精准。在精准扶贫的进程中，无论扶贫怎么扶、谁是扶贫的主体，都离不开扶贫的主体——乡村。2017年1月，中央一号文件指出：在广大乡村地区继续搞好开发式扶贫，实行整村推进的扶贫观念，以提高扶贫开发的成效来促进乡村社会的和谐发展。因此，可以说精准扶贫的核心是精准观念，乡村治理在扶贫工作中的观念同样是精准化观念，精准扶贫理念和乡村治理发展观念产生了高度一致。其二，扶贫目标要求一致。精准扶贫的目标是通过精准帮扶，帮助每个贫困人口、家庭、贫困村和贫困县、贫困片区实现跨越式发展。贫困地区乡村基层自治组织的目标主要包括服务目标和发展目标两个维度：一方面是服务目标，构建比较完善的社会保障体系和乡村救助体系，在精准识别的基础上，确保社会保障和乡村救助的精准，满足贫困人口的基本生活需要；另一方面是发展目标，在精准识别贫困人口、贫困家庭、贫困村、贫困户原因的基础上，充分发挥贫困人口在经济社会过程中的主体作用。其三，两者关系协调一致。精准扶贫的根本任务在于使贫困人口实现脱贫致富，而广大地区乡村治理发展的出发点和落脚点都是为了实现本地乡村居民摆脱贫困，不断走向富裕，两者对于贫困人口脱贫致富都具有重要的作用，乡村治理的经济扶贫和发展职能正好符合精准扶贫的核心任务。精准扶贫的推进迫切需要乡村基层自治组织的发展，乡村基层自治组织也要依据精准扶贫的格局进行动态调整，这会连续对我国精准扶贫工作的良好运行产生激励和促进，最后实现脱贫致富。总之，精准扶贫和乡村治理这二者在全面建成小康社会的发展进程中相辅相成，相互促进，共同推进贫困乡村地区实现整村脱贫致富。

2.4.4 主要启示

①汲取我国贫困治理的伟大实践经验，因地制宜，动态制定关于乡村振兴的配套性政策法规。一方面，脱贫攻坚积累的宝贵经验亦是乡村振兴战略推进的重要基础，应在乡村振兴过程中充分借鉴我国贫困治理过程中因地制宜、动态规划的特点；另一方面，梳理我国历年颁发的扶贫政策可以发现，某个地区实现整体性脱贫和整体性发展依靠的从来都不是单一的政策，而是一系列配套政策。进入乡村振兴时期，可以参考脱贫攻坚时期不同类型的扶贫政策协同推进的宝贵经验，结合农村地区的具体特点，有重点、有针对性地制定乡村发展的组合配套政策，形成强大的政策合力，推动农村经济社会持续繁荣发展。

②在乡村振兴时期持续推动各类主体的协同配合，形成乡村振兴的强大动能。结合前面分析可知，我国扶贫实践的参与主体一直在不断增加，到精准扶贫阶段，政府、非营利组织、高校和科研机构、国有企业和民营企业等各类市场主体协同开展扶贫行动，形成了强大的脱贫动力，为打赢脱贫攻坚战起到了极其重要的作用。因此，建议在乡村振兴时期继续推动各类主体的协同配合，

继续推动人力、物力、财力、技术等资源的跨部门、跨地域融通，为乡村振兴创造良好的制度条件、资金条件、物质条件、技术条件和人才智力条件，充分激活农村地区的发展潜能。

③考虑逐步推动重要政策法制化以提升政策效力。扶贫政策累计效力与农村社会多维度变迁之间的相关性研究表明，扶贫政策累计效力越高，农村贫困发生率越低；基础设施建设条件与社会公共服务水平越好，农村贫困地区居民生活水平越高。由于政策效力由政策发布部门的行政级别和法律地位决定，因而可以考虑在政策制定过程中充分发挥有关部门的行政影响力和法律影响力，以提高有关政策的效力，进而更好地服务于乡村振兴的伟大实践。

2.5 本章小结

消除贫困，改善民生，实现共同富裕，是社会主义制度的本质要求和中国经济发展的重要目标，也是全面建成小康社会和实现中华民族伟大复兴的必然要求。新中国成立以来，党中央根据不同时期贫困的性质和特点，建立起贫困县、贫困村和贫困户的三级扶贫瞄准机制，在不断实践中逐步探索出一条具有鲜明中国特色的农村反贫困道路，我国农村贫困人口大幅减少，贫困发生率显著下降。特别是党的十八大以来，党中央把精准扶贫工作作为治国理政的基本方略，不断改进扶贫思路和模式，2012—2019年，农村贫困人口从9899万人下降到551万人，贫困发生率从10.2%下降到0.6%，为打赢脱贫攻坚战和全面建成小康社会奠定了坚实的基础。2020年我国农村绝对贫困基本消除后，收入差距扩大、城市贫困、多维贫困、特殊群体贫困等相对贫困问题将日益严峻。如何实现乡村振兴与精准扶贫的有效衔接，从消除绝对贫困向建立减缓相对贫困的长效运行机制转变，是值得深思的问题。基于此，回顾和总结中国农村扶贫历程和政策演变，探析新时期中国贫困面临的挑战和问题，以期为后脱贫时代扶贫政策的制定提供参考，以及为世界其他发展中国家反贫困提供中国经验和方案，具有重要的理论意义和现实价值。

第三章
美丽乡村建设绩效评价
——以甘肃省康县为例

3.1 新时代美丽乡村建设的必要性

中国目前已经步入新发展阶段，发展环境面临着深刻复杂的变化，国内主要矛盾变化、"三农"工作重心转移及国际环境的新矛盾、新挑战都为我国工作提出了新的要求。面对内外压力，美丽乡村建设能够很好地提高我国防范风险、化解危机的能力。因此，美丽乡村建设无论是从畅通国内大循环、构建新发展格局的现实要求来讲，还是从实现美丽中国、建设社会主义现代化国家的未来要求来讲，都有其建设的必要性。

3.1.1 推进"三农"工作的历史要求

中国之所以能够取得举世瞩目的成就，克服一个又一个困难，从一个胜利走向另一个胜利，其原因就在于中国思想、政策的延续性。中国的国家治理不同于西方国家，具有优良的政治文化传统，在中国共产党的领导下，中国的国家治理绩效远高于西方国家，习近平总书记对植树造林有一个生动论断，认为植树造林要"一年接着一年干，一代接着一代干，撸起袖子加油干"，美丽乡村建设也应当如此。美丽乡村建设应当学习党中央乡村建设的历史经验，一代接着一代，不断满足乡村群众对美好生活的需要。此外，时代的发展，乡村建设的任务具体指向会发生改变，但是乡村建设中以人民为中心的发展思想内核是不会变的，需要坚持并加以明确。

3.1.2 畅通国内大循环的现实要求

2020年7月召开的中央政治局会议认为，我国目前面临的问题是中长期的，必须加快形成以国内大循环为主体、国内国际双循环相互促进的新发展格局，这是党在百年未有之大变局中开拓新局面的应对之策。我国长期得益于引进外资接纳国外产业转移并通过出口的策略，虽然在经济上实现了高速增长，使中国拥有了世界上最完备最齐全的制造业，但是缺点也很明显。我国的制造业虽然完备，但核心技术缺失，长期位于产业价值链底层，承担了与收益不符合的生态环境代价。我国生产需要国外需要，而不是国外需要我国生产，国外由于各种原因一旦不需要我国的生产，就会造成国内生产过剩，经济增速放缓，从而引发一定的社会问题，这是出口导向性的弊端。我国"三农"领域有关专家曾说，中国有第一世界的城市和第三世界的乡村。这句话在一定程度上能反映城乡差距的存在。要实现国内大循环的畅通，城乡差距弥合问题不容忽视，而美丽乡村建设恰恰解决了这个问题。一方面，美丽乡村建设有利于消化我国的过剩资本；另一方面，在这种条件下，美丽乡村建设的进程会加快。城乡之间的资本、劳动力互动会更加频繁，乡村基础设施会更加完备，民生领域的短板也会随之补齐，城乡差距会大幅减少，城乡区域协调发展的局面随之出现，乡村有意愿也有能力参与到国内大循环中。因此，美丽乡村建设一方面能够以化解危机的作用促进国内大循环；另一方面也是国内大循环中必不可少的一环。

3.1.3 建设社会主义现代化强国的必然要求

党的十九大报告指出，要在21世纪中叶将中国建设成为富强民主文明和谐美丽的社会主义现代化强国，这是"美丽"首次作为社会主义现代化强国的限定词出现在党的文件中，美丽已经成为建设社会主义现代化强国的约束性指标，是新时代中国特色社会主义的鲜明特征之一。"十四五"规划中也提到，到 2035 年，我国要实现生态环境根本好转，美丽中国建设目标基本实现，要实施乡村建设行动，把乡村建设摆在社会主义现代化建设的重要位置，建设美丽中国是社会主义现代化强国的指向之一，落实到基础就是建设美丽乡村。时至今日，乡村建设依然是现代化建设的主要阵地，没有美丽乡村就没有美丽中国，美丽乡村建设是美丽中国建设的重要组成部分，也是美丽中国建设的农村版。一方面，美丽中国的建设目标要在乡土社会体现，其实现路径就是美丽乡村建设，以乡村生态文明建设为主要抓手，推动乡村经济、政治、文化、社会、生态文明发展的高度融合，与美丽中国的建设要求一致；另一方面，美丽中国建设与美丽乡村建设从空间范围上看是包含与被包含、整体与部分的关系。美丽中国的建设，就是要在包含美丽乡村建设的同时，完成城乡整体生态文明变迁，实现从乡村到城市再到全中国生态文明建设的空间拓展。

3.2 康县美丽乡村建设的基本现状

3.2.1 康县基本概况

（1）地理位置

康县位于甘肃省东南部，嘉陵江上游，西汉水之滨，地处陕西、甘肃、四川三省交界地带，东与陕西省略阳县为邻，南接陕西宁强县，西与武都区毗连，北隔西汉水与成县相望，县城距兰州市直距 336 千米，全县总面积 2967.95 平方千米。

（2）地貌与气候

康县全境处于西秦岭南侧的陇南山中，地势起伏大，西高东低，中间高，南北低。境内山势陡峭，最高海拔 2484.8 米，最低海拔 560 米，平均海拔为 1184 米。康县深居内陆，属于北亚热带和暖温带过渡区，气候温暖，降雨量多，日照时间长，湿度较大，霜冻时间短，冬春季节雨量少，夏秋季节雨量多且易发生洪涝灾害，是明显的季节性气候。气温年际变化不大，日较差小；全县降水量自东南向西北递减，夏多冬少，受季风影响明显；年平均相对湿度为

74%，年际变化小；年日照时数为 1549.1 小时，日照百分率年平均为 39%；蒸发量年平均为 1383.9 毫米，是甘肃省蒸发量最少的地方；风向受季节性的影响极小，全年盛行东风，风力微弱。

（3）水文与物产资源

康县属于长江流域外流地区，嘉陵江水系。境内具有常年性流水的沟道较多，溪流遍地，主要河流 15 条，多年平均自产径流总量 10.94 亿立方米，占甘肃全省的 3.67%，人均占有量为 5654.3 立方米，比全国平均水平高 1.1 倍。地下水总储量为 5.776 亿立方米，其中储量稳定为 1.976 亿立方米、调节储量为 3.8 亿立方米。丰枯年份地下水流量变化较大，丰水年 6.565 亿立方米，枯水年 2.887 亿立方米。康县农林业发达，主要农作物有小麦、玉米、马铃薯、黄豆、白芸豆等。现有森林约有 339 万亩，活林木储量超过 1267.3 立方米，森林覆盖率达到 70% 以上，林木绿化率高达 70.4%。主要树种有松树、柏树、桦木、青冈、落叶松、柳树等，特有经济林树种有 30 余种。经济林果有核桃、茶叶、杜仲、板栗、花椒、桑树等，食用菌有黑木耳、天麻、香菇、猴头、灵芝等，矿产资源已探明得有 20 多种，包括铜、铁、大理石等，黄金储量也非常丰富。水利资源有贾安、叶子坎、豆坪等小水电站 35 座。

（4）旅游资源

康县境内山清水秀，生态旅游资源非常丰富，主要景区景点有省级白云山森林公园、王坝青林沟风景区、阳坝省级风景区，以及近几年开发建成的三百里旅游文化风情线、王坝乡凤凰谷、长坝镇花桥村等乡村旅游景点，还有寺庙道观景点、大堡车岳山、迷坝对对山、长坝青龙山、平洛明月山及茶巴马古道风情线等。

（5）社会经济概况

2018 年，康县生产总值为 169 685 万元，比上年增长 1.8%。其中，第一产业增加值为 34 139 万元，比上年增长 2.1%；第二产业增加值为 19 473 万元，比上年增长 1.2%；第三产业增加值为 116 072 万元，比上年增长 2%。三次产业结构比为 20.12∶11.48∶68.4。按常住人口计算，人均生产总值为 9318 元。

3.2.2 康县美丽乡村建设概况

3.2.2.1 农民生活不断改善

康县以美丽乡村建设为契机,依托自身区位优势,大力发展旅游、林果种植、中蜂和大鲵养殖等特色优势产业,农村居民收入不断增加,城乡差距逐渐缩小,主要经济指标都有了很大的提升。生产总值从2009年的8.1亿元增长到2018年的16.97亿元,实现了翻倍增长;农村居民人均可支配收入达6588元,城镇居民人均可支配收入达到22 764元,人们的生活条件得到了很大改善(图3-1)。

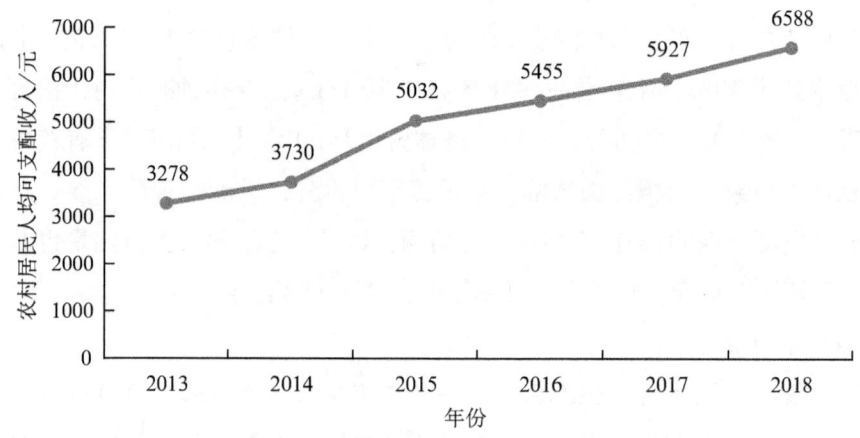

图3-1 康县农村居民人均可支配收入(2013—2018年)

康县已建成的所有美丽乡村都已实现了道路硬化,解决了村民通路难的问题;完成了农村电网改造,并实施了房屋翻新改造、庭院绿化美化项目;建成了人畜饮水工程,以及惠民便民综合服务中心、文娱活动广场等公共设施,并且配套建有村级超市、保健室、美发室及阅览室等。美丽乡村目前已经实现了公共服务设施全覆盖、共享工程全覆盖,让全民都能共享发展成果。依托美丽乡村建设的持续推进,在农村居民物质生活水平不断提高的同时,精神面貌也发生了改变,村民积极维护建设成果,以往的陈规陋习和不良风气都得到了改善。全县呈现出村容村貌整洁、巷道院落干净、人居环境优美的美丽乡村的新形象。

3.2.2.2 特色产业持续发展

康县按照"整县核桃、南茶北桑"的思路，充分利用生态环境优势，将庭院经济与规模经济相结合，加大力度培育核桃、茶叶、桑蚕、花椒、中药材等的种植，以及中蜂和大鲵养殖、食用菌栽培、生态旅游等特色富民产业，在增加村民收入的同时也进一步夯实了康县美丽乡村建设的产业基础。2018年，全县核桃、茶叶、食用菌、黑木耳、花椒、养殖等特色产业总面积达到106.73万亩，产量达22.17万吨，产值达11.86亿元。茶叶产量达到705.4吨，产值达到7054万元；发展中蜂养殖达6.8万箱，蜂蜜产量262吨，产值为2280万元，蜂农户均收入达到6000元以上；全县食用菌年总产量超过5000吨，总产值突破2万元；天麻（药用菌）1.46万亩，产量3.74万吨，产值为1.65亿元；中药材总面积累计达到8.8万亩，产量达到28 000吨，产值30 421万元；全年产茧2.05吨，产值82万元（表3-1）。

表3-1 康县特色种植养殖情况（2018年）

产品名称	产量/吨	产值/万元
核桃	17 600	26 400
茶叶	705.4	7054
蜂蜜	262	2280
食用菌	5000	2
天麻	37 400	16 500
中药材	28 000	30 421
茧	2.05	82

此外，截至2018年年底，全县建立天麻、核桃、茶叶等各类合作社1515家，直接带动贫困户12 135户，组建了康县百稼富民农业发展有限公司，承接贫困户入股资金3237万元，积极争取县财政整合各类涉农资金2465万元，作为村级集体经济发展基金。全县203个贫困村通过入股分红、资产租赁等方式，发展村集体经济年均达到5000元以上。康县把农产品品牌建设作为产业发展的核心要素，培育自有品牌，扩大影响力，搭建平台，有效地促进了农产

品品牌培育和产销对接体系建设。2018年新增地理标志1个、绿色认证1个，全县"三品一标"累计达到30个。康县积极培育"农"字形龙头企业，全县累计建成龙头企业15家，直接带动贫困户1098户。

康县利用美丽乡村知名度和影响力，结合县委县政府将全县按照生态旅游大景区进行建设的目标规划，大力发展乡村生态旅游，从而使全县的第三产业得以快速发展，也进一步推动了美丽乡村的持续建设。据统计，2018年，康县乡村旅游接待游客251.94万人次，比上年增长18.60%；乡村旅游综合收入11.73亿元，比上年增长3.2%。同时，大力发展旅游业的同时，新增旅游就业人数稳步增加，也解决了当地人的就业问题，2018年，康县乡村旅游业新增就业人数200多人，增加群众收入的同时也有助于乡村的安定团结（图3-2至图3-5）。

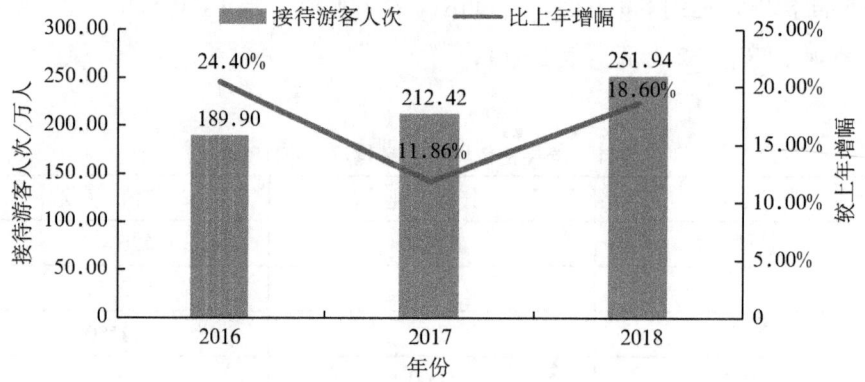

图3-2　康县接待游客人次及增幅（2016—2018年）

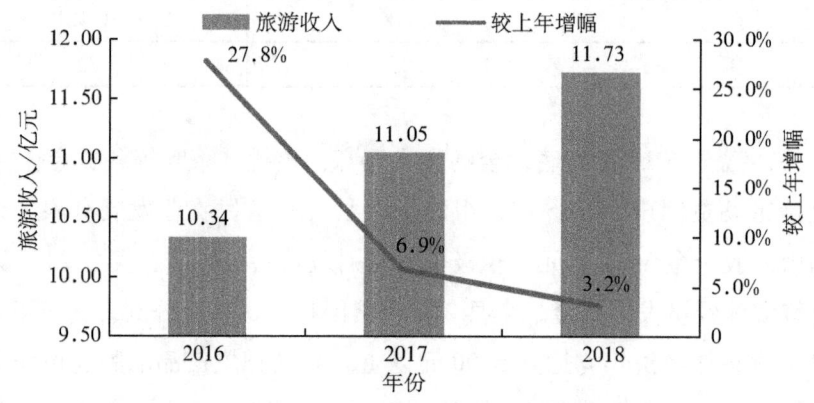

图3-3　康县旅游收入及增幅（2016—2018年）

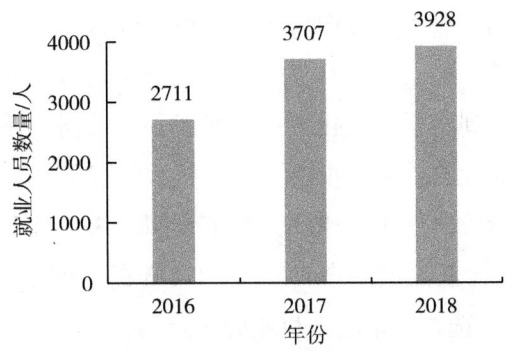

图 3-4　康县旅游就业人数分布（2016—2018 年）

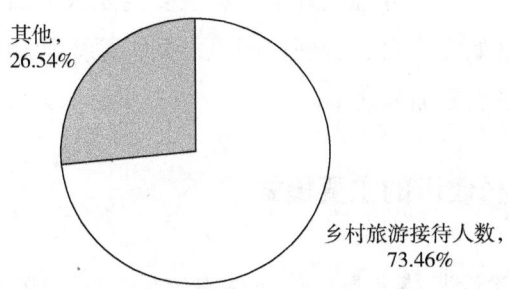

图 3-5　乡村旅游接待人数占比（2018 年）

3.2.2.3　乡村治理能力得到提升

在康县美丽乡村建设过程中，乡村两级组织积极建立各项奖补政策激励农民群众，让群众积极发挥主体作用，引导群众参与建设，有效解决了村领导班子各项工作问题，极大提高了乡村干部的干事能力，也拉近了干部与村民之间的距离。在美丽乡村建设过程中，村干部引导并团结村民，解决长期因办事不公开不透明等原因所积累的矛盾。此外，康县全县在美丽乡村建设过程中，通过评选美丽乡村建设先进个人、各级先进户、文明户等方式提升农民的综合素质，逐步形成遵纪守法、文明和谐、邻里和睦的乡村新面貌。

3.2.2.4　美丽乡村建设已见成效

"雨天一身泥，晴天一身土"是大多数人印象中的康县农村环境。如今，通过因地制宜地实施美丽乡村建设，康县的村容村貌发生了变化，人们的居住环境变了，交通便利，过去的危旧房屋也进行了改造，户户都通了自来水，生产生活条件得到改善。通过发展特色生态富民产业，村民的收入明显提高了。过去出去打工的人看到村里的变化之后也回村创业，同时还带动本村村民的就业，在本地发展产业致富。康县没有"空心村"的现象，利用亚热带气候形成的旅游季节差及其形成的得天独厚的天然植物园，康县几乎村村都是旅游村。通过发展乡村旅游，全县旅游综合收入从2012年的2.94亿元发展到2018年的11.73亿元，花桥村入选首批全国乡村旅游重点村。

通过美丽乡村建设，人们的生活质量得到了明显提高，这种提高不仅体现在人们的收入增加了、人居环境变好了，更重要的是人们的精神面貌也与以前大不相同了，人们开始学会自我管理，邻里之间关系更加融洽，人与环境可以和谐共生，社会秩序也更加和谐了。

3.3 康县美丽乡村建设的主要模式

康县美丽乡村建设坚持人与自然协调发展的原则，在建设现代文明的同时，注重传统文化的保护，重点突出原生态保护；坚持依村就势，古村强调保护、老村强调改造、新村强调建设；坚持因地制宜，在美丽乡村建设的实践过程中，按照每个村的建设实际总结形成了生态旅游型、古村修复型、产业培育型、环境改善型及易地搬迁型5种各具特色的建设类型。

3.3.1 生态旅游型——凤凰谷村

3.3.1.1 凤凰谷村村域概况

城关镇凤凰谷村位于康县县城西北2.5千米处，全村有8个社235户共865人，有耕地1590亩，林地3500亩，相传曾有凤凰栖息故而得名。通过美丽乡村建设，凤凰谷村摆脱了以往的贫穷面貌，如同凤凰涅槃一般，变成了有名的生态旅游型的精品美丽乡村。凤凰谷村先后获得"中国乡村旅游模范村"、2016年度中国最美村镇"人文奖"等称号。

3.3.1.2 凤凰谷村建设模式

凤凰谷村整合各类项目资金930万元，撬动群众筹资投劳约1200万元，在充分调研了解村情民意的情况下，立足于本村的实际情况，依托其区位优势、生态环境及曾有凤凰栖息这一美丽的传说，编制村庄建设规划，致力于将凤凰谷村打造成县城后花园，大力发展乡村生态风光旅游及田间耕作体验等特色旅游项目。并依据规划修建旅游设施，完善相关配套设施，因地制宜地进行乡村旅游开发，结合当地道教文化遗存，在保护本村传统文化习俗的前提下，开发旅游资源。目前，凤凰谷村开发的旅游类型不单单包含田园风光观光游，同时还包含采摘园、休闲农庄及农业科普园区和通过挖掘乡村文化风俗而形成的民俗文化休闲旅游等类型。凤凰谷村走出了一条以旅游促发展、以旅游奔脱贫、以旅游建小康的脱贫之路，对其他地区的美丽乡村建设有很好的借鉴意义。

（1）提升村庄整体风貌

凤凰谷村按照建设园林化旅游村的目标，从与群众最贴近的道路、住房等方面入手，加快公共服务和配套基础设施的建设。注重保持村庄原貌，因地制宜，不搞大拆大建和一刀切的工程。采取专业工程团队与群众自建相结合的方式，在加快建设进程的同时，保证建设质量，尽可能地降低成本。采用体现当地文化特色的秦巴风格进行房屋改造，同时充分利用村里废弃的砖瓦石块等，修建开放式的围墙和花园。在原有村庄绿化的基础上，采用当地的竹子、黄杨及马莲等植物，对房前屋后、公共区域等地带实施绿化，美化环境。在美丽乡村开始建设之前，村庄中存在乱扔垃圾及乱倒污水等问题，甚至久而久之形成了臭水沟，为解决这一问题，在建设时利用当地原有的砂石等打造出"波浪式"的特色景象，还建立了阅览室、村级卫生室等配套设施，进一步方便了村民的日常生活。另外，在建设旅游设施的同时，也推进了村庄公共基础设施的进一步完善，当地村民将传统的生活方式与现代化的生活方式相结合，在建设美丽乡村的同时也实现了农村发展的良性循环。

（2）培育村庄特色产业

凤凰谷村结合产业调整，在大力发展田园风光生态旅游的同时，还大力发展特色产业的种植，建成采摘园，包括核桃、苹果及寿桃等，并引进优质种苗，截至 2018 年 11 月，全村已经实现了核桃树的全覆盖，促进了核桃产业的提质增效。与此同时，凤凰谷村在认真培育本村产业的同时，还派出专业技术人员对本村剩余劳动力及周边村庄的农户进行免费培训。另外，凤凰谷村还成立了康县第一家乡村旅游度假公司，建成 9 家农家客栈、3 家农家乐、1 家乡村酒店，成功地塑造了该村的乡村旅游品牌。此外，凤凰谷村还有 1 个农特产品销售中心，280 余亩农业观光采摘园，在满足游客观光的同时，还可以让游客体会动手采摘的乐趣。凤凰谷村以"公司＋农户"的经营模式，提高了农户的收入，也充分带动了农户的积极性，让农民充分参与到建设中来。同时还带动 100 多名群众就地就业，促进了农村产业发展和农户增收。

（3）挖掘乡村文化

该村借鉴凤凰谷的美丽传说，充分探索历史和当地文化资源，修建了仿古形象大门 1 座，绘制了凸显传统文化韵味的文化宣传墙，内容包括公民道德规范及村规民约等。另外，在建设过程中村民自愿无偿让出空地，以便村里建设文化广场，包括传承当地道教文化的月牙广场等 9 处。节假日期间，村民还会自发举办篝火晚会和猜灯谜晚会等一系列文艺晚会，提升了村庄文化软实力的同时也吸引了不少游客，不仅促进了乡风文明，同时也提升了村庄旅游发展的品味。

（4）建立管理措施

为有效保护和管理美丽乡村的建设成果，凤凰谷村建立"党支部＋"的管理机制，在村内长期开展以清垃圾、清淤泥、清路障、清杂物为主要内容的环境卫生整治活动，要求全村没有乱搭棚架、乱堆柴草、乱扔垃圾、乱倒污水的情况，建立了公益性设施共管共享理事会，村级保洁员、公益性岗位人员等对村内的环境卫生进行管理，实行以群众打扫为主、五保户打扫为辅的管理模式。与此同时，明确规定村民在环境卫生方面的职责，并以家庭为单位定期公布其卫生状况检查结果，让保护环境、讲究卫生变成每个村民的习惯，更好地维护建设成果。

3.3.2 古村修复型——朱家沟村

3.3.2.1 朱家沟村村域概况

白杨乡朱家沟村距离白杨乡政府3.5千米，位于康县南部地区，辖内包括3个社113户383人，有耕地770.89亩，林地4638.4亩。朱家沟村具有良好的历史文化资源，包括古街、古楼及红色文化等有关的建筑，且保存较为完整。

3.3.2.2 朱家沟村建设模式

朱家沟村不仅有丰富的生态自然资源，而且古代文化遗址保留得较为完整。目前，村里仍然完好地保留着清末时期的院落、旧式的造纸作坊、老式的酿酒作坊、以前的发电设备及清朝时期的打铁铺子等，这些物件都保存完好，甚至可以直接使用，充分展示了康南古建筑特色和娴熟的工艺。2015年，朱家沟村被列为古村修复型美丽乡村示范村进行建设，从改善人居环境入手，合理编制发展规划，在保护古文物的前提下合理挖掘乡村文化，逐步建成古文化与现代文明协调发展的美丽乡村。

（1）提升村庄整体风貌

自美丽乡村建设以来，朱家沟村通村硬化道路3.5千米，架通农户安全用水入户工程65户，新修建村民活动广场550平方米，健身广场1处，并配套安装健身器材，建成党员活动室1个，修建便民景观桥3座，引流防火渠500多米，修建村史馆1座，危房改造57户，庭院美化35户，修建水磨、瀑布、古泉等景观4个，修建垃圾池5个，垃圾收集点15个，建立垃圾集中处理点3个，新增绿化面积超过3800平方米，并配备2名保洁员负责村内卫生管理和垃圾的处理。在此基础上，依托生态资源和历史文化资源，保护性地改造朱家沟城门楼和麻柳广场，还建造了打铁体验馆等旅游设施，进一步提升了村庄的整体风貌。

（2）挖掘乡村文化

朱家沟村不仅存有有形的古文物，同时还有一些民间风俗文化，包括康南花鼓、神舞、毛山歌、霸王鞭、木龙歌等，这些民俗文化也成了独具特色的乡村民俗体验旅游品牌,进一步丰富了乡风文明的建设内涵。在朱家沟村美丽乡村建设过程中,不仅加强了对历史文化古迹的挖掘和保护,同时也加强了对村民的引导,让他们意识到当地传统文化的价值,最终使这些风俗文化不仅融入乡村的发展中,而且让村民对于自己所认同的风俗文化从心底感到自豪。

(3) 培育特色产业

朱家沟村以美丽乡村建设为契机,大力发展以"赏自然风光、观古坊土法、吃乡间小菜、购农家特产"为主题的生态旅游富民产业,在保留原生态风貌的前提下,配套完善乡村旅游设施,修复保护造纸、水磨等老作坊,发展农家客栈 2 家、农家乐 1 家、酒坊 1 家,成立了朱家沟乡村旅游文化演艺公司,并成立了中蜂养殖、魔芋种植和养羊农民专业合作社 3 个。该村还成立了村级电商中心,通过开办网店等方式,广泛宣传村庄土特产品和乡村旅游,扩大了自己的知名度和影响力。探索实践出"乡村旅游 + 特色产业 + 电子商务"的旅游扶贫模式,有效带动了贫困户和群众增收致富。

(4) 建设成效

通过实施美丽乡村建设,发展乡村旅游,朱家沟不仅实现了人均收入的提高,以及人居环境的改善,更重要的是,村民的精神文化方面也得到了很大的提高。如今的朱家沟村,保存有最早的手写版康县县志、超过百年的古建筑,以及古老的造纸术、制酒作坊等老物件,述说着原汁原味的农耕文化。广大游客来到朱家沟村不仅能欣赏到山清水秀的自然风光,还能品评到当地独特的乡村文化。

3.3.3 产业培育型——油房坝村

3.3.3.1 油房坝村村域概况

阳坝镇油房坝村位于梅园河深处,距离县城 92 千米,辖内有 2 个社 80 户 281 人。美丽乡村建设使油房坝村村内人居环境得到极大改善的同时,还通过培育茶叶种植等特色产业改变以往村庄单一的产业结构,使村民收入增加,产业优势和特色明显,短时间内实现了由贫困村到产业培育型美丽乡村的蜕变。

3.3.3.2 油房坝村建设模式

(1) 提升村庄整体风貌

自美丽乡村建设以来，全村完成通村道路硬化 2.2 千米，入户道路硬化 72 户，新建便民桥 3 座；完成房屋亮化改造 145 间，家庭院落风貌改建 72 户；新建成村民休闲文化广场 5 个共 4200 多平方米；建成村史馆 3 间，新建电子商务中心 1 个；并结合旅游产业开发，新建仿古廊桥 1 座，铺设休闲人行道路 1000 多米，新建茅草亭 2 个，水榭 2 个；栽植广玉兰、紫薇、梅花等 10 000 余株，新增村内绿化面积 3000 多平方米。同时广泛开展各类群众性精神文明创建活动，村民的物质生活条件得到改善的同时，精神面貌也有了明显提高。

(2) 培育富民产业

油房坝村在加快基础设施建设、改善农村生态环境的同时，大力培育乡村特色产业，增加群众收入。以美丽乡村建设为契机，开展精准扶贫和精准脱贫工作，将传统农作物改为特色经济作物，大力发展茶叶种植加工、中药材种植、中蜂、大鲵养殖及生态环境旅游等特色优势产业，取得了明显成效。一是大力发展茶叶产业，延长传统的茶叶种植产业链，打造集观光、茶叶采摘体验、茶叶加工、销售于一体的产业，并分区域逐年逐片对产量较低的茶园进行改造；二是按照"企业+基地+合作社+农户"的模式，注册成立茶叶专业合作社，新建茶叶加工厂 1 座，生产车间 300 多平方米，注册了商标品牌，将茶叶进行深加工，提高其附加值，实现产业结构的多元化，年加工销售产品绿茶 15 000 斤，实现产值 150 多万元，在带动村民增收的同时也解决了村庄大量剩余劳动力的就业问题；三是大力发展特种种植，发展大鲵养殖大户及中蜂养殖大户，拓宽群众增收渠道。

(3) 发展乡村旅游

油房坝村利用位于梅园沟景区的区域优势和生态环境优势，大力发展乡村旅游。一是实施"十村百户千床"工程，组织村干部及部分农户外出考察，解放思想，更新观念，发展旅游农家乐和家庭宾馆，在改变农民单一收入结构的同时，还解决了农村剩余劳动力的就业问题；二是通过包装销售具有当地特色的农副产品带动旅游经济，增加群众收入；三是将乡村生态旅游与景区建设相结合，在建设过程中，坚持将村庄作为景点来建设，吸引更多游客深入油坊坝美丽乡村品味农家菜，体验田园生活。如今的油坊坝村通过美丽乡村的一系列建设，已经成为集观光旅游、休闲度假、农事体验于一体的生态旅游胜地。

3.3.4 环境改善型——塄上村

3.3.4.1 塄上村村域概况

塄上村位于望关镇北部，江武公路和成武高速从村中穿过，交通便利，地理位置优越。全村有7个社215户854人，耕地面积1360亩。群众收入主要来源是核桃、花椒和外出务工等。2013年该村被确定为扶贫整村推进村、生态文明新农村建设精品村和基层党建市级科学示范村。

3.3.4.2 塄上村建设模式

（1）提升乡村整体风貌

自2013年以来，塄上村依据整体规划，积极改善村里环境脏乱差问题，动员村民从改善自家庭院的环境开始，开展环境卫生综合整治，针对群众生活基础设施落后的问题，积极整改，力争实现"村容环境整洁美"。在大力推进农村基础设施建设的同时，鼓励村民开展庭院及村庄的绿化美化工作。改变村庄以往脏乱差的面貌，并引导群众逐步改变生活陋习。塄上村采取项目支撑、部门帮扶、资金整合的措施，截至2018年11月，统筹各类资金100万元，拆除危旧房屋61户198间，斜面屋顶改造100户360间，改造旧房（压脊、座四带、钉檐板）191户590间，房屋亮化191户1130间，拓宽村内道路4千米，硬化通村公路1千米，硬化通社道路3.5千米，修通田间道路13千米；硬化庭院185户12 950平方米，修建花园115个，新修村内护坡6处1200余方；新建村内健身活动广场2个、绿化带17处1400平方米，栽植绿化树2600株；新建文化墙2处280平方米；修建村内排水渠140余米、水体工程7处、景观桥1座、公厕1个，铺设人行步道430米；亮化改造10间村级组织活动室220平方米，安装太阳能路灯20盏，并配套了村史馆、阅览室、卫生室等，全面完成了扶贫整村推进项目，建成了特色明显、群众满意的生态文明新农村。

（2）培育富民产业

在建好生态文明新农村的同时，埫上村以增加群众收入为主要目标，依托当地光热资源和水土资源优势，大力发展以核桃、花椒为主的农业特色产业。为使村民快速掌握种植技术，村里多次开办培训班，邀请专业技术人员对农户进行核桃树、花椒树综合管理技术培训，并建成张湾社核桃产业示范园110亩、张湾社核桃采摘园50亩、高接换优嫁接核桃树200亩。2018年，全村种植核桃1200亩12 000余株，花椒840亩40 000余株。同时，为激发农户种植的积极性，镇政府筹资购买磷肥8吨，生石灰2吨，对示范户和综合管理积极的农户进行奖励补助，使核桃产业得到了更好发展，也进一步丰富了美丽乡村建设的内涵。

为了增加群众收入，提高村民生活质量，埫上村创建"支部＋合作社＋贫困户"的工作方式，创建农民专业合作社，种植银杏300亩，并吸纳贫困户加入合作社，既解决了他们的就业，同时也有效带动了贫困户脱贫。另外，采取"党建＋劳务经济"的形式，组织村里其他剩余劳动力外出务工，全村外出务工人员达到200人以上。截至2018年11月，在埫上村党支部的牵头下，村里已经组建了"华伟农民种植专业合作社""华裕路桥公司"，并吸纳本村群众43户，在稳定增加了群众收入的同时也盘活了经济。

（3）建立管理机制

在美丽乡村建设实践过程中，埫上村不断完善健全各项管理制度，维护美丽乡村建设成果。首先是在全村范围内民主评选出村级环境卫生评比领导小组，并制定环境卫生评比表、签订环境卫生三包责任书，确定了村级环保员，落实环保经费，使村里的环境卫生做到了定期打扫。同时，以户为单位对村民进行引导，倡导村民培养良好的卫生习惯，使整个村庄的建设成果得到较好的维护。

3.3.5 异地搬迁型——叶湾村

3.3.5.1 叶湾村村域概况

叶湾村位于望关镇镇政府所在地，距康县县城34千米，全村有5个社178

户 622 人。全村有耕地面积 1650 亩，群众经济收入主要来源以种植核桃、花椒及外出务工为主。在美丽乡村建设之前，全村大多村民都居住在半高山地区，并且在汶川地震中，全村住宅均出现了不同程度的损坏，在灾后重建工作中，叶湾村集中力量，因地制宜，在 2015 年被列为生态文明新农村建设及美丽乡村建设精品村。

3.3.5.2 叶湾村建设模式

（1）完善基础设施

自美丽乡村建设以来，叶湾村按照"生态为基、发展为要、民生为本"的总体要求，严格按照规划方案全面开展建设工作。截至 2018 年 11 月，全村已拆除活动板房 52 间，拆除危旧房屋 29 户 73 间；完成房屋二层修建 85 户；完成斜面屋顶改造 91 户；完成巷道硬化 8 条 6.2 千米，硬化庭院 88 户 4900 余平方米，修建庭院花围墙 85 户 720 余米；修建群众健身广场 2 处 1060 余平方米；完成村内绿化 3200 余平方米，铺设石子路 650 余米；完成进村主干道排水渠建设 2100 米，修建村内排水渠 220 米，协调并平整村内公共基础设施建设用地 630 平方米，修建垃圾池 4 个；完成进村主干道塌方修复 2 处 310 立方米；集中清理村内生活垃圾 11 处，乱堆乱放 68 处；健全了新农村建设台账并进行了公示，修缮完成康县首座土木结构村史馆 1 座。

（2）培育特色产业

在建设完善基础设施的同时，叶湾村还注重培育特色产业。全村积极开展核桃树种植培育，改良嫁接核桃树 4350 余株，培育核桃种植大户 20 户。同时，积极倡导会电脑、有技术的青年通过开办网店等方式发展电子商务。截至 2018 年 11 月，全村共开办以经营土特产为主的淘宝网店 3 家，实现线上交易额 12.64 万元。另外，为提高群众收入，拓宽群众增收渠道，叶湾村积极开办各类培训班并组织村民参加，让村民能够掌握各类实用技能，共培训务工人员 238 人次，输出劳动力 185 人次，为全村的发展奠定了良好的发展基础，也丰富了美丽乡村建设的内涵。此外，叶湾村以"茶马古道"为重点，充分挖掘文化元素和地方人文特色，在发展乡村特色产业的同时，着力增强文化底蕴。

(3) 建立管理机制

自从美丽乡村建设以来，叶湾村着力改善村容村貌，以村内环境综合整治为基础，动员群众自觉维护建设成果，在对自家庭院环境整治的同时，清理房前屋后。通过召开村两委、党员和村民代表会，修订完善了村规民约，成立了环境卫生管理领导小组，设立村级环卫人员，实行五保户与环卫人员相结合的方式保证村里环境卫生，从而维护美丽乡村的建设成果，形成良性循环。

通过对以上5个村子各自美丽乡村建设模式的综合分析，可以发现无论是哪种建设模式，在美丽乡村建设过程中都是在积极完善村庄配套基础设施的基础上，培育特色优势产业，包括核桃、茶叶种植等，然后改变传统单一的产业结构，延长产业链，进行特色农产品的深加工并建立合作社及相关企业，积极创建农产品品牌，同时依托自身丰富的生态旅游资源，发展乡村旅游业，通过制度和方式的创新，改变农村以往单一的产业结构。在这过程当中，村民人居生活环境改善，收入渠道拓宽，村民生活获得感增强，最终实现了农村经济社会繁荣发展的良好格局。

3.4 康县美丽乡村建设的绩效评价

3.4.1 指标体系的构建

3.4.1.1 指标选取的原则

①系统性原则。不仅要考虑每个指标之间的内在关联，而且要使所有的指标通过集合可以展现总体的特征，并且要有清晰的层次结构和分总关系。

②科学性原则。构建评价指标体系必须始终以科学思想为指导，保证设计指标的全面、准确及客观，同时还要确保能够满足文章的研究需要。

③客观性原则。在选取指标之前，应该进行完备的实地调研，尽可能地排除主观因素对实际结果的干扰，以确保指标选择的有效性和真实性。

④可操作性原则。在指标选取过程中，应该建立在充分可行的基础上，保证所选择的指标是能够量化的，具有实际操作性，避免由于操作失误或操作不当导致数据失真。

3.4.1.2 指标体系的构建

为了客观反映康县美丽乡村建设的成效，本研究在借鉴已有相关研究的基础上，参照《美丽乡村建设指南》中一些指标的国家标准及甘肃省美丽乡村建设的相关标准，结合康县的具体实际，选取生态环境、人居生活、经济发展、乡风文明、建设保障5个方面共计22个指标，形成评价指标体系，对康县美丽乡村建设成效进行综合评价。

(1) 生态环境

生态环境方面的指标用来衡量美丽乡村建设中的"自然环境美"，主要包括以下3个方面：首先是村庄自然环境的不断改善和美化，村庄内是否能够实现无垃圾及柴草乱堆乱扔等问题；其次是村庄内的基础设施建设是否足够完善，通村和入户道路硬化、亮化问题，以及生产生活污水是否能够集中处理等问题；最后是村庄的整体风貌是否有提高，村庄的规划是否能够在结合自身原有特点的基础上融入现代化特色，建设村容整洁的美丽乡村。

基于此，本研究选择村庄绿化覆盖率、道路硬化率、道路亮化率、生活污水处理率、生产生活垃圾收集率及房屋风貌改造率6个指标进行评价。

(2) 人居生活

人居生活方面的指标主要用来反映美丽乡村建设中"人居生活美"，主要包括以下几个方面：首先是不断改善村民的居住条件，包括是否能够解决无房或者是危房，是否有安全饮用水及能否收看有线电视节目等问题，这些都能提高村民的生活质量及幸福指数；其次是农民群众的日常看病问题及养老问题，村民是否参加农村新型合作医疗及养老保险，人们以往看不起病、难养老的问题能否得到解决，使人们的利益得到保障。

因此，本研究选择无房、危房改造率，安全饮水普及率，有线电视信号覆盖率，新农合参保率及养老保险覆盖率5个指标进行评价。

(3) 经济发展

建设美丽乡村最终的落脚点在农民群众，要改变农民单一的收入结构，提高农民群众的生活幸福感，使农村经济得到长足发展，因此，美丽乡村建设的评价指标体系要着重注意农村经济的发展，主要包括以下几个方面：首先是农民的收入水平是否提高。农民作为美丽乡村建设的主体，其收入水平直接反映了美丽乡村建设的效果，只有收入提高了、生活质量改善了，农民才能切实体会到美丽乡村建设带来的好处，这样才能提高农民参与美丽乡村建设的积极性，从而不断推进美丽乡村的建设工作；其次是当前农村的产业结构是否得到调整，是否能够依托当地优势培育乡村特色产业，拓宽村民增收渠道，带动地区经济发展。

因此，本研究选择农民人均可支配收入、有无乡村特色产业及有无民营经济发展3个指标进行评价。

（4）乡风文明

美丽乡村建设不仅要提高农民的收入，同时还要注重农民素质的提升，因此，乡风文明这一指标包括以下几个方面：首先，当地村民是否接受九年义务教育，这一指标能够直接反映当地村民的受教育情况，能够间接反映村民的素质文明；其次，除了基础的文化学习之外，农民接受过技能培训能够掌握一技之长也是很重要的指标；再次，美丽乡村建设中，村里所设立的村规民约村民能否认真地遵守，也是体现乡风文明的重要指标；最后，村里是否有足够的文化活动场所以供村民进行文化娱乐，这些都是重要的评价指标。

因此，本研究选择九年义务教育普及率、村规民约执行率、农民参加技术培训次数及村级文化活动场所面积4个指标进行评价。

（5）建设保障

建设保障方面的指标主要包括以下几个方面：首先，美丽乡村建设之前，当地是否能够结合本村的实际情况编制乡村规划，并按照规划进行建设；其次，随着美丽乡村建设管理体制的不断建立与健全，乡村管理体制是否能够做到村务公开，让农民参与到乡村建设的管理中去；最后，农民作为美丽乡村建设的主体，是否真正了解什么是美丽乡村，为什么进行美丽乡村建设，以及农民对于本村的美丽乡村建设成果是否满意。

因此，本研究选择村庄规划编制达标率、村民对于村务公开的满意度、村民对美丽乡村建设的了解度及村民对美丽乡村建设的满意度4个指标进行评价。

根据以上论述，最终构建5个方面共22个指标对康县美丽乡村建设的绩效进行评价，如表3-2所示。

表 3-2　康县美丽乡村建设绩效评价指标体系

目标层	准则层	指标层
康县美丽乡村建设绩效评价（A）	生态环境（B1）	（C11）村庄绿化覆盖率（%）
		（C12）道路硬化率（%）
		（C13）道路亮化率（%）
		（C14）生活污水处理率（%）
		（C15）生产生活垃圾收集率（%）
		（C16）房屋风貌改造率（%）
	人居生活（B2）	（C21）无房、危房改造率（%）
		（C22）安全饮水普及率（%）
		（C23）有线电视信号覆盖率（%）
		（C24）新农合参保率（%）
		（C25）养老保险覆盖率（%）
	经济发展（B3）	（C31）农民人均可支配收入（元）
		（C32）有无乡村特色产业（有取1，无取0）
		（C33）有无民营经济发展（有取1，无取0）
	乡风文明（B4）	（C41）九年义务教育普及率（%）
		（C42）村规民约执行率（%）
		（C43）农民参加技术培训次数（次）
		（C44）村级文化活动场所面积（m²）
	建设保障（B5）	（C51）村庄规划编制达标率（%）
		（C52）村民对于村务公开的满意度（%）
		（C53）村民对美丽乡村建设的了解度
		（C54）村民对美丽乡村建设的满意度（%）

3.4.2 数据来源及问卷基本信息

本研究的调查问卷是根据研究内容分两类进行设计的。第一类是针对村两委的干部进行访问的问卷，主要分为两大部分：①村庄的基本现状：包括村里人口数、人均可支配收入、村里道路硬化、亮化情况、村庄空地绿化情况，以及村里房屋改造情况、村里文化活动场所建设情况等。②美丽乡村建设情况：包括建设资金来源、村庄特色产业，以及民营经济发展情况、建设困难、建设关键等。第二类是针对普通村民进行访问的问卷，主要分为两大部分：①受访者的年龄、学历等基本情况及村民对于本村美丽乡村建设的一些认识；②村民对本村美丽乡村建设各方面的满意度调查。

本研究采用发放问卷与实地访谈相结合的方式对康县 15 个已建成的美丽乡村发放调查问卷，按照康县实际建设的 5 种建设模式，为客观评价建设成效，每种建设模式分别选取精品村、示范村和达标村各一个，选取村两委领导和普通村民进行调查。为提高问卷质量，在调查过程中对有些问题进行必要的解释说明，便于被访问者理解题目含义并准确作答。本次调查共发放 330 份问卷，其中面向村干部发放 30 份，回收 30 份，回收率 100%；面向村民发放 300 份，回收 286 份，回收率 95.33%，剔除部分回答缺失和出现逻辑问题的无效问卷，最终有效问卷为 265 份，问卷有效率为 88.33%。面向村民问卷发放及回收具体情况如表 3-3 所示。

表 3-3 面向村民问卷发放及回收情况 单位：份

类型	问卷发放数	问卷回收数	有效问卷数	回收率	有效率
生态旅游型	60	59	56	98.33%	93.33%
古村修复型	60	57	53	95.00%	88.33%
产业培育型	60	58	55	96.67%	91.67%
环境改善型	60	58	54	96.67%	90.00%
异地搬迁型	60	54	47	90.00%	78.33%

在调查的样本中,男性占比为50.63%,女性占比为49.37%,男女比例均衡。年龄在31~50岁的占比最大,为43.98%;51~60岁次之,占比为25.32%;60岁以上占比最小,为11.39%。从家庭人口数量来看,人口数为3人、4人、5人的家庭占大多数,占比分别为22.47%、30.38%、26.90%。在文化程度方面,初中及以下的占比最大,为50.95%,高中、技校或中专次之,占比为37.03%,大学或大专最少为12.02%。此外,年均可支配收入方面,5000元以下的占比为19.30%,5000~10 000元的占比最大,为50.32%,10 000元以上为30.38%。具体如表3-4所示。

表3-4 样本基本数据的描述性统计

统计类别	选项	占比
性别	男性	50.63%
	女性	49.37%
年龄	30岁及以下	19.31%
	31~50岁	43.98%
	51~60岁	25.32%
	60岁以上	11.39%
文化程度	初中及以下	50.95%
	高中、技校或中专	37.03%
	大学或大专	12.02%
家庭人口数	2人及以下	9.81%
	3人	22.47%
	4人	30.38%
	5人	26.90%
	6人及以上	10.44%
年均可支配收入	5000元及以下	19.30%
	5000~10 000元	50.32%
	10 000元以上	30.38%

3.4.3 确定指标权重的方法

在对康县美丽乡村建设的绩效进行评价之前，首先要评价每个指标的重要性，也就是确定指标的权重。指标权重的确定方法主要有两大类：一类是主观赋权法，这类方法是根据决策者主观信息对指标的重要性进行判断，主要包括德尔菲法、成分分析法及二项系数法等；另一类是客观赋权法，这类方法是通过数学方法对各个指标的重要程度进行测算，这种方法对数据的要求较高，其判断结果不依赖于人的主观判断，主要包括主成分分析法、因子分析法及熵值法等。

为合理客观地对康县美丽乡村建设成效进行评价，本研究结合主观赋权法和客观赋权法，采用成分分析法和熵值法对各指标的权重进行测算：准则层对目标层权重的确定采用成分分析法，指标层对准则层权重的确定采用熵值法赋值。本研究结合熵值法和成分分析法，力求客观真实地反映康县美丽乡村的建设成效。

3.4.3.1 计算准则层权重

运用层次分析法根据已建立的指标体系，对准则层的各个指标对目标层的重要程度进行两两比较，构造判断矩阵，并进行一致性检验，确定指标的权重。邀请了解康县美丽乡村建设情况及成果评价等方面的相关专家对准则层的指标进行打分评价，得到以下判断矩阵，如表3-5所示。

表3-5 准则层判断矩阵

	生态环境	人居生活	经济发展	乡风文明	建设保障
生态环境	1	2	1	1	1/2
人居生活	1/2	1	1/2	2	2
经济发展	1	2	1	1	2
乡风文明	1	1/2	1	1	1/2
建设保障	2	1	1/2	2	1

利用SPSS软件计算上述判断矩阵的最大特征值$\lambda_{max}=5.39$，对上述矩阵进行一致性检验，计算得到$CI=\dfrac{\lambda_{max}}{n-1}=\dfrac{5.39-5}{5-1}=0.098$，平均随机一致性指标，$RI=1.12$，随机一致性比率$CR=\dfrac{CI}{RI}=\dfrac{0.098}{1.12}=0.0875<0.1$，满足一致性的要求。

计算得到准则层各指标权重，如表3-6所示。

表3-6 准则层权重

指标	权重
生态环境	0.196
人居生活	0.171
经济发展	0.259
乡风文明	0.149
建设保障	0.225

3.4.3.2 计算指标层权重

本研究运用熵值法计算指标层各个指标对于准则层的权重，运用SPSS软件进行计算，将原始数据进行标准化处理后，计算得到各指标的权重，并根据上述所得准则层的权重，计算各指标的综合权重，如表3-7所示。

表3-7 指标层权重及各指标的综合权重

一级指标	权重	二级指标	权重	综合权重
B1 生态环境	0.196	C11 村庄绿化覆盖率	0.163	0.032
		C12 道路硬化率	0.185	0.036
		C13 道路亮化率	0.139	0.027
		C14 生活污水处理率	0.168	0.033
		C15 生产生活垃圾收集率	0.178	0.035
		C16 房屋风貌改造率	0.167	0.033

续表

一级指标	权重	二级指标	权重	综合权重
B2 人居生活	0.171	C21 无房、危房改造率	0.218	0.037
		C22 安全饮水普及率	0.182	0.031
		C23 有线电视信号覆盖率	0.232	0.040
		C24 新农合参保率	0.171	0.029
		C25 养老保险覆盖率	0.197	0.034
B3 经济发展	0.259	C31 农民人均可支配收入	0.361	0.100
		C32 有无乡村特色产业	0.350	0.091
		C33 有无民营经济发展	0.289	0.075
B4 乡风文明	0.149	C41 九年义务教育普及率	0.288	0.043
		C42 村规民约执行率	0.223	0.022
		C43 农民参加技术培训次数	0.227	0.034
		C44 村级文化活动场所面积	0.262	0.040
B5 建设保障	0.225	C51 村庄规划编制达标率	0.262	0.059
		C52 村民对于村务公开的满意度	0.249	0.056
		C53 村民对美丽乡村建设的了解度	0.260	0.059
		C54 村民对美丽乡村建设的满意度	0.229	0.052

3.4.4 绩效评价

3.4.4.1 各建设模式的综合得分

为更好地对康县美丽乡村建设的成效进行评价，本研究将调研得到的实际数据进行打分，实行百分制，对于单位为%的指标，去掉百分号，将数字作为分数。对于人均可支配收入这一指标，以康县2018年的农村居民人均可支配收入（6588元）和城镇居民人均可支配收入（22 764元）为标准，若超过22 764元，则记为100分；若在10 000~22 764元，则记为90分；若在9000~10 000元，则记为80分；若在7000~8000元，则记为70分；若在

6588～7000元，则记为60分；若在6588元以下，则记为50分。对于取值为0或1的指标，若实际值取1，则记为60分；若为0，则记为0。对于参加技术培训次数这一指标，5次以上为80分，4次记为70分，3次记为60分。对于村级文化活动场所面积这一指标，300平方米以上记为100分，200～300平方米记为80分，100～200平方米记为60分。对于村民对美丽乡村建设的了解度这一指标，5（非常了解）记为100分，4（了解）记为80分，3（一般）记为60分，2（不了解）记为40分，1（非常不了解）记为20分。得到各指标的实际得分结果如表3-8所示。

表3-8 各指标得分情况

指标层	生态旅游型	古村修复型	产业培育型	环境改善型	易地搬迁型
C11	86.67	83.00	81.67	81.00	84.00
C12	100.00	100.00	100.00	100.00	100.00
C13	97.33	95.67	94.33	96.67	93.33
C14	77.33	72.67	74.00	74.67	70.00
C15	87.67	84.00	84.00	83.00	82.67
C16	79.33	77.67	74.67	73.67	73.00
C21	100.00	100.00	100.00	100.00	100.00
C22	100.00	100.00	100.00	100.00	100.00
C23	99.67	99.00	99.33	99.00	99.00
C24	100.00	100.00	100.00	100.00	100.00
C25	100.00	100.00	100.00	100.00	100.00
C31	90.00	70.00	80.00	70.00	70.00
C32	60.00	60.00	60.00	60.00	60.00
C33	60.00	60.00	60.00	60.00	60.00
C41	100.00	100.00	100.00	100.00	100.00
C42	97.33	95.33	95.67	95.00	96.00
C43	73.33	70.00	66.67	70.00	63.33
C44	93.33	86.67	100.00	80.00	80.00
C51	92.00	95.33	93.33	93.33	90.00

续表

指标层	生态旅游型	古村修复型	产业培育型	环境改善型	易地搬迁型
C52	89.33	88.33	89.00	86.33	89.33
C53	86.67	80.00	86.67	80.00	73.33
C54	92.67	94.33	91.67	93.67	93.33

根据上述所得各指标的权重及各指标所得分数，运用综合评价公式：

$$X = \sum_{i=1}^{n} X_i W_i, \qquad (3-1)$$

其中，X 表示被评价对象的综合得分，X_i 表示指标的实际得分，W_i 表示指标的权重，将各指标数据代入评价公式，分别计算出生态旅游型、古村修复型、产业培育型、环境改善型及异地搬迁型 5 种模式美丽乡村建设的综合得分，然后根据得分与指标对应权重计算 5 种模式下生态环境、人居生活、经济发展、乡风文明及建设保障 5 个方面的建设水平。具体结果如表 3-9 所示。

表 3-9 康县美丽乡村建设综合评价结果

	B1	B2	B3	B4	B5	综合水平
生态旅游型	88.00	99.92	70.83	91.60	90.10	86.60
古村修复型	85.46	99.77	67.22	88.66	89.37	84.54
产业培育型	84.78	99.84	70.83	91.47	90.14	85.95
环境改善型	84.76	99.77	67.22	86.84	88.19	83.86
异地搬迁型	83.83	99.77	67.22	85.54	86.26	83.06

3.4.4.2 综合评价

依据以上计算结果可以看出，康县美丽乡村建设的总体效果较好，5 种建设模式中的分数都达到了 80 分以上。其中，生态旅游型美丽乡村的建设效果最好，产业培育型次之，环境改善型和易地搬迁型美丽乡村的建设效果相对较差，建设水平不太平均。造成这种现状的主要原因在于：生态旅游型的美丽乡村大多交通便利，山清水秀，村内公共基础设施配套齐全，村内产业类型相对丰富，且村民的收入渠道较多，收入也相对较高，村民的获得感强，而异地搬迁型的美丽乡村大多是由分散在交通不便的地区及灾后重建困难的村庄集中搬迁而来，村内基础设施有待继续完善，村民收入结构相对单一，村内集体经济和民营经济较少，村民收入相对较少，村内经济水平整体上低于生态旅游型美丽乡村。

从美丽乡村建设包含的 5 个方面来看，人居生活、乡风文明和建设保障 3 个方面建设水平较高，分数都达到了 85 分以上，尤其是人居生活方面，分数达到了 90 分以上，这主要依赖于康县对于美丽乡村建设严格的验收标准，对无房和危房的改造、安全饮水及新农合参保和养老保险的覆盖率基本达到了 99% 以上；对于生态环境这一方面，生态旅游型建设模式分数达到了 88 分，其他模式与这一模式都有或大或小的差距，异地搬迁型的差距达到将近 4 分，说明其他建设模式对于村庄绿化及污水处理等环境方面的成效仍需努力。这 5 个方面中，分数最低的是经济发展方面，平均分数不到 70 分，这说明经济发展依旧是制约康县美丽乡村建设成效的重要因素。

3.4.4.3 分类建设情况分析

(1) 经济发展

根据上述计算可以看出，无论是哪种建设模式，"经济发展"这一指标的得分都较低，综合得分较高的生态旅游型和产业培育型建设模式在这一指标上的分数也只有 70.83，由此可以看出，经济建设在未来一段时间内仍然是康县乡村建设的重要工作。在经济发展包含的 3 个二级指标中，乡村特色产业和民营经济这两个指标的实现程度较高，无论哪种乡村建设模式，村内均有特色产业的培育及民营经济的存在，根据实地调研的结果可以看出，每个村庄都是依据本地特点发展产业，或种植核桃、黑木耳等经济作物，或经营茶园或发展大鲵养殖等，同时还发展农民专业合作社、成立电商公司等。3 个指标中，得分较低的是人均可支配收入，即使是建设情况较好的乡村也与城镇居民平均水平有较大差距。

但是在实地调研中也可以发现,虽然在已建成的美丽乡村中都有特色产业和民营经济的存在,但是每个村子的产业类型还是相对单一,乡村旅游也都是以采摘园、农家乐为主,缺乏真正针对特定游客的旅游产品。随着近几年乡村旅游的兴起,这种单一的形式已经不足以满足游客的需要,不能对游客产生足够的吸引力,这也在一定程度上影响了康县乡村旅游的发展,并对农民收入产生了一定影响。

综上所述,通过美丽乡村建设,康县农村经济取得了长足的进步,但也仍然存在一些问题,如农村经济发展不平衡、与城市经济发展仍有较大差距等。因此,未来仍需继续发展优势产业,进一步优化乡村旅游等其他产业,促进农民增收,平衡各地区经济发展,推进农村集体经济发展,使乡村经济进入良性循环。

(2) 生态环境

在生态环境的建设方面,生态旅游型建设模式的得分最高,为88分,异地搬迁型最低也有将近84分,建设效果较好。究其原因,主要是康县境内山清水秀,在建设美丽乡村发展经济的同时,更注重对于生态环境的保护,积极改善村容村貌,通村道路硬化率达到了100%。村庄依赖秀丽的山水风光,以及越来越便利的交通条件,大力发展乡村旅游事业,收入增加的同时也使当地村民更认识到保护绿水青山的重要性,由此形成一个良性的循环。但是,在实地调研中也可以看到,村庄在生活污水处理上还有待提高。

(3) 人居生活

从上述分析可以看到,5种美丽乡村建设模式的"人居生活"这一指标的得分都是最高的,除有线电视信号覆盖率之外,安全饮水普及率、新农合参保率及养老保险覆盖率这3个指标都达到了100%,无房、危房问题也全部解决,可以看出,康县在人民生活保障这一方面的措施做得很到位。

(4) 乡风文明

乡风文明这一指标的得分在5个指标中得分排名中排在第3位,5种建设模式的得分都达到了85分以上,生态旅游型和产业培育型的分数达到了90分以上,在其中包含的4个指标中,九年义务教育普及率达到了100%,说明村民已经充分认识到学习文化的重要性;村民对于村规民约的执行率达到了95%

以上，邻里之间也能够和平相处，互帮互助。另外，两个指标农民参加技术培训次数和文化活动场所面积的得分也超过了康县建设的目标值，这也说明康县在美丽乡村建设的过程中，不仅提高了群众的物质生活条件，还很重视对农民群众精神文化的培养，既满足农民文化活动的需要，同时也注重对村民技术的培训，让村民能够掌握先进的技术，有一技之长，提高村民的综合素质，真正做到了"乡风文明素质美"。

（5）建设保障

从上述计算中可以看到，建设保障这一指标是除人居生活之外得分最高的指标，产业培育型建设模式分数达到 90 分以上，最低分也超过了 86 分，说明康县农村基层组织的管理服务等都得到了村民们的高度认可。康县在美丽乡村建设过程中，坚持政府主导，群众主体，积极调动群众的积极性，使农民群众积极地参与到美丽乡村的建设过程中，发挥主体作用。

但也应该看到，在包含的 4 个指标中，"村民对美丽乡村建设的了解度"这一指标得分相对较低，异地搬迁型建设模式的分数最低只有 73.33 分，说明村庄在建设过程中对于相关政策的宣传并不到位，导致群众对于美丽乡村建设的实质并不是非常了解，这种情况也会导致实际建设时不能完全按照规划进行，间接增加了建设成本。

3.4.5 对策建议

3.4.5.1 提升整体水平，注重均衡发展

美丽乡村建设的推进有利于促进乡村发展的现代化，缩小城乡差距，但是建设水平不均衡的现象有碍于全面实现乡村振兴。因此，对于建设水平相对较差的村庄，应该找到自身薄弱环节，借鉴已有的好的建设经验，当地政府也应该在相关政策上及财政拨款等方面给予一定支持，甚至要比其他地区相对倾斜，以便建设效果较差的村庄可以迅速地提高自己的建设水平。

3.4.5.2 拓宽宣传渠道，发挥群众主体作用

在美丽乡村建设过程中，对于群众的宣传引导十分重要，只有让群众真正

了解美丽乡村建设给自身带来的切实利益，群众才有动力真正参与到建设的工作当中。为了后期的建设过程能够顺利进行，村庄在编制规划的时候可以进行公开展示，通过村广播宣传、与村民代表召开座谈会或者利用微信公众号等形式进行宣传，并开展关于美丽乡村建设的宣传科普工作，同时可以让村里德高望重的老党员或老干部对村民进行有效的指引和示范，让村民能够真正了解美丽乡村建设的实质和必要性，也可以列举其他建设成功的村庄成绩及为村民带来的实惠，提高村民对美丽乡村建设的信心，让村民了解村庄建设方向的同时能够积极参与到建设过程中，为日后能够顺利建设打下基础。

在美丽乡村建设过程中，村里的基层领导干部要积极与群众沟通，真正了解群众的想法和顾虑，并针对群众关心的问题进行详细的讲解和沟通，做好群众的工作，让群众真正参与到建设工作当中，为美丽乡村建设工作建言献策，真正发挥群众的主体作用。

3.4.5.3 突出优势产业，开发多种旅游产品

在发展旅游产业的过程中，要不断挖掘村庄的特色，在遵循低碳、生态的基础上，最大限度地利用特色资源，将村庄规划为良好的休闲旅游度假的胜地，同时要深入调查旅游者的需求，如在网上进行问卷调查等方式，对于消费者的需求进行基本的掌握，在此基础上有针对性地发展村庄的旅游业。例如，对于以茶叶种植为特色产业的村庄，可以在发展茶园观光采摘的同时，延长产业链，开发游客体验茶叶加工的项目，使茶园发展为集观光、采摘、加工、销售为一体的旅游产品，满足更多游客的需求，让游客在观赏的同时，能够亲身感受自己采摘然后炒制茶叶的乐趣，从而吸引更多的游客前来体验，增加当地收入。以当地的特色发展多种多样的旅游产品，突出各个村庄的特点，让游客有更多样的体验。

3.4.5.4 增加培训方式，引进专业人才

根据村民的实际需要开展多种多样的技能培训。例如，采取技术人员分片管理制度，几个技术人员分别负责各自区域的农户，一旦农户遇到技术问题，可以及时请教技术人员，尽快解决自己的问题。同时定期开展集中技术培训，

将该领域内先进的技术和方法尽快地传达给农户，提高农户的种植养殖技术。

为了使村庄建设更加顺利，在培训农民的同时，还应该完善对于人才的引进机制。例如，可以与本省相关高校合作，将本村作为高校实践基地，既能为本村打开知名度，同时又能让更多人了解村庄的发展潜力和价值。

3.5 本章小结

本研究在对国内外已有的关于美丽乡村建设的研究进行归纳和梳理的基础上，对康县美丽乡村建设的基本情况和发展现状进行了描述和分析，根据康县的建设实际，分析了生态旅游型、古村修复型、产业培育型、环境改善型和易地搬迁型5种建设模式，并对每种建设模式都分别列举3个较有代表性的村庄进行实地调研。为了更充分地了解康县美丽乡村的建设情况，在借鉴已有研究和国家标准的基础上，构建了一套符合康县乡村实际情况的评价指标体系，根据调研实际情况，利用成分分析法和熵值法相结合测算各指标权重，并用综合评价法分别计算5种建设模式的最后得分。最后根据综合得分来评价康县整体的美丽乡村建设水平，得到以下结论。

（1）整体情况较好，但建设水平不平衡

从整体情况看，康县美丽乡村建设水平良好但是建设水平并不平衡，不同建设模式的建设水平相差较大，生态旅游型和产业培育型的建设水平相对较好，而环境改善型和易地搬迁型的建设水平则相对较差，古村修复型居中。另外，在同一个建设模式中，不同的子系统建设效果也不平衡，建设效果最好的"人居生活"与最差的"经济发展"之间差距达到了将近20分，这些都说明康县整体的建设水平都不够平衡，仍有很大的发展空间。

（2）农民群众参与度低，政策宣传不到位

通过对康县15个已建成的美丽乡村的实地调研及数据测算，发现"村民对美丽乡村建设的了解度"这一指标得分偏低，这说明在实际建设过程中，农民群众并没有真正作为美丽乡村建设的主体参与其中；也说明在美丽乡村的实际建设过程中，村干部的政策宣传工作不够到位，致使村民对于美丽乡村建设的了解比较片面，不能完全理解美丽乡村建设的实质，对于村庄整体的编制规划也不了解，导致在建设过程当中，由于村民的不了解和不理解，出现了一些不必要的纠纷，致使一些最初的规划不能顺利实现，而是要不断地进行调整，在一定程度上也增加了建设成本。

(3) 农民收入低，乡村旅游模式单一

从上述计算可以看到，在所有指标当中，农民人均可支配收入的得分是最低的，与城镇平均水平的差距也很大。虽然每个村子都有特色产业的发展及乡村旅游的发展，但是康县美丽乡村建设的重点工作首先是完善村内的配套基础设施，使村容村貌更加整洁，在此基础上每个建成的美丽乡村都会发展乡村旅游业。就目前的情况来看，采摘园、农家乐的模式基本上成为乡村旅游的标配，但随着这种建设越来越多，现在的游客已经不再满足于千篇一律的农家乐模式，他们有更多更个性化的需求。如果不能满足游客的个性化需求，就不能发挥乡村旅游对于农村经济的带动能力，农民的收入也会受到影响。要想真正吸引游客，就需要前期对游客的需求做详尽的市场调查，针对游客的需求建设并开放有特色的旅游项目，有针对性地进行宣传，加大对游客的吸引力，使乡村旅游得到更好的发展。

(4) 农民缺乏技术，专业人才短缺

在美丽乡村建设过程中，许多村庄都建立了生态园区，并吸纳本地村民加入并从事工作，但同时也对他们的种植技术有了更高的要求。虽然村里会聘请一些技术人员对农民进行培训，但是这种培训方式基本以讲座为主，缺乏对村民实地的讲解指导，绝大多数村民对于种植技术的了解不够深入，这在一定程度上影响了生态园区中的种植效果。另外，已建成的美丽乡村大多是集生态农业和旅游观光为一体的，这需要各方面的相关人才，但现在乡村建设实际中这类型的专业人才非常缺乏，村里外出打工的年轻人愿意返乡的只占少数，大学生们也基本没有回乡工作的，建设工作中的人才缺失只能依靠政府招聘，但大多由于待遇较低也不能长久留住。

第四章
多维贫困视角下的农户扶贫机制研究——以甘肃省康县为例

随着经济的快速转型，越来越多的国内外学者开始着手研究贫困问题。然而不同的学者对于贫困持有不同的看法，因此，有关多维贫困的定义也逐渐增多。学者们对于贫困的认识总体来说有3种：绝对贫困、相对贫困、社会排斥。绝对贫困是指家庭没有足够的能力满足家庭最低生活的需要；相对贫困是指达不到社会整体平均水平的这类群体；社会排斥是指个体无法正常融入社会群体当中，从而使得自身被社会边缘化，这类个体无法像其他群体一样享受公正的待遇。最开始大量的学者均是以收入高低来衡量贫困，但是随着国内外学者对于贫困的大量研究，可以看到衡量贫困的方法也在逐渐转变。现在越来越多的学者定义贫困都不仅以收入的高低来衡量，而是添加了多维度多指标，如何对多维贫困进行数据上的测量成为学者们关注的热门话题。本研究在对农户进行贫困测量时，突破了人们对传统贫困的认识，将收入以外的制度建设、资本投入和生活水平等维度添加到贫困当中，从而增加了学者在多维贫困上的研究。

4.1 关于多维贫困综合研究的思路

在贫困理论或空间贫困理论研究中，相关学者提出了"多维贫困行动—结构分析框架""脆弱性—抗逆力分析框架""空间贫困三维结构框架""基于可持续生计的精准扶贫贫困分析框架""区域贫困综合分析框架",为贫困综合分析评价与实证研究提供了有益借鉴与参考。

4.1.1 多维贫困行动—结构分析框架

多维贫困行动—结构分析框架将生计、脆弱性和社会排斥的概念纳入分析框架。其中,以生计资本转化过程及其影响因素作为基础,聚焦个体致贫因素与结构性致贫因素的内在关联。遵循的思路是微观个体利用自然交换、市场交换和社会交换3种方式,将生计资本转换为重构生计资本、提升生计产出;宏观上初始资源禀赋空间分布的非均质状态导致了"地理专业化",在行政区划等制度因素的推动下促成区位条件的差异;在微观与宏观衔接层面,"嵌入性"实体分析路径以市场作为社会构件的基础,强调交换(尤其是市场交换)嵌入复杂社会关系网络。该框架从可持续性—脆弱性—社会排斥三维综合分析框架构建思路认识到3个分析框架的互补性和整合潜力,但是未能真正加以构建。

4.1.2 脆弱性—抗逆力分析框架

脆弱性—抗逆力分析框架中脆弱性和抗逆力是影响可持续生计的两个重要因素。而现有的生计框架不仅忽视了抗逆力,也缺乏脆弱性与生计之间的密切关系。可持续生计分析框架重在强调消除贫困,脆弱性分析框架重在强调缓解脆弱性。该框架中,生计是脆弱性与贫困相互关联的中间变量。因此,两者之间可以将"生计"作为衔接点,将两者联系起来。在该框架中,脆弱性是源于自然、市场和社会的各种风险;抗逆力则是对可持续生计框架中"结构和转变"核心机制的具象化;生计方式是在脆弱性与抗逆力共同作用下的适应性选择,通过"贫困"或"富裕"生计输出。因而,减贫的关键在于脆弱性的减小、抗逆力的提高,路径是公共产品的有效供给。该框架在整合生计、脆弱性、抗逆力中进行了有意义的探索。

4.1.3　空间贫困三维结构框架

空间贫困三维结构框架基于空间贫困和地理资本理论，从社会结构、经济结构和环境结构入手，包含地理资本（社会、经济和环境）、贫困地图和减贫策略。该框架中地理资本在"空间贫困三维结构"中的组合结果形成了消贫和致贫两大类型。消费地理资本和致贫地理资本的消长在经济、位置、政治和生态方面呈现出四大劣势。具体而言，因农村自然连通和人为连通等经济整合能力弱造成的经济劣势；因村庄到公路、医院、学校距离偏远与隔离形成的位置劣势；因农业生态和村庄人居环境条件差等造成的生态劣势；因与国家发展思路相反或投资见效慢的地区造成的政治劣势。在该框架基础上，形成从经济维度、社会维度和环境维度的空间贫困多维测度体系。该框架为贫困研究提供了思路，在贫困研究与评价方面具有较强的借鉴意义。

4.1.4　基于可持续生计的精准扶贫贫困分析框架

该框架是在英国国际发展署提出的可持续生计分析框架（SL 框架）基础上提出的，以此作为贫困户识别的依据，通过精准帮扶措施，实现贫困户稳定脱贫的目的。该框架包括 4 个阶段、5 个环节。在框架中，生计资本具有重要的位置，是农户脱贫的根据。生计环境作为贫困户生计的重要外部条件，对减贫过程起到加速或延缓作用。据此，多维贫困识别指数构建分别涉及生计资本和生计环境两个方面，通过量化农户生计资本，识别贫困群体，同时辨别出生计发展能力提高的限制因素，最后按不同类型制定精确帮扶措施。该框架为微观农户尺度贫困识别提供了有益参考。

4.1.5　区域贫困综合分析框架

区域贫困综合分析框架集成人文地理学、经济学、社会学等学科在贫困研究相应层面，基于"系统化认知"的"人业地"协调发展视角，区域贫困是人的系统三要素"人""业""地"之间不协调、不耦合的状态，具体表现为经济、政治、社会等维度上权利的剥夺，"人""业""地"分别为主体性要素、中介性要素和客体性要素。区域贫困的形成是一个典型的非线性过程,通常表现为"人""业""地"3个层面要素的"负向循环累积过程",即"贫困陷阱"。区域贫困的构成要素及形成过程,可以从"人""业""地""人业地"耦合失调4个层面进一步细化区域贫困的格局类型。该框架为贫困研究和分析提供了清晰思路,其分类式的贫困要素组织框架具有借鉴性,因此,成为贫困研究与治理的重要依据。综合角度构建多维贫困分析框架,并根据不同地域单元社会经济、地理环境、人口特征等进行典型性研究。

4.2 康县贫困户致贫原因深层分析

4.2.1 康县基本情况

康县由于其独特的地理环境,一直有着"八山一水一分田"的说法,其直接表述出康县具有的独特的自然环境特点及在基础设施建设中存在诸多的困难,如交通不便、信息闭塞。在生产资源方面,虽然生产气候适宜,但是整个县的人均耕地面积不足2亩,且八成土地都是山旱地,农作物的产量较低且不具有稳定性,特色产业品种多样,但现在还不具备规模化生产发展。

依据贫困界定标准,2013年康县有145个村为建档立卡贫困村,涉及农户16 797户,涉及人口65 960人。贫困户缺技术、缺资金、因病致贫成为制约贫困户摆脱贫困和生产发展的最主要因素,在年底计算得出全县的贫困发生率高达37.04%,距离达到贫困县摘帽的标准还需要做许多工作。

自开展精准扶贫工作以来,脱贫攻坚工作成为康县各级政府的首要政治任务和最大的民生工程,同时结合新发展理念的提出,坚持地方特色同美丽乡村建设方向相结合,根据绿水青山就是金山银山的发展理念,将山大沟深土地少的劣势发展成为美丽乡村建设的优势,在环境脱贫、产业脱贫、教育脱贫、健康脱贫、精神脱贫等方面取得了突出的成绩。截至2019年年底,全县由97.7%的行政村成为"绿美净"的美丽乡村,阳坝、花桥等成为全国最美村镇。在产业发展中,充分发挥特色产业培育,在核桃、花椒等经济林果,天麻、食用菌、茶叶等特色农产品上形成规模,通过东西部协作,极大地提高了全县农户的经济收入。同时，康县独特的自然风光，符合全域旅游的发展特征，从 2012 年旅游综合收入 2.94 亿元到 2018 年的 12.01 亿元，帮助近 9000 名的贫困人口依托从事旅游业实现高质量脱贫。截至 2020 年 2 月底，康县已经实现"脱贫"摘帽，全县 203 个贫困村中，200 个村已经退出，98% 的贫困人口实现脱贫，全县的贫困发生率下降到了 0.61%。

4.2.2 致贫原因分析

通过对获得数据的整理，10 个行政村 328 户贫困户中，主要存在 8 个方面的致贫原因，分别是缺乏农业经济作物的种植生产技术，缺乏发展农业产业的启动资金，因为患有大病或者慢性疾病需要治疗产生的长期消耗造成的贫困，因灾害对农作物、基础性建设造成破坏导致的贫困，因处于非九年义务教育阶段的学生求学造成的贫困，因家庭缺乏主要生产劳动力形成的贫困，主观脱贫意识不强造成的贫困及其他原因。

通过与贫困户沟通与交流，8 种致贫原因的概念解释主要是：缺技术是指由于文化水平较低，不能掌握高效的农业生产技术；缺资金是指家庭要发展畜牧业或者种植大面积的经济作物，而没有前期的启动资金；因病残主要是指家庭中有长期吃药的慢性病患者或者由于突发大病让家庭负债的情况，当家庭中的主要劳动力生病或其他原因导致残疾时，会使得家庭的劳动力匮乏，开支增加的同时收入减少，加重了家庭的贫困；因灾是指当年家庭的农业生产受到旱灾、洪灾、泥石流等影响，毁坏了田地及农作物；因学是指家庭中有已经不在义务教育阶段的学生需要承担大量的生活费用或者家庭为了给学生寻求一个良好的教育环境，通过陪读的方式，专心教育孩子，增加了家庭的开支，但这一原因导致的贫困是暂时的，随着孩子学历的不断变化、最后家庭担负教育成本的结束，因学造成的贫困也会随之消失；发展意识不强是指贫困户的思想认识出现了偏差，对自己的脱贫没有信心，放弃自我发展，对政府出现了等、靠、要的思想；其他的原因主要是当地的交通条件比较困难，自然灾害对道路的破坏较强，限制了经济产品走出去的需求。

第四章
多维贫困视角下的农户扶贫机制研究——以甘肃省康县为例

从图 4-1 可以看出在研究样本中，各种不同致贫原因所占的比例。缺技术、因病残、因学的比例排名前三，比例分别达到 42%、18%、15%，合计占样本总数的 3/4，成为研究地区最突出的致贫原因，技术的匮乏与农业技术培训及农户的受教育程度有关，因病残对农户的身体劳动资本带来损害，因学致贫表现出家庭对于子女及教育的重视，渴望家庭摆脱因教育不足产生的困境。另外，因病残、老龄化问题导致的家庭劳动力匮乏及资金、道路等客观条件也是限制农户发展的因素。

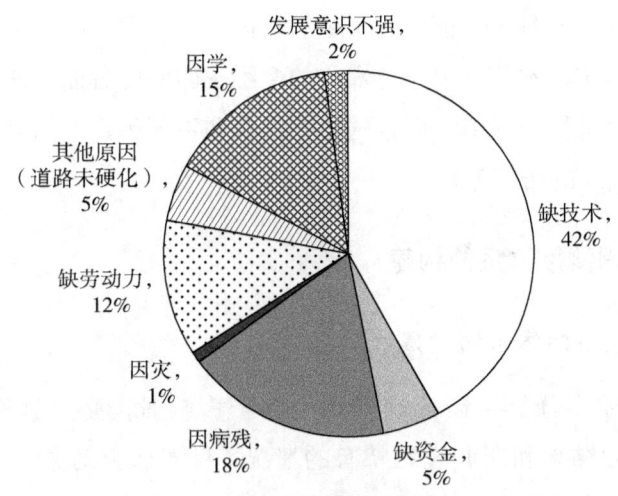

图 4-1 样本地区主要致贫原因分布

虽然在样本中因灾害导致的贫困所占比例较低，但程欣、帅传敏等（2018）通过研究生态环境和灾害对贫困的影响，得出灾害和贫困之间具有直接联系，灾害的发生会导致贫困水平显著上升。同时，灾害也会对农户的生计造成财产损失甚至出现人员伤亡状况。所以，要重视灾害对贫困造成的影响。

综上，通过对样本数据的致贫原因进行分析，缺技术是农户贫困最主要的原因，解决因为农业生产技术匮乏而引起的贫困，就需要进行农业生产相关的技术培训。农户为了补齐生产技术这一短板，必须通过个人和政府的共同努力，对于个人而言，技术的掌握程度受限于自身的认知能力，而认知能力很大一部分取决于农户原有的知识素养，原有知识素养的培养来源于基本的受教育水平，因此，本研究将在 4.3 节通过构建多维贫困测度指标，对农户受到的教育水平的影响进行分析。对于政府而言，则需要根据地方的特色农业发展及农户的生产需求，有针对性地组织生产技术培训。

4.3 农户多维贫困测度研究——以甘肃省康县为例

4.2 节基于康县的贫困现状，统计分析了康县农户当前的致贫原因，呈现出整个地区所具有的贫困特征。为了更加具体、深层次地展现出康县农户所受到的贫困因素影响，本节主要进行农户的多维贫困测度方面的研究，开展农户个体在贫困发生过程中受单一因素的影响结果和不同因素之间互相叠加产生的多重贫困影响结果的研究分析。

4.3.1 多维贫困测度体系的构建

4.3.1.1 多维度指标体系的构建

要想通过数模分析某研究在受多个因子影响时，必须针对所研究的问题，根据调查的结果和所调查区特有的情况，针对研究对象，构建出一定的指标体系。同时指标体系的构建必须尊重所采用方法的原理及适用性，选择符合此次研究地区特征和资源条件，已经能够得到解决问题的指标体系。本研究在准备阶段，将研究区的具体特征进行前期调查，同时研究了国内外在这一研究领域对指标选取的标准。适用性最广的就是 UNDP 选择的 3 个维度，但这 3 个维度放在本研究所要研究的区域，其中一些指标就会失去价值，不能为测定结果提供一定的支持，同时最后得出的结论也会不符合当地未来的发展情况。

因此，本研究在构建指标体系的时候，筛选了国际上用于测度贫困的有效指标，主要依据是随着国内经济新常态的变化、社会发展的持续增长、扶贫工作的持续深入，必须抛弃与当前国家国情政策不符的指标。在结合国际测度指标和国家扶贫开发基础保障指标的同时，也着眼于之后的战略发展需要，得到

第四章
多维贫困视角下的农户扶贫机制研究——以甘肃省康县为例

了收入、制度、资本、生活水平4个维度10个指标。对各个维度的成因及维度的组成，具体选择指标和依据阐述如下。

(1) 收入维度

收入直接关系到农户钱包问题，关系到生活生产消费。包含一个指标，即年人均纯收入，表示全年家庭人均纯收入的界定，包括全部家庭成员在一年中的生产性收入、经营性收入、转移性收入减去一年中的生活消费。目前中国农村贫困线以2011年2300元不变价为基准，按每年6%的增长率计算当年的人均纯收入贫困线，本研究的数据于2019年年初获取，但这一指标中的数据是2018年年底的情况表现，因此，在年人均纯收入这一指标的构建中，当以2018年年底国家农村贫困线标准3538元为准。

(2) 制度维度

制度包含一个指标维度，即农业组织化程度。选这一指标，是由国情所决定的，是中国特色社会主义的独特表现，在社会的生产生活中要展现出中国特色社会主义具有的制度优越性，以开展精准扶贫为基础实现乡村振兴战略是中央关注"三农"工作的持续表现，也是社会发展的必然需求。同时，产业扶贫是长效扶贫发展的必然要求，对于反贫防返贫的发展具有相当大的价值。许海英(2014)在论述农业组织化程度与政府的关系中提到，农业组织化程度不仅能帮助农业实现利润最大化，同时也能反映出政府工作的效率情况。因此，选择农业组织化程度作为一个测度指标，就是反映精准扶贫在制度方面的表现。本研究中的农业组织化程度，农业是以广义的定义为主，即包括农林牧渔业各个行业的组织化发展，研究中对于农业组织的界定主要是从以下3个方面内容：是否参加种养殖业等农业合作社；是否通过土地、技术等形式入股到农业企业，获取一定的分红或股金；是否享受东西扶贫协作配股股金。

(3) 资本维度

包含3个指标，分别是受教育水平、人均耕地面积、健康状况。农户开展基本的农业生产，必须具备一定的生产要素，而这一维度下的教育、耕地、健康状况刚好决定了生产要素中的土地和劳动力，因此，将此3个指标作为资本进行研究。受教育水平决定农户从事农业生产所具有的素质，对农户是否可以掌握农业现代化生产技术发挥着至关重要的作用，当农户进行新型职业农民培训时，教育水平与技术掌握呈现正相关的特征，对于受教育水平的界定，以家庭主要劳动力是否受过6年连续的教育为主。人均耕地面积的大小决定农业生产的规模，面积越大所带来的边际效益也越明显，同时也会影响农户参与农业生产的效率，进而影响农户的生产性收入。对于人均耕地面积的贫困值界定，康县2019年年初耕地面积31.15万亩，常住人口18.11万人，人均耕地面积1.72亩，贫困标准值为1.032亩。但2019年年初的康县耕地面积，15度以上坡地18.26万亩，占整个县耕地面积的58.6%；25度以上坡地11.93万亩，占整个县耕地面积的38.3%，对照平原地区的耕地条件来看，实际的贫困标准值小于所得出的值，因此，将贫困标准值取为1亩。将健康状况这一指标放在资本维度中，与联合国开发计划署不同的是，医疗保险特别是贫困地区，国家皆以补贴的形式为贫困地区的人员购买，如果将医疗保险作为一个指标，已经没有研究意义，同时健康的身体状况就是一种人力资本，张聪、武继磊（2019）在研究健康状况对中老年人参与劳动时间的结果中表明，劳动者自身的健康状况与劳动参与时间呈现正相关，健康状况越好，参与劳动的时间越长，反之，则越短；同时，教育对技术、对收入的贡献率也呈现较高的相关性。因此，将受教育水平、人均耕地面积、健康状况作为资本维度的指标（表4-1）。

表4-1 多维贫困维度、指标、临界值、指标描述

维度	指标	临界值	指标描述
收入	年人均纯收入	3538元	年人均纯收入是否满足3538元（2018年年底国家农村贫困标准为3538元）
制度	农业组织化程度	未参加	家庭是否参加种养殖业农业合作社；是否以土地、技术等入股到农业企业中，获取一定的分红或股金；是否享受东西扶贫协作配股股金（满足其中一项）
	教育	6年	家中最高受教育水平为小学，或18岁以上未完成6年教育的家庭

续表

维度	指标	临界值	指标描述
资本	人均耕地面积	1亩	人均耕地面积小于贫困标准值 （贫困标准值＝康县人均耕地面积×60%）
	健康状况	常年吃药	家庭成员中有患有严重疾病，常年吃药或住院
	卫生设施	无害化	不能满足无害化处理
	清洁饮用水	自来水	未通净化处理自来水，饮用未检测的井水、湖水等
生活水平	住房	土坯房或人均小于15平方米	房屋材质为土坯房，或者未达到B级房屋鉴定
	耐用品	1件	家中生产生活性的设备，其价值应该大于500元
	做饭燃料	柴草	常用的做饭燃料非煤、电、液化气或天然气

（4）生活水平维度

随着扶贫工作的深入，以及人民生活水平的需求提升，结合地方生活环境，卫生设施这一指标的定义描述已由家中有无独立厕所转变为能否满足无害化处理这一要求。2015年年底，随着青海省曲玛莱县长江村拉闸通电，全国实现通电，即全国所有地区，包括深度贫困山区已经不存在因为通电问题出现的无法满足照明需求的问题，在多维的贫困研究中，将照明作为多维贫困测度的指标已经不适合。因此，生活水平维度的指标变为以做饭燃料、卫生设施、清洁饮用水、住房保障、耐用品5项为主。

综上，通过对研究指标体系的描述已经临界密度的鉴定，为后续的研究开展提供便利。

4.3.1.2 权重及临界值设定

权重的设定，关系到指标体系在通过分析后得到的结果是否符合现实需求，因此对于指标的设定，必须遵循已有的分析方法，使权重对分析结果的影响变为最小。在权重的设定问题上，车四方、谢家智等（2018）通过采用等权重法、变异系数法和BP神经网络法在多维贫困测度中的应用，对不同的权重各自的特点进行了总结。不同的权重确定方法对多维贫困测度的结果产生不同的影响，每种方法都存在一定的利弊，每位研究多维贫困测度的专家学者都进行了不同的尝试，也找到了各种不同权重测定方法中的优缺点。本研究在选择权重确定方法的时候，坚持两点原则，首先是所选的权重要符合研究地区的产业结构、资源禀赋、发展方向，其次赋予的权重要具备一定的适用性。因此，选择能够满足各指标具备公平性的维度等权重法。

根据本研究设置的 4 个维度，采取维度等权重法，即每个维度的权重值皆为 1/4，内部指标也采取等权重的计算方式，则资本维度下的指标权重是将 1/4 分成 3 份为 1/12，生活水平维度下的指标权重则为 1/20（表 4-2）。

表 4-2　康县农户多维贫困指标体系

维度	指标	剥夺临界值	权重
收入	人均纯收入	家庭人均纯收入低于 3538 元，赋值 1	1/4
制度	农业组织化程度	未以任何形式参加任何农业组织，获取必要收益，赋值 1	1/4
	受教育水平	家中最高受教育水平为小学，或 18 岁以上未完成 6 年教育的，赋值 1	1/12
资本	人均耕地面积	家庭人均耕地面积小于贫困标准线，赋值 1	1/12
	健康状况	家庭成员中有患有严重疾病，常年吃药或住院，赋值 1	1/12
	卫生设施	家庭厕所不能满足无害化处理，赋值 1	1/20
	清洁饮用水	不能使用自来水，赋值 1	1/20
生活水平	住房	房屋材质为土坯房，或者未达到 B 级房屋鉴定，或人均面积小于 15 平方米，赋值 1	1/20
	耐用品	家中生产生活性的设备，其价值未满足大于 500 元，赋值 1	1/20
	做饭燃料	常用的做饭燃料非煤、电、液化气或天然气，赋值 1	1/20

权重的确定和临界值的选择是多维贫困测度体系构建最基础、最关键的部分，贫困测度概念中的临界值是分清农户处于福利被剥夺与未剥夺状态的一个度。各个指标具体的剥夺临界值如表 4-2 所示。

4.3.2 多维贫困测度数据的来源与方法

4.3.2.1 数据的获取方法

首先，本研究以康县为研究对象的原因有以下几点：一是康县处在秦巴山区，全境展现出相同的地貌，生活的区域主要在山上或者生活在半坡及河滩上，导致贫困的深度较深；二是当前数据库中康县脱贫的文献资料较少，还没有通过维度测量康县贫困的文献；三是当前处于脱贫攻坚阶段，美丽乡村的发展，刚好适合康县具有的丰富自然风光，这些都是康县人民群众最宝贵的财产，依靠青山绿水为农户提供经济收入，是现在发展的绝对趋势，因此，如何发展好美丽乡村，需要对当前贫困的现状做出分析及解决发展对应的问题。

其次，本研究的数据是以甘肃省科技厅为帮扶对象的10个行政村328户精准扶贫建档立卡户为主，数据截止日期是2019年2月。所选取的行政村主要有大山、范寺、刘沟、高石、何家沟、小河坝、公家湾、水草坝、席坝，这些行政村都属于当地需要投入较大的脱贫力度才能保证如期高质量完成脱贫的贫困村。同时这10个行政村因其所受限的自然资源条件和地理环境特点，在陇南市甚至到秦巴山区都具有典型的特点，山谷纵横，农业生产效益低下。通过以甘肃省科技厅为帮扶的10个行政村中的贫困户为研究对象，探索在乡村振兴战略实施的需求下，深度贫困山区需要在扶贫工作和乡村振兴中建立的长效机制（表4-3）。

表4-3 样本数据情况

地区	大山	范寺	刘沟	高石	何家沟	小河坝	公家湾	水草坝	席坝	斜坡	合计
户数	58	30	37	59	21	10	38	25	22	28	328
户数占比/%	17.68	9.15	11.28	17.99	6.40	3.05	11.59	7.62	6.71	8.54	100
涉及人数	267	112	133	227	85	40	149	112	80	122	1327
人数占比/%	20.12	8.44	10.02	17.11	6.41	3.01	11.23	8.44	6.03	9.19	100

4.3.2.2 测度结果计算工具

本研究按照 A-F 测度方法的计算原理及临界值的筛选方式，通过 Excel 构建剥夺矩阵，研究数据的处理工作都是依靠 Excel 中基本的数学处理方法，主要有数据的整理、贫困的加总、多维贫困指数的计算。

4.3.3 农户多维贫困测度结果分析

4.3.3.1 单个指标的贫困测量

通过整理获取的数据，对单个指标的贫困发生率进行测量，以此从单一方面研究康县贫困户的贫困状况。根据所选样本的数据，可测算出整个地区的单一维度贫困发生率。

从单一维度指标分析康县的贫困状况，卫生设施的贫困发生率约为 97.87%，主要原因是此地都以简易旱厕为主，且大部分不满足无害化处理要求；生活燃料的贫困发生率为 78.96%，表明所选的代表农户，有 78.96% 的选择以柴草或者非洁净能源用于生活燃料，采用以柴草为主的生活燃料，不仅带来环境污染问题，同时也反映出农户在煤、电、天然气等的使用受到经济的影响较大，也是不愿意让生活燃料成为家庭开支成本的主要部分，增加家庭的负担；制度维度下的农业组织化程度的贫困发生率达到了 75.00%，表明在样本的所有家庭中，没有参加农业集体经营组织、丰富经济来源的农户占总数的 3/4，反映出农户对于农业组织化程度的认可度不高、对于未知领域的拓展意愿不高、地方组织化的开展条件不利等，这些都是造成农业组织化程度这一指标较高的原因；受教育水平、人均耕地面积、住房的贫困发生率分别为 46.65%、43.29%、41.46%，都处于一个中游水平，受教育水平关系到当地家庭主要劳动力对于农业生产技术的学习理解掌握能力，农村劳动力受教育程度对于收入水平的影响呈现正相关性，教育程度越高会促使劳动力在理论的指导拓宽合法性的收入，且收入呈现不断增长的态势。除了对收入的影响之外，教育水平还是促进农业经济发展、农村建设和产业结构合理化的因素之一。农户的耕地面积自家承包责任制实施以来，就基本保持不变，人均耕地面积的贫困发生率为 43.29%，表明在这一维度中，有 43.29% 的贫困户处

第四章
多维贫困视角下的农户扶贫机制研究——以甘肃省康县为例

于贫困线以下，如果以单纯的耕地来发展经济，带来的边际效益是非常微小的，不能够通过惯有的种植促进家庭实现脱贫致富。清洁饮用水的贫困率也较高，与推进"两不愁、三保障"的政策出现矛盾，是因为当地的基础设施容易受到地质灾害的破坏，且此次作为研究对象的地区处在深度山区，以及部分为实现清洁饮用水的工程正在推进，还未完成。按照传统的贫困理论，收入是决定贫困的唯一标准，70%的农户达到了脱贫的要求，但年人均纯收入贫困发生率29.27%却低于发生率为19.21%的耐用消费品，说明农户在随着收入的提高，并没有快速地购置高价值的消费品，经济的收入可能是最近几年发生改变的，不愿意将货币用在消费上，而是希望得以储存，以备不时之需。例如，健康状况的发生率接近20%，说明在10个家庭中，就有两个家庭的成员需要长期服药，这种消耗不仅带来经济上的困难，也会影响心理健康。在多指标测度中，年人均纯收入的贫困发生率在仅排名第八，说明只通过收入划分贫困线的方式已经不符合贫困的界定（表4-4）。

表4-4 康县单一维度贫困发生率

贫困率/%	收入	制度		资本				生活水平		
	年人均纯收入	农业组织化程度	受教育水平	人均耕地面积	健康状况	卫生设施	清洁饮用水	住房	耐用消费品	做饭燃料
	29.27	75.00	46.65	43.29	19.21	78.96	97.87	41.46	19.21	36.28

注：数据来源于调查数据，贫困发生率的总数基于总户数。

对行政村的单位贫困发生率进行横纵对比，可以看出：

①横向来看，年人均纯收入这一指标贫困发生率最高的两个村，分别是大山村和高石村，说明处于农村贫困线下的农户较多，满足年人均纯收入不被剥夺的人较少，在对策建议中，需要多元化地提高经济收入。农业组织化程度这一指标的贫困发生率仅有何家沟村和高石村处于较低水平，分别为4.76%和6.78%，其他地区都比较高，一半地区处于完全贫困状态。受教育水平贫困发生率最高的地区是小河坝村，达到100%，其次是水草坝村、席坝村，说明这

一行政村家庭主要劳动力的受教育水平基本小于 6 年，从侧面也反映出这一地区农户的受教育水平较低，对教育的重视度不够，对未来的现代化农业发展影响较大。在人均耕地面积这一指标，公家湾村、高石村、小河坝村的贫困发生率超过 60%（含 60%），这些地区大都处于山区，耕地较少且耕地多为大于 15°或者大于 25°的坡地。在健康状况这一指标上，水草坝村的贫困发生率最高，达到 80%。在生活燃料这一指标中，何家沟、公家湾、水草坝、席坝、小河坝、斜坡 6 村的贫困发生率达到了 100%，表明这些地区在做饭中主要使用的是柴草，同时这些地区对整个指标贫困发生率的贡献率也较高。在卫生设施这一指标中只有水草坝村的贫困率不是 100%，但是也到了 72%，说明这一地区有 1/4 的农户家庭中使用可冲水的厕所，即与农户自身的需求有关，也与推进美丽乡村、"厕所革命"开展有关。在清洁饮用水这一指标中，公家湾村、大山村、范寺村的贫困发生率拉高了整个指标贫困率的平均值，分别为 76.32%、91.38%、100%，特别是范寺村的 100%，说明在调查期间，这一地区还未实现自来水入户这一工程，与当地地理环境有关。安全住房这一指标的贫困率平均值是这 9 个指标中最低，为 18.89%，但公家湾村的贫困率达到了 60.53%。在耐用消费品这一指标中，各个地区的贫困发生率都在 40% 左右，说明这些地区农户的资产性物品消费处于一个相同水平（表 4-5）。

②纵向来看，公家湾、小河坝两个行政村的贫困发生率最高，分别为 67.63%、62.00%，贫困发生率最低的行政村是高石村，为 39.66%，但已经基本接近 40%，高于国家平均水平。何家沟村贫困率最高的指标是卫生设施和生活燃料，年人均纯收入和清洁饮用水两个指标的贫困发生率都为 0，同时在 10 个行政村中，农业组织化程度的贫困发生率也是最低的，表明年人均纯收入和清洁饮用水上不存在贫困，同时农业组织化程度较高。公家湾村除了过硬件设施需求外，最主要集中在资本这一维度下的指标；水草坝村最高的贫困发生率指标是农业组织化程度和生活燃料，均为 100%。席坝村仅有年人均纯收入的贫困发生率为 0，在农业组织化程度、卫生设施、生活燃料 3 个指标中，贫困率都是 100%。小河坝村是 10 个行政村中，贫困发生率达到 100% 最多的，分别是农业组织化程度、受教育水平、卫生设施、生活燃料，但也有值得欣慰的就是清

洁饮用水的贫困发生率已降为0。斜坡村贫困发生率最高的是卫生设施和生活燃料，其次相对较高的是农业组织化程度和受教育水平，分别达到89.29%、75%。大山村卫生设施、清洁饮用水、年人均纯收入的贫困发生率分别为100%、91.38%、62.07%。范寺村的卫生设施、清洁饮用水和农业组织化程度的贫困发生率处于较高的位置。高石村贫困发生率的平均值为39.66%，是10个行政村中最小的一个，而在横向的比对中，高石村的年人均纯收入处于较高水平，这一立体的对比说明，高石村在基础性建设中发挥了较大力度，但在收入方面还需要继续努力。刘沟村贫困发生率最高的是农业组织化程度和卫生设施，均为100%，但人均纯收入的贫困发生率为0，表示该地区不存在人均纯收入方面的贫困（表4-5）。

表4-5 行政村单维贫困发生率　　　　　　　　　　　　单位：%

指标	何家沟	公家湾	水草坝	席坝	小河坝	斜坡	大山	范寺	高石	刘沟	平均值
年人均纯收入	0	10.53	16.00	0	30.00	14.29	62.07	40.00	57.63	0	23.05
农业组织化程度	4.76	100.00	100.00	100.00	100.00	89.29	96.55	93.33	6.78	100.00	79.07
受教育水平	57.14	60.53	92.00	81.82	100.00	75.00	18.97	26.67	32.20	21.62	56.59
人均耕地面积	47.62	63.16	56.00	36.36	60.00	39.29	32.76	13.33	62.71	24.32	43.56
健康状况	61.90	63.16	80.00	63.64	60.00	64.29	39.66	20.00	32.20	32.43	51.73
生活燃料	100.00	100.00	100.00	100.00	100.00	100.00	53.45	53.33	52.54	56.76	81.61
卫生设施	100.00	100.00	72.00	100.00	100.00	100.00	100.00	100.00	100.00	100.00	97.20
清洁饮用水	0	76.32	0	50.00	0	0	91.38	100.00	1.69	32.43	35.18
安全住房	33.33	60.53	0	13.64	20.00	7.14	12.07	10.00	18.64	13.51	18.89
耐用消费品	38.10	42.11	40.00	40.91	50.00	39.29	41.38	40.00	32.20	40.54	40.45
平均值	44.29	67.63	55.60	58.64	62.00	52.86	54.83	49.67	39.66	42.16	—

综上，通过对行政村单维贫困发生率进行横纵对比，使得各指标在各个行政村的贫困率呈现上表达得更加立体，发现每个贫困村有着不同的贫困发生率，表现出贫困村在解决存在的问题时着力点不一样，有的瞄准收入这一指标进行发力，有的重点解决基础设施建设，对于这种情况的解释是两个村具有的资源禀赋不同，重视收入的贫困村主要是因为通过发展村落内部并不能带来巨大的收益，因此，以拓宽收入面、实现经济收入多元化是此村工作的重点。而以基础设施建设为主的村落，可能原因是村内可以很好地发展相关产业，有大量的农副产品需要外销，通过修建道路，可以帮助农户将产品外销出去。逐个突破是可行的，但是要想实现全面性脱贫，就必须实行每一个角度都不落地完成扶贫工作，既要完善基础设施，又要保持良好的发展势头，提高家庭的经济收入，只有这样多管齐下才能打赢脱贫攻坚战，实现乡村振兴战略。

根据表4-5，按照不同地区进行分解，可形象地得出不同地区在每一维度指标上的差异情况，并进行差异分析，如图4-2所示。

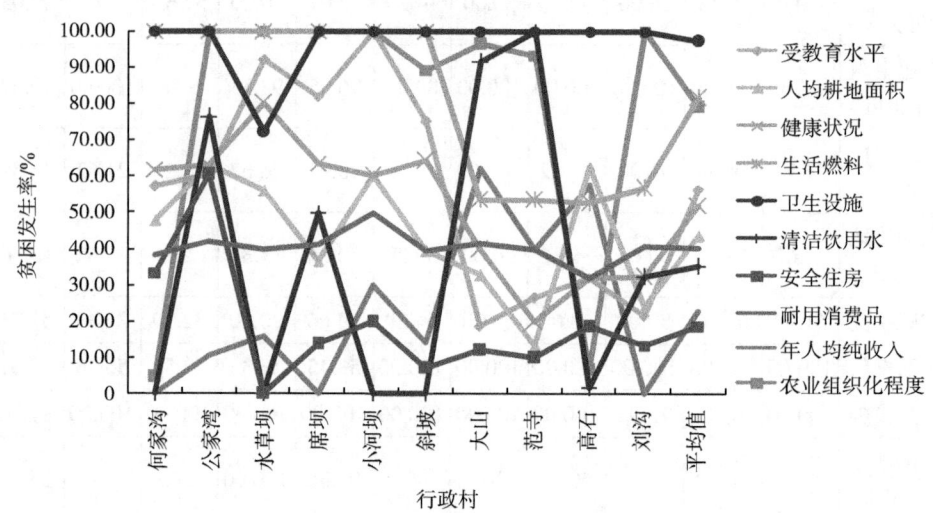

图4-2 各行政村不同维度下的单位贫困发生率

由图4-2可知，从每一地区进行研究，可得到不同指标的区域化的单位贫困发生率。从图中可以看出：公家湾村、水草坝村、斜坡村、高石村样本点各指标之间的贫困发生率具有较大差异。各地区都面临着相对突出的卫生设施贫困,也就是医疗基础设施差异化明显。除去卫生设施以外,何家沟村呈现出较为严重的健康贫困问题,公家湾村清洁饮用水的贫困发生率相对较高,清洁饮用水资源比较匮乏,水草坝村和斜坡村面临着较为严重的教育贫困,分别达到39.38%和30.69%。在饮用水方面,公家湾村、范寺村、大山村的贫困程度相比其他样本区域更为突出。同时也可以看出,收入贫困比较大的高石村和大山村在受教育水平、安全住房、健康状况的贫困发生率相对稳定,不是特别高。这也表明了对一个地区贫困情况的判断不能只依赖收入维度来进行评判,低收入地区在其他贫困维度方面的贫困问题可能会相对较高。最后将每一维度指标的不同地区单位贫困发生率进行平均计算,得到单位平均贫困发生率,如图4-3所示。

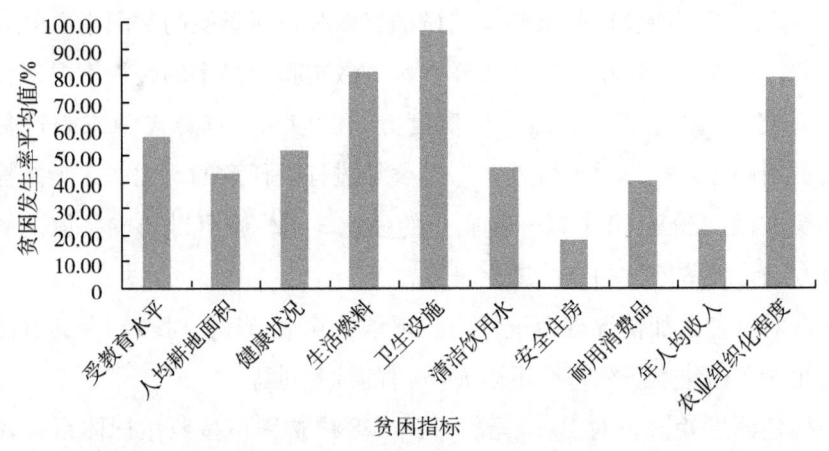

图 4-3 单位贫困发生率平均值

从单位贫困指标平均值来看,所调查地区的贫困指标中,卫生设施的贫困程度是最高的;其次是生活燃料的使用,说明调查地区在生活燃料方面的贫困状况也较为明显。此外,农业组织化程度指标的排名也较高,因此,在调查地区进行产业扶贫急不可待,通过产业扶贫,可以增加样本区农户的收入来源,确保其有持续性的长期收入,收入状况受季节等因素影响减小,最后能够实现该地区农业产业化和农户收入的同步增长。

根据以上分析发现，康县目前的贫困状况已得到缓解，但是距离实现美丽乡村的目标还存在一些差距，因此，该地区的脱贫攻坚工作仍需要长期的努力。该地区在收入维度上的贫困程度并没有类似于卫生设施和生活燃料等有关农户生活水平方面的指标贫困发生率高，农业组织化和受教育水平相较于该地区收入水平贫困发生率也高，此外，对于不同地区不同维度上的贫困程度也是不一样的。所以，在测量贫困程度时不能只使用收入指标作为其测量标准，而是要根据不同地区状况，使用不同维度的指标进行测量，这样才能对贫困程度的测量得到科学准确的结果，并依据结果开展精准扶贫工作。这也表明了对一个地区进行多维贫困分析的重要性。

4.3.3.2 多维度贫困指标测算

利用 A-F 方法测量贫困个体在 10 个不同指标环境下，指标数量不断叠加的过程中，贫困户所要面临被剥夺的份额有多少，所承受的贫困指数的高低情况。因此，在测算过程中，要找出样本数中致贫指标最多的叠加情况，在多维贫困的研究中，需要设计多维贫困测度方法的应用，选择 K 值来表达贫困户在承受贫困剥夺是指标叠加数量，这种叠加过程是任意的，比如 3 个指标的叠加，则是贫困户满足 10 个指标被剥夺的任意 3 个，就可以构成叠加，从而按照测算方法计算贫困被剥夺的量化表达。

通过对这种叠加情况进行统计，发现承受 6 个指标同时被剥夺的贫困户最多，因此，在构建本研究将选用当 $K=6$ 时的计算过程。

①构建测度矩阵。对 10 个指标下的 328 户贫困户按照指标体系构建时的剥夺条件，以横向量代表 10 个不同的指标、列向量代表 328 个农户进行测度矩阵的构建，剥夺条件就是当贫困户处于临界值以下时为被剥夺，处于临界值以上时为未被剥夺。例如，以年人均纯收入为例，当某贫困户的家庭年人均纯收入低于 3538 元时，此时此农户就构成了被剥夺，在测度矩阵中的值就是 1；如果数值大于 3538，表示为未剥夺，此时数值就是 0。同时，对于那些不能通过数字量化的指标。例如，健康状况就需要用文字描述的来界定是否被剥夺，当家庭常年吃药或者主要劳动力受身体的影响不能参加重体力劳动时，就要被

第四章
多维贫困视角下的农户扶贫机制研究——以甘肃省康县为例

定义为被剥夺,取值为1;以此类推,对构建的测度矩阵进行检查,当被剥夺的数值大于328时,表示在构建的过程中出现错误,需要重新构建。

②计算需求数值。按照K=6进行测算举例。下面公式的原理在理论基础中已有阐述。Q6为发生6个指标贫困的个体数量 $Q_6 = \sum_{i=1}^{n} C_i^6$,多维贫困发生率就是H6=Q6/328。本研究Q6=137,此时H6=0.4177,即K=6时,贫困发生率为41.77%,文字表述就是328个样本数据农户在10个指标中至少存在6个指标的贫困户数为137户。

如果仅考虑贫困发生率这一个指标来寻找农户贫困的本质,那么表现得就不够细腻,因此还需要引用平均剥夺份额 A_6 和多维贫困指数 M_6。即:

$$A_6 = \sum_{i=1}^{n} \left(X_{ij}^6 w_j / Q_6 \right) = 0.6620。 \tag{4-1}$$

$$M_6 = H_6 \times A_6 = 0.2765。 \tag{4-2}$$

根据上述计算方法,以此类推,可以求出K值在其他情况下的H、A、M的测算结果,其相应结果如表4-6所示。

表4-6 多维贫困指数测算结果

K	贫困发生率(H)	平均剥夺份额(A)	多维贫困指数(M)
1	1.0000	0.5137	0.5137
2	1.0000	0.5137	0.5137
3	0.9726	0.5226	0.5082
4	0.8537	0.5536	0.4726
5	0.6341	0.6067	0.3848
6	0.4177	0.6620	0.2765
7	0.1890	0.7371	0.1393
8	0.0518	0.8353	0.0433
9	0.0183	0.9000	0.0165

从测算结果可以看出，当 $K=1$ 和 $K=2$ 时，贫困发生率（H）为100%，表示研究地区328户农户中任何一个农户都存在两个维度的贫困，因为不存在某一农户只受一个指标的被剥夺额状态，因此，$K=1$ 和 $K=2$ 时，同时平均被剥夺的程度和处于多维贫困状态下的指数也相同。平均被剥夺份额随着指标叠加的过程不断变大，指标叠加数为1或者2时，平均剥夺份额（A）处于最小值，为0.5137；多维贫困指数（M）是贫困发生率和平均剥夺份额的乘积，因为贫困发生率的变化幅度大于平均剥夺份额的幅度，多为贫困指数处于不断变小的过程，K 值为1或者2时，处于最大值，为0.5137。随着剥夺指标的不断无差别叠加，贫困发生率和贫困多维指数不断下降，而平均剥夺份额不断增加。在这里，出现与以往其他学者不一样的结果，K 值为1和2时，其他3个重要结果相同，这种情况的出现，表示当地任何一个贫困户都可以构成两个以上的贫困指标，其所受贫困的制约还较为强烈，同时也从侧面反映出在指标的构建过程中，找到了当地农户贫困的深层次原因。

根据表4-6建立多维贫困指数测算结果趋势图，对多维贫困指数测算结果进行趋势分析，可得图4-4。

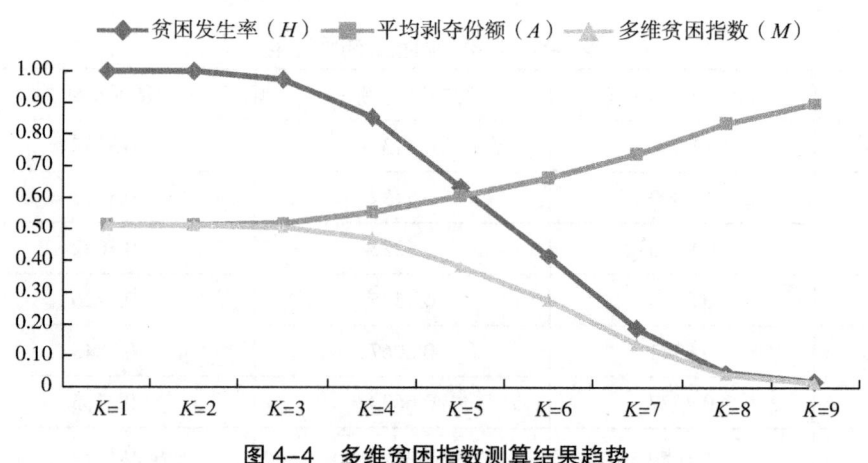

图 4-4　多维贫困指数测算结果趋势

根据图4-4可以看出，在 K 值不断增加的基础上，贫困发生率 H 和多维贫困指数 M 的值都是呈下降趋势的，这就说明在多维贫困中贫困率所占的份额在逐渐下降，贫困户的数量逐渐减小，贫困范围也逐渐缩小。但是平均剥夺份额 A 的值是随着指标数量 K 值的增加而逐渐上升的，这种情况说明了贫困户判定指标的维度在不断减少，贫困指标的数量被不断剥夺，贫困所处的深度变得越来越深。这就证明了伴随着多维贫困指标数量的增加，虽然有一部分贫困户不再受一些维度方面的贫困束缚，但是还有一部分贫困户的贫困深度越来越深，因为平均份额被剥夺得越来越多。可见，并不是所有的贫困户都处于同一贫困水平或拥有同样的贫困原因，要想实现总体脱贫，必须根据每一个贫困户贫困程度的不同和贫困原因的不同进行精准扶贫。

4.3.3.3 多维贫困指数分解

在多维贫困中，不同维度的贫困指标会对其产生不同的贡献率，因此，对于不同维度指标产生贡献率的不同进行研究，可以精确发现每一个维度贫困指标的重要性，实现精准扶贫中的重点扶贫。本研究根据上述研究方法，以权重值的配置形式，具体计算处于不同维度下不同贫困指标在贫困发生中所产生的贡献率。由于上文中提到了 K 的取值范围为 1～9，主要是因为本研究样本中不存在满足 10 个指标均为贫困的样本，所以对于 K 的取值不包括 10，表 4-7 是对于 K 取值不同时，能满足贫困指标中的样本数量，发现对于满足 6 个指标的样本数量最多，这也就是在下文研究中会选取 $K=6$ 进行例证分析的原因。

表 4-7　不同 K 值条件下的贫困个体数

K 取值	P_x（贫困个体数量）	K 取值	P_x（贫困个体数量）
1	0	6	75
2	9	7	45
3	39	8	11
4	72	9	6
5	71	10	0

设 $M_\text{收}$ 为被剥夺指标叠加数为 6 的时候,年人均纯收入这一个指标上的多维贫困影响额;若以 6 个指标被剥夺为标准,那么 $P_\text{收}$ 表示在年人均纯收入这一指标上的贫困个体数量;$W_\text{收}$ 是年人均纯收入的权重;n 为样本总数 328。此时根据样本数据可知 $P_\text{收}$ 为 46,即当农户存在至少 6 个指标上被剥夺的贫困时,年人均纯收入指标上的贫困个体数量,再根据公式计算可得:

$$M_\text{收}=P_\text{收} \cdot W_\text{收} \times \frac{1}{4} /328=0.035\,06。 \qquad (4-3)$$

用 2～10 代表其他 9 个指标,则同理可得:

$M_2=0.096\,04$,

$M_3=0.024\,90$,

$M_4=0.018\,29$,

$M_5=0.025\,15$,

$M_6=0.018\,29$,

$M_7=0.020\,58$,

$M_8=0.012\,35$,

$M_9=0.007\,16$,

$M_{10}=0.012\,65$。

根据各指标的多维贫困贡献率公式:当 $K=6$ 时,求出各个不同指标的多维测度指数除以 $K=6$ 时总的多维贫困指数。因此,类推可以求出当各指标在不同 K 值情况下的贡献率,如表 4-8 所示。

表 4-8　不同 K 值下各指标的贡献率　　　　　　单位:%

K	年人均纯收入	农业组织化程度	受教育水平	人均耕地面积	健康状况	生活燃料	卫生设施	清洁饮用水	安全住房	耐用消费品
1	14.45	36.64	7.60	7.05	7.70	7.24	9.56	4.05	1.88	3.84
2	14.45	36.64	7.60	7.05	7.70	7.24	9.56	4.05	1.88	3.84
3	14.30	36.72	7.68	7.07	7.78	7.19	9.39	4.09	1.90	3.88

续表

K	年人均纯收入	农业组织化程度	受教育水平	人均耕地面积	健康状况	生活燃料	卫生设施	清洁饮用水	安全住房	耐用消费品
4	11.87	39.20	8.01	6.90	7.73	8.17	10.05	3.37	1.38	3.31
5	13.15	36.85	8.76	6.84	8.70	7.17	8.13	4.26	2.19	3.94
6	12.96	35.51	9.21	6.76	9.30	6.76	7.61	4.57	2.65	4.68
7	15.54	33.85	8.69	6.84	8.88	6.22	6.77	4.88	3.11	5.22
8	14.74	31.33	8.60	8.60	9.83	5.90	6.27	5.16	4.42	5.16
9	10.27	30.82	8.56	10.27	10.27	6.16	6.16	6.16	6.16	5.14

为了使各指标在不同 K 值下的贡献率表现得更加形象直观，根据表 4-8 得到不同 K 值下各维度指标的贡献率，如图 4-5 所示。

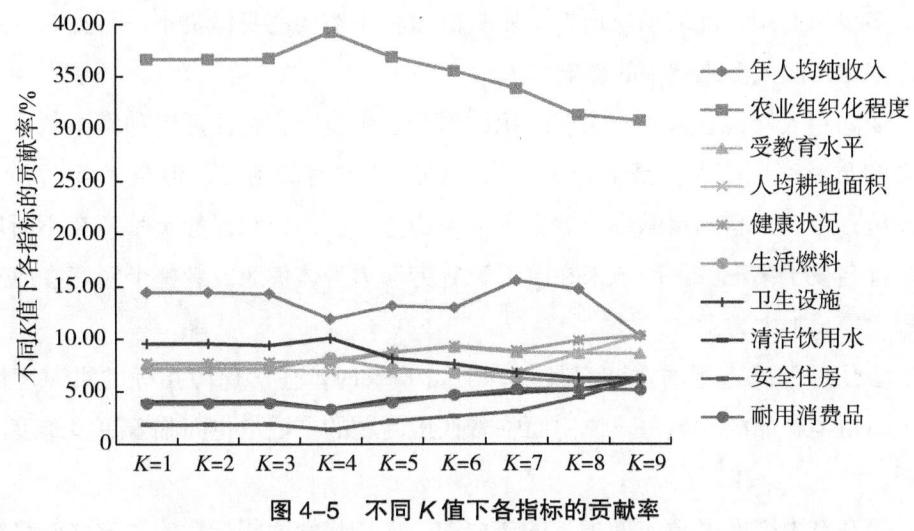

图 4-5　不同 K 值下各指标的贡献率

根据表 4-8 和图 4-5 可以得出，各指标在不同的 K 值下对应的多维贫困指数 (M)，以及在不同 K 值下的贫困贡献率。可以看出，随着 K 值发生变化，贫困贡献率也在不断变化着。例如，当 K 取值由 3 变到 5 的过程，安全住房、耐用消费品、清洁饮用水、年人均纯收入、人均耕地面积的指标贡献率先减少后增加，表现出各个农户贫困因素的差异性程度较大，而在这一过程中，生活燃料、卫生设施、健康状况的变化是不断加大的，而生活燃料、卫生设施贡献率在不断变小；当 K 取值由 4 变到 7 的过程中，卫生设施和生活燃料的贡献率变化趋于一致，说明贫困的维度增加时，卫生设施和生活燃料对于贫困的贡献率不断变小。

①在 $K<3$ 时，所有指标都呈现出一条平行的直线，说明在满足 3 个维度贫困的情况下，每个指标对于贫困的贡献率保持不变。农业组织化程度和年人均纯收入是家庭陷入多维度贫困的主要影响指标，其贡献率在不同 K 值时基本处于最大值，在扶贫精准施策时需要着重考虑。但当 $K=4$，5，6，7，8，9 时，农业组织化程度的贡献率不断变小，但仍然处于最高值；安全住房、耐用消费品、清洁饮用水、健康状况指标的贡献率逐渐凸显出来，安全住房和清洁饮用水表示满足农户基本的生活需求，耐用消费品反映的是农户生活标准下资产积累的多少，健康状况表示农户在摆脱贫困过程中需要的身体资本，可见四者对于样本地区陷入多维贫困的影响较大。

②除年人均纯收入外，农业组织程度和卫生设施、生活燃料和健康状况，三者的贡献率也较大，基本处于不同 K 值小于 4 时的前五，但当 $K=5$ 时，卫生设施、生活燃料的贡献率开始呈现下降趋势，而健康状况的贡献率在不断增长，排名位于第三，说明未来在改善家庭劳动力身体健康或者整个家庭在应对疾病上需要加大力度。

③住房保障指标的贡献率最低，但当 $K=9$ 时，住房保障指标的贡献率超过了耐用消费品的贡献率，说明面临着住房问题的贫困户也面临着更多维度的贫困。

④在贫困维度 K 值不断增加的过程中，人均耕地面积指标的贡献率始终维持在 7% 左右，说明耕地面积带来的贫困是不能改变的，只有通过其他解决方式才能摆脱多维贫困。随着 K 值的变化及多维程度的加深，各个指标的贡献率趋向于一个均衡水平，呈现出趋于整体的态势，表示现阶段为脱贫农户的贫困

深度和广度密切，存在需要强力干预才能解决的贫困剥夺状况。

为了简洁直观地展现出4个维度在不同K值情况下对于贫困的贡献率，做出如图4-6所示，分析维度对于贫困的贡献率，也是对贫困的影响率。首先，当K为任何值时，制度对于整个贫困的贡献率都是最高的，直观地说明在328个贫困户中，面临多维度的贫困问题时，代表制度的农业组织化程度未能对脱贫做出较大的贡献。说明在农业组织、发展产业扶贫方面还存在一些短板，需要对产业的发展做出对应的长效机制。其次，需要对贫困贡献率排在第2位的生活水平和对贫困贡献率最低的收入进行对比，收入增长会带来必要的生活消费刺激。例如，随着5G网络应用的普及，一个家庭具有较高的收入，会考虑购买符合5G通信网络的手机等电子产品。但这二者之间存在着矛盾关系，其原因是现在的收入还不足以应付消费的升级，还需要依靠制度帮助贫困户注重自主发展与集体经济合作脱贫发展的双轮驱动。

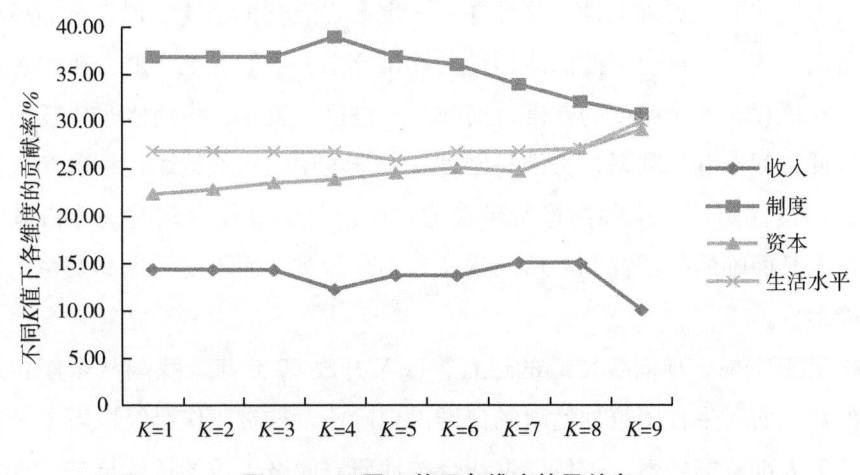

图4-6 不同K值下各维度的贡献率

在4个维度中，制度维度和收入维度基本呈现先增后减的现象，而生活水平维度和资本维度基本呈现不断增加的趋势，特别是资本维度伴随着K值的变化，贡献率出现较大的变化，由$K=1$时的22.34%到$K=9$时的29.11%，百分比的变化幅度大于其他3个维度贡献率的变化。表明在资本维度中，当

K 值变为 7，8，9 时，其 3 个指标都参与了贫困的发生，贫困的深度进一步凸显。

4.4 基于多维贫困的农户脱贫路径选择

为了获得更好的生计能力，必须从根本上解决贫困问题，因此，我们国家在面对社会中存在绝对贫困的情况下，提出了精准扶贫，这项政策需要全国人民共同协调现有资源，创新开发，才能打好这场持久战。有学者研究认为，单从人类发展的精神角度来解决贫困问题，认为只要加强贫困群众的主观能动性，通过教育培训等指导措施，让其学会一种生存技术，这样就是加强了群众个人的生存能力，在通过政策的手段将社会的资源平等提供，在自我脱贫的强烈意识和社会资源的平等供给中，让其自我创造，实现消除贫困的目标。如果只从精神反贫困的角度着手，只注重为贫困个体提供平等机会，发展程度完全按照贫困个体的主观能动性，这样并不一定会促进贫困个体实现脱贫的目标，因为贫困个体对于社会资源的应用能力非常有限，我们在上文的分析中也可以看出，农户存在 4 个维度的贫困，而收入、制度、资本、生活水平中任何一个指标彼此之间都互相联系，特别是制度这一维度中的农业组织化程度和生活水平中的清洁饮用水，这种指标所带来的贫困就是需要借助政府统筹协调的能力，改变其面临的生活福利滞后的现状，实现脱贫，而不是只提高贫困个体的主观能动性。

扶贫工作是一项需要持续的过程，改革开放 40 余年，我国从未停止过对困难群众在面对生存困难处境时的帮助。现阶段，扶贫工作已经取得了一些成绩，任何人都不能松懈，依然要聚精会神地研究脱贫工作的持续推进。现阶段康县已实现绝对贫困的消除，社会的发展转变为解决相对贫困的问题，反贫困研究与措施转变为如何面对巩固脱贫成果防止返贫和进一步提高的问题。因此，需要在已取得成绩的基础上，紧盯不同贫困维度的解决措施，筑牢反贫困成效这一堤坝，并不断加强巩固，将可能引发贫困的各种因子盯住盯死，让贫困在进入群众生活的各个生活中无机可乘。为了将精准扶贫这一概念同乡村振兴战略联系起来，再结合实际工作中的关键因素，必须不断转变农业农村发展观念，从而实现美丽乡村建设。本章基于康县贫困户多维贫困测度的问题结论，结合当地的实际发展，在对策建议中针对持续脱贫，保证脱贫的稳定性同乡村振兴战略的总要求——产业兴旺、生态宜居、乡风文明、治理有效、生活富裕相衔接，探索出扶贫开发长效机制，以及解决绝对贫困后将长期面临的相对贫困的治理问题进行阐述。

基于以上要求，本研究从如何建立贫困监测预警体系、发展产业扶贫、农业生产技术教育培训、基础设施完善、科学防灾减灾布控、推进厕所革命、基础医疗服务7个方面，提出有针对性的对策，同时2020年作为脱贫攻坚的决胜之年，必须在巩固现有成绩的基础上，继续挖掘贫困的深层次原因，为实现乡村振兴战略奠定基础，通过实现乡村振兴破解社会中存在的两个矛盾问题，建立长效机制。

4.4.1 发展特色产业扶贫，实现自主发展与合作发展双轮驱动

乡村振兴，产业要兴旺。康县独特的自然条件如果仅仅依靠农业种植，特别是山区以种植业为主很难通过农业生产获得有效的经济收入。一是山区地质较为贫瘠，二是农地坡度较大，三是容易受到灾害影响，况且现在很多的山区耕地都已退耕还林，主要以生态建设为主。因此，很难通过农业种植匹配生计方面的消费需求，但如果有针对性地发展特色农业产业，将区域资源优势转化为经济优势产业，是一个很好的起点，有利于促进贫困山区的发展。例如，当地可以发展特色旅游业，在全县打造精品自驾游路线项目，吸引外地游客到当地旅游，结合当地特色产业，将康县的精品农产品以展销形式放在康县自驾游的精品旅游线上，让当地特色农产品如花椒、核桃走出去的同时，也提高了特色农业种植户的经济收入。因此，通过特色产业扶贫，不仅可以帮助康县打响县域发展品牌，还可以带动特色农业种植户的生产积极性，帮助农户持续性地获得收益，从而走上小康之路。

4.4.2 建立贫困监测预警体系，做好东西部扶贫协作

结合扶贫过程中数据的收集建立大数据预警体系，一是要对已经脱贫但是巩固成果还不太显著的农户进行持续跟踪，监测随时可能发生的返贫行为；二是要继续实行帮扶制订计划，政府和农户都不能因为经济收入符合国家标准之后就放松，而是要继续深入地开展帮扶和拓展经济收入来源；三是要关注未处于贫困监控中的"边缘人"，即既不满足贫困建档户要求，但又有可能陷入贫困的特殊群体，需要纳入监测体系中，防止发生返贫。

东西部协作扶贫计划，是中国面临地区发展不协调在贫困消除过程难易程度不同的地区，以优势补短板的中国特色减贫计划。东西扶贫协作为地区不同领域的发展带来了活力，同时将贫困户纳入地区产业的发展中，对于农户是一种农业合作组织，对于地方政府则是资源的最大化利用，农户可以股金或者分红方式获取转移性收入，从而提高了家庭的经济收入，当地发展犹如鲶鱼效应被盘活。但随着脱贫攻坚工作的深入，必须构建东西部协作计划的长效机制。因此，要深化与对口县的农业产业合作，引导资金在康县发挥杠杆效应，刺激两地的生产消费。依托资金和特色产业，打造共享品牌，结合特色旅游产业，对口组织全域旅游计划，促进两地的消费升级。加强人才交流，学习西部地区先进的经济发展模式及现代化治理能力。

4.4.3 加强教育培训力度，培育特色产业需求人才

在农业生产中，山区农户往往受限于教育水平素质较低的问题，不能有效地掌握现代化农业生产技术，导致因为缺乏技术衍生出贫困，同时受教育水平也影响了农村高技能人才的培育。因此，为了提高当地的生产技能，改变因为技术导致贫困的面貌，必须通过农业生产再教育，增加农业生产中的培训力度，科学有效地认识农业生产的内在规律，掌握主要农业经济作物的高效生产技术。同时，农户在参与农业生产时，不能仅靠独自一人的了解进行经济作物的种植，而是要同当地、同社会的需求结合起来，依靠政府成立农业供销机构，发展生产，也要同乡村振兴战略的发展要求结合起来，争做符合现代化农

业生产技术的人才。例如，康县在具有丰富的旅游资源的条件下，应该大力发展旅游产业，这就需要培育既能搞好旅游经济，又能发展特色农业产业的人才。要提高我国整个地区的农业生产效率，就需要大量的管理技术人才，需要将培训教育作为山区脱贫发展的一个着力点，也需要引进一些人才。例如，通过大力培育农村山区特色产业人才，既要对当地具备一定知识储备的农户和因为历史原因未能参加教育的智慧农户进行培训，又要将通过教育走出去的人才吸引回来，以回报当地的经济发展。

4.4.4 推进厕所革命，加强精神文明建设，赋能美丽乡村发展

农村家庭的厕所无害化处理状况和农户文明如厕的习惯时刻体现着这一地区的精神文明程度，必须改变农村不健全的卫生设施，以此改变不文明的如厕习惯。按照省（市、县）对于厕所革命推进的建设要求，在建设无害化处理的厕所时，要引导和鼓励各个乡镇在结合当地建设条件的基础上，将家庭厕所的建设标准传达到每一个农户家庭中，依靠创新式的传媒宣传手段，将农村厕所革命的推进同精神文明、美丽乡村建设联系起来。在农户建设过程中，乡镇和县城建设部门要联合执法，督促指导农户参与家庭卫生设施建设。家庭厕所的建设在资金上政府应该以"补助＋奖励"的形式刺激农户建设，在建设过程中，可以对家庭厕所的安全质量、技术标准、施工期限建立红黑榜奖励模式，促进厕所革命的推进。同时，要加强农村的精神文明建设，通过短视频、标语、家庭内部刺激的方式引导培养农户文明卫生的习惯。

4.4.5 完善巩固基础设施建设，服务生产生活需求

康县的基础设施建设由于受制于地理形势和地区发展的影响，当前还没有一条实现通车的高速公路，基础设施的完善有利于当地生产的特色农业产业走出去，同时又能够将优质的投资发展资源引进来。因此，当地政府在解决基础设施建设时，应当从以下几点入手：首先，当地政府要长远规划，实事求是地将基础设施建设融入省市的重点重大基础建设项目中，积极接洽国家级天水－汉中、成渝两个城市规划群中的基础设施建设，建立联系，带动经济的发展；

其次，农村的基础设施建设要以解决贫困山区的需求为重点，有层次性地推进民生工程，既能缓解资金的压力，同时也可以形成引导和对比，让当地的基础设施更上一步；最后，要将基础设施和特色产业发展联系起来，完善的基础设施建设能够有效地保护地方的生态环境，同时也能为当地的生产生活带来经济收入，形成良性的促进作用。

4.4.6 改善农村医疗卫生条件，提高家庭的健康资本

对于山区的农民来说，身体的健康状况本身就是一种资本，在实现经济收入增长的同时，任何一项被动性的开支都会为农户家庭的生活状况增加负担。在本研究的调查期，出现很多山区农户在面对身体健康状况的时候，常常会有大病不敢治、小病不去治的现象，虽然现在医疗合作制度会有补贴，但只要这项支出不是他们自愿性的开支，就会增加家庭负担，问题的原因是认为家庭已经承受不起应对疾病的巨额开支，更多希望让自己的身体扛一扛，这样反而会使得健康状况变得恶化，同时，山区的特殊气候和常年劳动形成的劳动损伤为健康状况增加了隐患。因此，首先，要进一步改善农村地区的基础就医条件，在原有措施基础上，同市县具有完善医疗体系的医院建立对口就医服务，选派一些具有中高级职称的医师参与到农村基础医疗的轮岗服务中；其次，要继续巩固脱贫攻坚中的家庭签约医生制度，成为农户基础症状治疗和预防宣传的第一人，及时了解家庭成员的健康状况，防止因病返贫、致贫的发生，同时负责医疗制度的宣传与农户就医心理的辅导。

4.4.7 科学布控防灾减灾机制，防止贫困户因灾因害返贫

任何灾害的发生都具有区域性、破坏力度大的特征，地质、气候、病虫害都会对山区农户的生活安全构成危害。因此，当地政府要联合上级应急管理部门建立应对灾害发生的科学联防联控机制，以达到防灾减灾的目的。首先，要加强宣传，地区性灾害的发生，既受地质变化的影响也受当地生产生活对环境造成不当的影响，要加强防灾减灾教育和法制教育，提高整个地区对灾害强大破坏的认识。其次，认真总结历年灾害发生的特点和教训。例如，本研究所研

究的康县，在扶贫时期政府为乡村发展修建了硬化路，但是随着暴雨、泥石流的发生，扶贫的基础设施被破坏，道路受到破坏，即阻断了生命救援线，如何快速地进入灾区成为科学布控防灾机制的主要方向。因此，既要总结历年灾害发生的特点，又要提前制定灾害发生时的预选方案。最后，利用大数据监测平台，在灾害发生时及时公布灾害的真实情况，既有利于防止谣言对社会关注的影响，又有利于社会其他地区对防灾减灾物质的准备。通过科学布控防灾减灾机制，可以防止因害因灾返贫。

4.5 本章小结

通过对328户贫困户运用多维度测量的方法，分析贫困户在单一维度和多维度下的贫困影响因素，根据分析的结果，得出以下3点结论。

①在致贫原因分析中，缺技术、因病残是主要的致贫原因，二者的比率占整个数据样本中的60%。当地大多农户缺乏种植特色产业花椒、黑木耳等的生产技术及因病残导致的缺乏劳动力，成为无法通过农业生产来提高收入的主要原因。贫困户受制于农业生产技术较低，通过发展特色农业创收增收的目标就不能完成，同时大部分农户不仅面临着农业生产技术的问题，也面临着发展特色产业缺乏资金的困境，当多种因素叠加时，农户要想突破这种壁垒，需要的机会成本就会显著增加，从反面增加了贫困加深的可能，使得农户在消费和收入两个方面陷入恶性循环。因此，需要政府在制度上为农户实现经济收入的多元化提供帮助，在生产技术上需要政府部门联系组织农业推广技术专家深入田间实操性地帮助农户。在致贫原因中，需要注意因灾致贫这一因素，虽然样本数中因灾造成的贫困农户较少，这一数值既与农户或者地区对于灾害的防患措施有关，也与灾害的大小有关，灾害造成的影响是地区性的，而不是针对某一农户、某一家庭的，同时研究地区属于地质灾害频发区，在近5年的扶贫脱贫过程中，多次出现因地质灾害造成基础设施破坏家庭返贫的现象。因此，也应该针对灾害频发的问题提出相关的对策建议。

②在单个指标测量中，卫生状况的贫困发生率为98.87%，说明大部分贫

困户家庭的独立旱厕不能实现无害化处理，所研究地区在卫生基础设施的建设和精神文明的管理上，还需要继续以强有力的姿态推进。干净、整洁、环保的厕所能够充分证明一个地区的文明程度，一个人的如厕习惯也会影响一个地区的精神文明，完善干净的厕所会对个体培养文明的如厕习惯有所帮助，改善厕所卫生状况不仅对个人的精神文明发挥促进作用，同时厕所的无害化处理也能够对人居环境和身心健康做出保障。农村"厕所革命"关系到亿万名农民群众生活品质的改善。深入贯彻党中央关于"厕所革命"的重要指示批示。2019年甘肃省农业农村厅再次制定了农村"厕所革命"实施方案，将农村地区卫生设施的重要性进一步凸显出来。

③在多个影响指标的分析中，随着K值的增加，生活水平和资本这两个维度的影响不断加深，说明这一地区的饮水设施、住房及保障农户的基础医疗设施不完善，存在就医距离远、道路不通等问题，需要完善基础设施建设，满足基本的生产生活性需求。收入和资本维度的变化没有呈现出明显的趋势，其原因可能是农户间参加农业合作组织所带来的报酬不同，在328户贫困户中，有部分对接东西部协作计划，获得较多的经济收入，而有的也参与东西部协作计划，但获得收益较小，对经济收入的决定性不高，但更为突出的因素是，大部分农户皆以自主发展为主，未参加农业合作组织，不能享受到自主发展和组织化发展双轮驱动带来的经济收入，因此，应当结合当地的优势特色产业，开展产业扶贫，拓宽经济收入面，提高经济收入额。

第五章

科技助力脱贫攻坚满意度调查研究——以甘肃省康县科技帮扶村为例

　　科技扶贫是由单纯救济式扶贫向依靠科学技术开发式扶贫转变的一个重要标志,其宗旨是应用实用的科学技术改革贫困地区封闭的小农经济模式,提高农民的科学文化素质,提高其资源开发水平和劳动生产率,促进商品经济发展,加快农民脱贫致富的步伐。1986年,科技扶贫是国家科委提出并组织实施的一项在农村进行的重要的反贫困举措,是中国政府开发扶贫的重要组成部分。科技扶贫政策的实施与应用,促进了贫困地区社会与经济的发展,使农民尽快地实现了脱贫致富。高素质的科技扶贫人才应用先进的科学技术,对农民群众进行科技扶贫政策与技术的普及教育,提高了农民的农业科技文化素质,增强了贫困地区农民自我发展和积累的能力,大幅提高了贫困地区的劳动生产率水平,以得到最好的经济、社会和生态效益。

5.1 康县科技扶贫发展概况

5.1.1 康县科技扶贫的主要方式

5.1.1.1 特色产业项目带动帮扶

康县科技扶贫以项目为依托，立足帮扶村资源禀赋和产业发展需求，坚持"点、线、面"相结合的原则，按照"一村一产业一项目"的模式，以市场需求为主体，着力加大科技支撑力度，全力助推康县帮扶村发展优势产业，提升康县农产品品质，促进农民增收。甘肃省科技厅先后协调落实资金2132万元，组织实施科技计划项目19项，重点支持发展太平鸡、食用菌、中华蜂等主导产业和"五小"产业。目前，发放中蜂养殖155箱，投放鸡苗2000只，完成香菇投产4万棒，积极协调5个贫困村的帮扶单位筹措资金共计21.6万元，购买辣椒种苗90万株，发展辣椒产业300亩。组织成立康县宏达养殖农民专业合作社等7个农民专业合作社，带动新庄村和赵家沟村50户贫困户参股农民专业合作社，开展中蜂养殖、中药材种植、食用菌种植等。建立综合性专家院、"三区"科技人才工作站等创新创业平台，扶持独一味、康元生物、佳纺蚕桑等一批企业开展产业提质增效、解决了贫困户就业难等问题，有力推动了产业扶贫在康县贫困地区的快速发展，在产业扶贫的带动下康县的农户收入不断增加，解决了农户收入难的问题。

5.1.1.2 技术培训帮扶

康县科技扶贫工作围绕帮扶村特色产业发展的技术需求，积极组织省内外相关专家赴帮扶村开展培训、讲座，示范技术要点，现场答疑解惑，手把手让贫困群众理解、学会并掌握种植养殖基本知识和技术要点，确保每一个贫困户家庭都有一个具有现代化种植养殖技术的乡土人才。首先邀请正达蜂业中华蜂养殖专业技术人员，在三河坝镇为贫困户开展技术培训及答疑，并与当地农民专业合作社建立合作关系。其次邀请甘肃省农科院、甘肃省农业工程技术研究院、天水师范学院、甘肃省水产研究所、甘肃中医药大学等省内专家，赴康县开展大樱桃和晚熟桃、食用菌、柴胡、天麻、辣椒、生猪、冷水鱼等特色种植养殖管理技术示范培训和健康知识讲座。2019年，在帮扶村组织开展各类实用技术培训和讲座10余期，累计培训贫困户人次近千人，发放各类种植养殖技术资料近万份，发放化肥、种子等农用物资3万余元。甘肃省科技厅立足于康县特色产业发展的需要，结合"三区"科技人才工作，先后选派20名"三区"科技人才，为每个村精准选派1~2名产业发展技术顾问，切实解决了贫困村产业发展技术难题。

5.1.1.3 基础设施建设帮扶

针对帮扶村基础设施落后的情况，甘肃省科技厅积极与有关帮扶单位沟通对接协调落实水泥2000多吨，为帮扶村开展村内道路和庭院硬化、修建爱心桥和科技广场、架设入户通电线路等，不断夯实脱贫攻坚基础。先后为三河坝镇学校落实70万元专项资金，用于拆除重建9米标准大门一座、20平方米门卫室一间，修筑门前长24米、高差7米的台阶和公厕一座；积极协调落实300吨（价值13.5万元）水泥，用于帮助2019年脱贫难度较大的高石村4个社60余户群众开展巷道硬化。甘肃省科学器材有限责任公司等5家企业落实各项帮扶资金，支持帮扶村开展入户通电线路架设、水泵维护、道路维修等，帮助贫困村改善基础设施。2019年中国市政工程西北市政设计研究院先后向2个帮扶村投入基础设施帮扶资金10万元，帮助未子沟村1户建档立卡贫困户新修住房1座，面积45平方米，帮助未子沟村19户农户硬化庭院1700平方米；帮助柯家河村12户农户硬化庭院、入户道路约700平方米；帮助柯家河村2户农户完成维修房屋防水工作。

5.1.1.4 驻村干部定点帮扶

截至2019年年底，省（市、县）共为康县下派驻村帮扶工作队203个，累计选派驻村干部1439人，选派帮扶责任人3612人和贫困户或脱贫户进行结对帮扶。甘肃省科技厅作为定点帮扶康县脱贫的省直组长单位，在产业、人才、培训和帮办实事好事等方面持续用力，扎实推进帮扶措施落实，着力激发贫困地区内生动力。先后分别为康县各个乡镇派遣20多名优秀年轻干部投身于科技扶贫的工作当中，为贫困户宣讲科技扶贫政策、帮办各类实事好事、"送温暖"等活动，每年组织帮扶工作队、医务人员、帮扶责任人等进村入户，对贫困户进行免费身体检查、电力维修、安全隐患排查、饮水设施维修等工作至少2次以上。

5.1.1.5　企事业单位定点帮扶

甘肃省政府文史研究馆在康县定点帮扶村，创新开展"三下乡"，组织书画馆员和研究员开展"书画下乡"、医学专家开展"义诊下乡"、文史专家开展"文化下乡"活动，为贫困户捐赠书画作品100余幅，接待义诊患者约100人，免费捐赠药品5600余元，同时组织开展专题党课讲解，受到了贫困群众的一致好评。利用康县独特的特色资源优势，大力引导贫困户发展中蜂养殖、太平鸡养殖和食用菌种植项目。积极开展教育帮扶，资助1.5万元帮扶资金，协调落实教师师资力量，有效解决了学生异地上学问题，同时为5名家庭贫困上不起学的大学生进行资助，帮助他们完成学业。

中国市政工程西北市政设计研究院在未子沟村开展袋料香菇种植、在柯家河村开展太平鸡养殖富民产业，支持富民产业帮扶资金19.45万元，完成搭建大棚14座，总面积2500平方米，生产菌棒44 500株。精准打造产业扶贫新模式，2019年挂牌成立2个"基层党建联建基地"，划拨活动经费4万元，讲授主题党课2次。同时，结合调研考察，在帮扶村确定了"党支部+合作社+建档立卡贫困户"的产业发展新模式。在未子沟村帮助组织成立农民专业合作社1个，帮助完善各类制度、协议10余项。持续开展教育扶贫，在贫困村制定了教育扶贫计划，向帮扶村考入大学、高中的5名学生及6名在校获奖学生发放"爱心奖助学金"共计2.1万元，针对"留守儿童"，团委组织开展了"关爱留守儿童"行动，向65名中小学生发放奖学金4.13万元，针对学校办公设施陈旧问题，捐赠电脑19台，价值57 000元。

二十一冶建设集团有限责任公司持续加大产业帮扶，分别给祁山村和盐池村每村20户建档立卡户每户帮扶中蜂4箱，总价值96 000元，后期又协调康县中峰养殖技术人员来村里进行技术指导，并给养蜂户发放蜂巢基片80片。省科技厅积极开展"医疗下乡"和"技术下乡"，邀请甘肃中医学院"三区"人才到村开展义诊活动和核桃虫害夏季防治技术培训。深入推进消费扶贫，帮助蜂满园农民专业合作社销售蜂蜜230斤，共计11 500元；同时，组织公司人员到村入户 26 人次，带动消费扶贫累计约 25 000 元。

5.2 康县科技扶贫取得的成就

5.2.1 定点帮扶效果明显，贫困人口大幅减少

自 2016 年以来共为贫困户帮办好事实事 12 368 件，累计投入帮扶资金 6966 万元。2019 年，甘肃省科技厅共为康县科技帮扶贫困村落实各类资金 807.08 万元，10 个贫困村中 6 个顺利通过退出验收（2018 年已退出 4 个），其中长坝镇高石村和大堡镇何家沟村接受并通过省级第三方评估组抽查评估。在甘肃省科技厅的帮扶下，康县 10 个定点科技帮扶贫困村全部退出贫困村序列，剩余贫困人口 13 户 32 人。2013—2019 年，全县建档立卡户从 16 797 户 65 960 人减少到 340 户 1085 人，贫困村从 203 个减少到 3 个。从图 5-1 可以看出 2015—2019 年康县贫困发生率整体呈下降趋势，2019 年年底康县贫困发生率降至 0.61%，低于国家规定的 3% 的脱贫标准，全县实现整县脱贫退出摘帽，经济社会各项事业平稳快速发展，扶贫事业进入巩固脱贫成果新阶段。

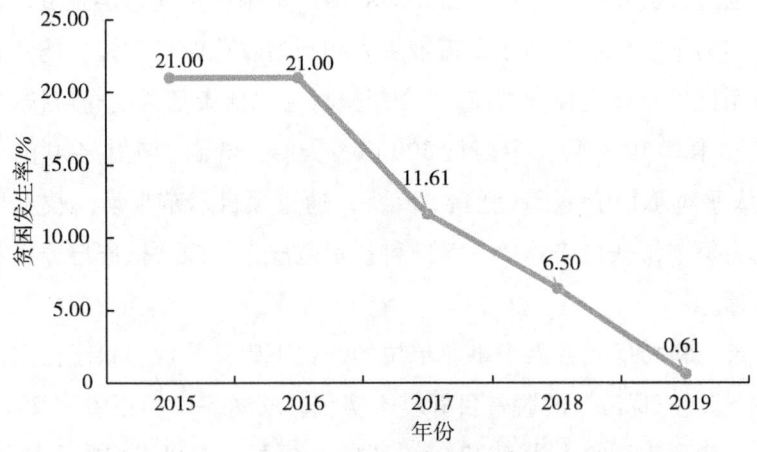

图 5-1 2015—2019 年康县贫困发生率

5.2.2 科技推动特色产业快速发展，农户收入不断增加

2019年省级科技共为帮扶村落实资金570万元，组织实施"康县科技扶贫产业技术示范""康县富民产业科技服务能力提升""蜂蜜精加工及蜂蜜化妆品研发项目""康县中华蜜蜂产业提升技术示范及市场推广"项目4项。重点支持陇南康元生物工程有限公司、康县金强农业科技有限公司、康县谷畜农业发展有限公司等10家农业产业化企业，发展食用菌（袋料木耳、香菇、金耳、羊肚菌）、天麻、蜂蜜等特色产品深加工技术开发，通过项目实施建立菌种生产线3条、桑叶茶生产线1条、集约化天麻良种繁育场1个，年新增生产菌种100万袋、加工桑叶20吨、销售蜂蜜20吨；同时，与帮扶户建立市场联结机制，指导甘肃省科技厅100户帮扶户栽培金耳8000架、羊肚菌30亩、竹荪30亩，户均实现增收3200～3800元，并做好产前、产中、产后技术服务，规范标准、质量和品牌，提升产品竞争力。

扶持帮扶村9家农民专业合作社，发展中药材500亩、魔芋500亩、山野菜300亩、年孵化太平鸡苗12万只、齐口裂腹鱼5000尾、包装加工山野菜90吨、建成鸡苗孵化车间和育雏场各1个，中药材和山野菜扶贫车间各1个，鱼塘2座，通过农民专业合作社，带动200多户贫困户实现稳定脱贫，促进实用技术推广，为帮扶村培育创业致富带头人和新型农业经营主体、构建农业产业化经营体系提供科技支撑。扶持11个帮扶村（包括康县科技局帮扶村），发展袋料香菇和木耳10万袋、中药材300亩、天麻186亩、花椒400亩、中华蜂340箱、太平鸡1.1万只、育肥猪200头，通过项目示范带动、技术培训等方式，达到为每个帮扶村培养3～5户科技示范户、每户帮扶户培养1名科技明白人的目标。

在甘肃省科技厅及各大企事业单位的帮扶下康县的贫困状况得到了极大改善，"两不愁、三保障"的脱贫目标基本实现。从图5-2可以看出2015年康县农村地区人均可支配收入为5032元，2019年农村人均可支配收入增加到7204元。2015年康县城镇人均可支配收入为18 258元，2019年城镇人均可支配收入增加到24 442元。从2015—2019年这5年的增长率来看，康县农村地区人

均可支配收入增长率高于城镇人均可支配收入增长率。从 2015—2019 年这 5 年康县农村和城镇人均可支配收入增长趋势来看,康县农村和城镇人均可支配收入都呈现逐年上升趋势,农村人均可支配收入线性走势较平缓,城镇人均可支配收入的线性走势明显陡峭。这说明在这 5 年的发展中城乡发展不平衡,城乡居民收入有拉大趋势。2019 年康县农村地区居民人均可支配收入 7204 元,贫困人口人均可支配收入超过 3800 元。随着康县农村地区居民人均可支配收入和贫困户人均可支配收入的不断增加,农民的生活水平逐渐改善。

图 5-2　2015—2019 年康县人均可支配收入

5.2.3　乡村旅游业快速发展,旅游综合收入逐年增加

康县是西北地区有名的原生态旅游胜地,依托得天独厚的自然生态优势,整合全县自然生态旅游资源,把脱贫攻坚与乡村旅游结合起来。先后打造了以自然生态为主的休闲度假旅游景点(如农家乐、生态园等)吸引了一大批全国各地的游客前来观光旅游。2019 年年底,康县 350 个行政村已建成美丽乡村 340 个,占总数的 97.14%,1 镇 12 村被评为国家级最美乡村,其中建成旅游示范村 70 个、4 个国家 4A 级旅游景区、1 个国家 3A 级旅游景区,发展农家乐和农家客栈 317 户、乡村宾馆 12 家。培育乡村旅游经营户等各类实用性人

才 2000 余名。全县 2468 贫困户依靠天然的生态优势大力发展乡村旅游业，实现高质量旅游消费脱贫，间接带动餐饮、住宿等行业的快速发展，旅游综合收入不断提高。珍爱茶山村入选农业农村部 2019 年中国美丽休闲乡村名单。从图 5-3 和图 5-4 可以看出，2016—2019 年康县旅游人次及旅游综合收入呈逐年上升趋势，2019 年全年总计接待国内外游客人次突破 300 万人次，实现旅游综合收入 14 亿元，占全年生产总值的 62%。全县已有 97.7% 的村建设成为美丽乡村，康县荣获"美丽乡村旅游名县"称号。

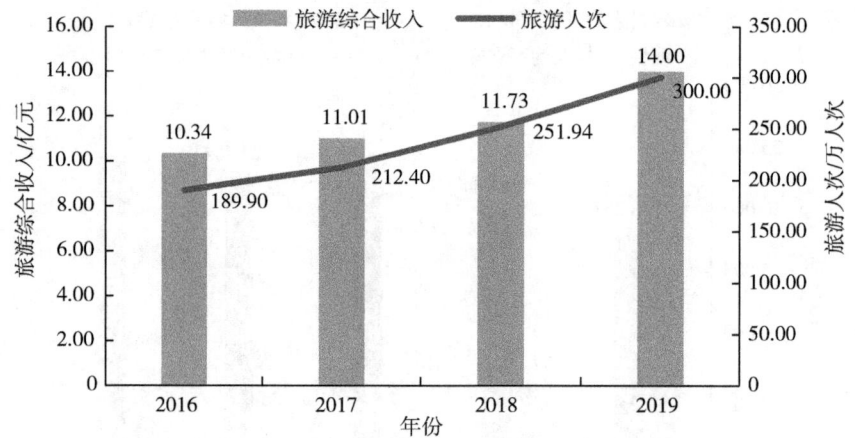

图 5-3　2016—2019 年康县旅游人次及旅游综合收入

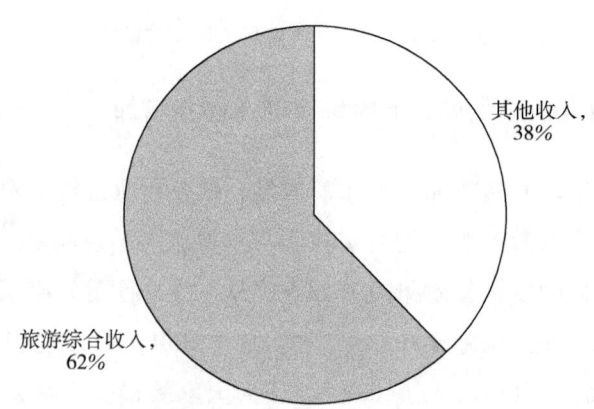

图 5-4　2019 年康县旅游综合收入占生产总值的比例

5.3 科技扶贫农户满意度指标体系的构建及问卷调查分析——以甘肃省康县科技帮扶村为例

5.3.1 康县科技扶贫农户满意度指标体系的构建

5.3.1.1 指标体系的构建

本部分在深入了解康县科技扶贫发展现状、科技扶贫帮扶方式、科技扶贫取得成效的基础上,根据实地调研走访和问卷调查分析结果,结合甘肃省科技厅帮扶康县的各项实践工作,根据指标体系构建的基本原则,以及相关社会研究方法,着力构建了科技扶贫农户满意度各项评价指标体系。主要建立了包括科技帮扶干部满意度、科技帮扶物资满意度、科技帮扶资金满意度、科技帮扶项目满意度在内的4个一级指标,二级指标包括帮扶干部人数满意度、帮扶干部态度满意度、帮扶干部沟通能力满意度、帮扶干部解决问题能力满意度、帮扶物资实用性满意度、帮扶物资数量满意度、帮扶物资质量满意度、帮扶资金到位情况满意度、帮扶资金管理满意度、帮扶资金用途满意度、电力基础设施建设满意度、饮水基础设施建设满意度、道路基础设施建设满意度、教育基础设施建设满意度、科技推动特色产业发展满意度15个。如表5-1所示,运用成分分析法将科技扶贫农户满意度各指标分为不同的3个层级,分别是目标层、准则层、指标层。

表 5-1 科技扶贫农户满意度评价指标体系

目标层	准则层	指标层
科技扶贫农户满意度 A	科技帮扶干部满意度 B1	帮扶干部人数 C11
		帮扶干部态度 C12
		帮扶干部沟通能力 C13
		帮扶干部解决问题能力 C14

续表

目标层	准则层	指标层
科技扶贫农户满意度 A	科技帮扶物资满意度 B2	帮扶物资实用性 C21
		帮扶物资数量 C22
		帮扶物资质量 C23
	科技帮扶资金满意度 B3	帮扶资金到位情况 C31
		帮扶资金管理 C32
		帮扶资金用途 C33
	科技帮扶项目满意度 C4	电力基础设施建设 C41
		饮水基础设施建设 C43
		道路基础设施建设 C43
		教育基础设施建设 C44
		科技推动特色产业发展 C45

5.3.1.2 权重的确定

本研究在听取导师意见及咨询扶贫领域专家的基础上，选取了几个具有代表性的指标展开研究，运用 AHP 这一社会研究方法将要研究的问题（科技扶贫农户满意度评价）分为 3 个层级，每一层级再详细地分为多个指标，最后邀请各领域专家，对各级指标的重要性进行打分，之后构建判断矩阵，最终计算出各指标的权重。

5.3.1.3 构建判断矩阵

成分分析的第一环节是构建判断矩阵，本研究在专家打分法的基础上，对各要素的相对重要性进行打分，然后分别构建出目标层判断矩阵 A、科技帮扶干部满意度判断矩阵 $B1$、科技帮扶物资满意度判断矩阵 $B2$、科技帮扶资金满意度判断矩阵 $B3$、科技帮扶项目满意度判断矩阵 $B4$，其中重要尺度通过数字 1~9 表示，如表 5-2 所示。

第五章
科技助力脱贫攻坚满意度调查研究——以甘肃省康县科技帮扶村为例

表 5-2 重要度判断

判断尺度（B_{ij}）	定义
1	表示两个因素相比，具有同样重要性
3	表示两个因素相比，一个因素比另一个因素稍微重要
5	表示两个因素相比，一个因素比另一个因素明显重要
7	表示两个因素相比，一个因素比另一个因素强烈重要
9	表示两个因素相比，一个因素比另一个因素极端重要
2，4，6，8	介于上述两个判断尺度的中间值
倒数	因素 i 与 j 的比较判断 a_{ij}，则因素 j 与 i 比较的判断 $a_{ij}=1/a_{ij}$

根据表 5-2 中的判断尺度，邀请各领域专家对本研究各指标的重要程度进行打分，然后根据打分的结果构建相应的判断矩阵。

$$目标层判断矩阵 A = \begin{bmatrix} 1 & 3 & 6 & 1/2 \\ 1/3 & 1 & 1/2 & 1/7 \\ 1/6 & 2 & 1 & 1/3 \\ 2 & 7 & 3 & 1 \end{bmatrix}。 \quad (5\text{-}1)$$

$$科技帮扶干部满意度判断矩阵 B1 = \begin{bmatrix} 1 & 1/3 & 1/6 & 1/2 \\ 3 & 1 & 1/2 & 2 \\ 6 & 2 & 1 & 3 \\ 2 & 1/2 & 1/3 & 1 \end{bmatrix}。 \quad (5\text{-}2)$$

$$科技帮扶物资满意度判断矩阵 B2 = \begin{bmatrix} 1 & 1/6 & 1/2 \\ 6 & 1 & 4 \\ 2 & 1/4 & 1 \end{bmatrix}。 \quad (5\text{-}3)$$

$$科技帮扶资金满意度判断矩阵 B3 = \begin{bmatrix} 1 & 3 & 5 \\ 1/3 & 1 & 1 \\ 1/5 & 1 & 1 \end{bmatrix}。 \quad (5\text{-}4)$$

科技帮扶项目满意度判断矩阵 $B4 = \begin{bmatrix} 1 & 1/5 & 1/2 & 1/3 & 1/2 \\ 5 & 1 & 3 & 5 & 7 \\ 2 & 1/3 & 1 & 1 & 1 \\ 3 & 1/5 & 1 & 1 & 1/3 \\ 2 & 1/7 & 1 & 3 & 1 \end{bmatrix}$。 (5-5)

5.3.1.4 一致性检验

各项判断矩阵建立完成后，根据相应的公式进行计算得出最终结果。

查表可知 RI 的数值如表 5-3 所示。

表 5-3 RI 值

n	1	2	3	4	5	6	7	8	9	10
RI	0	0	0.58	0.90	1.12	1.24	1.32	1.41	1.45	1.49

$$\lambda_{\max} = \sum_{i=1}^{n} \frac{(AW)_i}{nW_i}, \quad (5-6)$$

$$CI = \frac{\lambda_{\max} - n}{n-1}, \quad (5-7)$$

$$CR = \frac{CI}{RI}。 \quad (5-8)$$

A 矩阵的值为：$\lambda_{\max}$=4.269；CI=0.089；RI=0.90；CR=0.098＜0.1。

$B1$ 矩阵的值为：$\lambda_{\max}$=4.012；CI=0.004；RI=0.90；CR=0.004＜0.1。

$B2$ 矩阵的值为：$\lambda_{\max}$=3.006；CI=0.003；RI=0.58；CR=0.005＜0.1。

$B3$ 矩阵的值为：$\lambda_{\max}$=3.026；CI=0.013；RI=0.58；CR=0.023＜0.1。

$B4$ 矩阵的值为：$\lambda_{\max}$=5.392；CI=0.098；RI=1.12；CR=0.087＜0.1。

以上一致性检测值都小于0.1，因此可以认为都具有一致性，都是可用的。

5.3.1.5 权重计算

根据以上计算结果，可以得出康县科技扶贫农户满意度评价体系各个指标的权重，如表 5-4 所示。

第五章
科技助力脱贫攻坚满意度调查研究——以甘肃省康县科技帮扶村为例

表 5-4　科技扶贫农户满意度评价指标体系

指标体系	准则层	权重系数	指标层指标	权重系数
科技扶贫农户满意度 A	科技帮扶干部满意度 B1	0.363	帮扶干部人数 C11	0.083
			帮扶干部态度 C12	0.267
			帮扶干部沟通能力 C13	0.496
			帮扶干部解决问题能力 C14	0.154
	科技帮扶物资满意度 B2	0.037	帮扶物资实用性 C21	0.107
			帮扶物资数量 C22	0.699
			帮扶物资质量 C23	0.194
	科技帮扶资金满意度 B3	0.098	帮扶资金到位情况 C31	0.655
			帮扶资金管理 C32	0.187
			帮扶资金用途 C33	0.158
	科技帮扶项目满意度 C4	0.465	电力基础设施建设 C41	0.069
			饮水基础设施建设 C43	0.515
			道路基础设施建设 C43	0.137
			教育基础设施建设 C44	0.124
			科技推动特色产业发展 C45	0.155

5.3.2　调查问卷的制作及发放

5.3.2.1　数据来源

本研究数据通过实地走访调研和问卷调查所得，考虑到农户农忙时间，本次调研选择秋后进行。问卷于 2020 年 11 月在甘肃省科学技术情报研究所驻村干部的帮助下进行发放。在调研过程中，对受访者不理解的问题逐个解释说明，确保每一位受访者都清楚理解每一个问题，从而保证了数据的可靠性。本次调查问卷的发放范围选择甘肃省科技厅帮扶康县 10 个自然贫困村为样本，它们分别是刘沟村、高石村、何家沟村、席坝村、小河坝村、斜坡村、水草坝村、大山村、范寺村、公家湾村。然后随机从这 10 个样本村中抽取 10～20 个农户进行科技扶贫满意度调查。本次科技扶贫满意度问卷调查共计发放问卷 220 份，最终回收

212份,回收率为96.36%,其中有效问卷200份,有效回收率为94.34%。

5.3.2.2 问卷设计

通过阅读大量相关文献,结合扶贫领域专家意见,制定了本次科技扶贫满意度问卷的访谈内容。并在康县长坝乡高石村、范寺村开展实地预调研,进一步发现了问卷中的不合理之处。最后,根据预调研中问卷反馈的问题再次邀请专家对预调研问卷中的不合理内容进行了完善修改,最终形成实地调研使用的科技扶贫农户满意度调查问卷。本次科技扶贫农户满意度调查问卷分为3个部分:第一部分主要是被访者基本信息,包括家庭成员基本信息、年收入情况等基本家庭情况。第二部分是对科技扶贫农户满意度的评价,这部分是本研究的重点,主要包括4个方面:科技扶贫帮扶干部满意度、科技扶贫帮扶资金满意度、科技扶贫帮扶物资满意度、科技扶贫帮扶项目满意度。第三部分是客观问题,主要是造成农户贫困的原因及对科技扶贫工作的意见建议。

5.3.3 问卷数据分析

5.3.3.1 基本情况

问卷发放填写结束后,在甘肃省科学技术情报研究所驻村干部的帮助下及时对问卷进行了回收汇总,通过整理,得出以下数据。

本次科技扶贫农户满意度问卷调查中,有效问卷被访者总人数为200人,其中男性有138人,占被访者总数的69.0%;女性有62人,占被访者总数的31.0%,从以上数据可以看出本次康县科技扶贫满意度调查中男女比例相差较大,其主要原因是在填写问卷的过程中主要由男性农户填写,女性填写问卷的人数相对较少。

在被调查的200个农户中,20～30岁的农户有11人,占被访者总数的5.5%;31～40岁的农户有23人,占被访者总数的11.5%;41～50岁的农户有63人,占被访者总数的31.5%;51～60岁的农户有87人,占被访者总数的43.5%;60岁以上(不含60岁)的农户有16人,占被访者总数的8.0%,从以上数据可以看出本次科技扶贫农户满意度调查中,被访者年龄主要集中在

40岁以上农户人群。主要原因是康县农村地区年轻人外出务工者较多,村里留下的主要是年长者从事农业生产活动。

在被调查的200个农户中,高中以上学历的农户有6人,占被访者总数的3.0%;初中学历的农户有28人,占被访者总数的14.0%;小学学历的农户有121人,占被访者总数的60.5%;文盲农户有45人,占被访者总数的22.5%,从以上数据可以看出,康县农村地区农户受教育程度不高,一半以上的农户都是小学学历,知识水平有限。

在被调查的200个农户中,家庭年收入在10 000元以下的农户有8人,占被访者总数的4.0%;家庭年收入在10 000~30 000元的农户有104人,占被访者总数的52.0%;家庭年收入在30 000~50 000元的农户有63人,占被访者总数的31.5%;家庭年收入在50 000元以上的农户有25人,占被访者总数的12.5%;政策兜底的农户有2人,占被访者总数的1.0%。从以上数据可以看出,康县绝大多数农户家庭年收入维持在10 000~30 000元。

在被调查的200个农户中,家庭中主要收入来源于农业生产性收入的农户有89人,占被访者总数的44.5%;主要收入来源于务工性收入的农户有64人,占被访者总数的32.0%;主要收入来源于经营性收入的农户有42人,占被访者总数的21.0%;主要收入来源于转移性收入的农户有5人,占被访者总数的2.5%。从以上数据可以看出,康县农户的主要收入来源是农业生产性收入和务工性收入。具体情况详见表5-5。

表5-5 受访群众基本情况表(分类)

项目名称	项目类别	该样本数/个	所占比例/%
性别	男	138	69.0
	女	62	31.0
年龄	20~30岁	11	5.5
	31~40岁	23	11.5
	41~50岁	63	31.5
	51~60岁	87	43.5
	60岁以上(不含60岁)	16	8.0

续表

项目名称	项目类别	该样本数/个	所占比例/%
受教育程度	文盲	45	22.5
	小学	121	60.5
	初中	28	14.0
	高中及以上	6	3.0
家庭年收入	10 000 元以下	8	4.0
	10 000～30 000 元（含 10 000 元）	104	52.0
	30 000～50 000 元（含 50 000 元）	63	31.5
	50 000 元以上	25	12.5
家庭收入来源	农业生产性收入	89	44.5
	务工性收入	64	32.0
	经营性收入	42	21.0
	转移性收入	5	2.5

注：样本总数为 200 个。

5.3.3.2 满意度分析

为了更深入地了解康县科技扶贫工作开展过程中农户对科技扶贫工作的整体认知和满意度情况。本研究主要针对科技帮扶干部、科技帮扶物资、科技帮扶资金、科技帮扶项目 4 个方面的满意度情况进行问卷调查，并对问卷调查的结果进行了汇总分析。

（1）科技扶贫帮扶干部满意度分析

在被调查的 200 个农户中，对科技帮扶干部人数非常满意的有 52 人，占被访者总数的 26.0%；较满意的有 87 人，占被访者总数的 43.5%；一般的有 45 人，占被访者总数的 22.5%；不太满意的有 9 人，占被访者总数的 4.5%；很不满意的有 7 人，占被访者总数的 3.5%。对帮扶干部沟通能力中非常满意的有 57 人，占被访者总数的 28.5%；较满意的有 92 人，占被访者总数的

第五章
科技助力脱贫攻坚满意度调查研究——以甘肃省康县科技帮扶村为例

46.0%；一般的有 38 人，占被访者总数的 19.0%；不太满意的有 10 人，占被访者总数的 5.0%；很不满意的有 3 人，占被访者总数的 1.5%。对帮扶干部解决问题能力中非常满意的有 88 人，占被访者总数的 44.0%；较满意的有 72 人，占被访者总数的 36.0%；一般的有 34 人，占被访者总数的 17.0%；不太满意的有 5 人，占被访者总数的 2.5%；很不满意的有 1 人，占被访者总数的 0.5%。对帮扶干部态度非常满意的有 91 人，占被访者总数的 45.5%；较满意的有 60 人，占被访者总数的 30.0%；一般的有 42 人，占被访者总数的 21.0%；不太满意的有 5 人，占被访者总数的 2.5%；很不满意的有 2 人，占被访者总数的 1.0%。具体详见表 5-6，从以上调研数据可以看出，康县农户对科技帮扶干部整体呈满意态度，少部分农户对帮扶干部不满意，希望各帮扶干部继续尽职尽责干好科技扶贫工作。

表 5-6　农户对科技扶贫帮扶干部满意度情况

指标	非常满意 /%	较满意 /%	一般 /%	不太满意 /%	很不满意 /%
帮扶干部人数	26.0	43.5	22.5	4.5	3.5
帮扶干部沟通能力	28.5	46.0	19.0	5.0	1.5
帮扶干部解决问题能力	44.0	36.0	17.0	2.5	0.5
帮扶干部态度	45.5	30.0	21.0	2.5	1.0

（2）科技扶贫帮扶物资满意度分析

在被调查的 200 个农户中，对科技帮扶物资实用性非常满意的有 105 人，占被访者总数 52.5%；较满意的有 60 人，占被访者总数的 30.0%；一般的有 32 人，占被访者总数的 16.0%；不太满意的有 2 人，占被访者总数的 1.0%；很不满意的有 1 人，占被访者总数的 0.5%。对科技帮扶物资数量非常满意的有 130 人，占被访者总数的 65.0%；较满意的有 44 人，占被访者总数的 22.0%；一般的有 23 人，占被访者总数的 11.5%；不太满意的有 1 人，占被访者总数的 0.5%；很不满意的有 2 人，占被访者总数的 1.0%。对科技帮扶物资质量非常满意的有 54 人，占被访者总数的 27.0%；较满意的有 97 人，占被访者总数的

48.5%;一般的有 39 人,占被访者总数的 19.5%;不太满意的有 8 人,占被访者总数的 4.0%;很不满意的有 2 人,占被访者总数的 1.0%。具体详见表 5-7,从以上调研数据可以看出,康县农户对科技帮扶物资满意较高,少部分农户对科技帮扶物资不满意,主要原因是帮扶物资数量少、质量不高、包装挤压变形等问题。

表 5-7 农户对科技帮扶物资满意度情况

指标	非常满意 /%	较满意 /%	一般 /%	不太满意 /%	很不满意 /%
帮扶物资实用性	52.5	30.0	16.0	1.0	0.5
帮扶物资数量	65.0	22.0	11.5	0.5	1.0
帮扶物资质量	27.0	48.5	19.5	4.0	1.0

(3)科技扶贫帮扶资金满意度分析

在被调查的 200 个农户中,对科技帮扶资金到位情况非常满意的有 28 人,占被访者总数的 14.0%;较满意的有 89 人,占被访者总数的 44.5%;一般的有 70 人,占被访者总数的 35.0%;不太满意的有 8 人,占被访者总数的 4.0%;很不满意的有 5 人,占被访者总数的 2.5%。对科技帮扶资金管理非常满意的有 15 人,占被访者总数的 7.5%;较满意的有 55 人,占被访者总数的 27.5%;一般的有 72 人,占被访者总数的 36.0%;不太满意的有 40 人,占被访者总数的 20.0%;很不满意的有 18 人,占被访者总数的 9.0%。对科技帮扶资金用途非常满意的有 66 人,占被访者总数的 33.0%;较满意的有 58 人,占被访者总数的 29.0%;一般的有 53 人,占被访者总数的 26.5%;不太满意的有 17 人,占被访者总数的 8.5%;很不满意的有 6 人,占被访者总数的 3.0%。具体详见表 5-8,从以上调研数据可以看出,康县农户对科技帮资金的满意度较高,部分农户对科技帮扶资金不满意,主要是由帮扶资金到位缓慢、管理不透明等原因造成的。

第五章
科技助力脱贫攻坚满意度调查研究——以甘肃省康县科技帮扶村为例

表 5-8 农户对科技帮扶资金满意度情况

指标	非常满意 /%	较满意 /%	一般 /%	不太满意 /%	很不满意 /%
资金到位情况	14.0	44.5	35.0	4.0	2.5
资金管理	7.5	27.5	36.0	20.0	9.0
资金用途	33.0	29.0	26.5	8.5	3.0

(4) 科技扶贫帮扶项目满意度分析

在被调查的 200 个农户中，对科技帮扶电力基础设施建设非常满意的有 48 人，占被访者总数的 24.0%；较满意的有 79 人，占被访者总数的 39.5%；一般的有 53 人，占被访者总数的 26.5%；不太满意的有 11 人，占被访者总数的 5.5%；很不满意的有 9 人，占被访者总数的 4.5%。对科技帮扶饮水基础设施建设非常满意的有 31 人，占被访者总数的 15.5%；较满意的有 86 人，占被访者总数的 43.0%；一般的有 42 人，占被访者总数的 21.0%；不太满意的有 23 人，占被访者总数的 11.5%；很不满意的有 18 人，占被访者总数的 9.0%。对科技帮扶道路基础设施建设非常满意的有 15 人，占被访者总数的 7.5%；较满意的有 57 人，占被访者总数的 28.5%；一般的有 83 人，占被访者总数的 41.5%；不太满意的有 33 人，占被访者总数的 16.5%；很不满意的有 12 人，占被访者总数的 6.0%。对科技帮扶教育基础设施建设非常满意的有 28 人，占被访者总数的 14.0%；较满意的有 53 人，占被访者总数的 26.5%；一般的有 55 人，占被访者总数的 27.5%；不太满意的有 37 人，占被访者总数的 18.5%；很不满意的有 27 人，占被访者总数的 13.5%。对科技帮扶特色产业发展非常满意的有 40 人，占被访者总数的 20%；较满意的有 71 人，占被访者总数的 35.5%；一般的有 67 人，占被访者总数的 33.5%；不太满意的有 15 人，占被访者总数的 7.5%；很不满意的有 7 人，占被访者总数的 3.5%。具体详见表 5-9，从以上调研数据可以看出，康县农户对科技帮扶项目的满意度较高，部分农户满意度低的原因是，各项基础设施建设完成后，保障措施不完善造成保养不利，有时会出现电力瘫痪、道路破损无人修复等问题。

表 5-9 农户对科技帮扶项目满意度情况

指标	非常满意 /%	较满意 /%	一般 /%	不太满意 /%	很不满意 /%
电力基础设施建设	24.0	39.5	26.5	5.5	4.5
饮水基础设施建设	15.5	43.0	21.0	11.5	9.0
道路基础设施建设	7.5	28.5	41.5	16.5	6.0
教育基础设施建设	14.0	26.5	27.5	18.5	13.5
特色产业发展	20.0	35.5	33.5	7.5	3.5

5.3.4 致贫原因分析

在回收的 200 份调查问卷中，因学致贫的农户有 47 人，占被访者总数的 23.5%。在后期对贫困户的走访和谈话中发现，主要是由于家庭成员中有子女上大学的各种费用造成的家庭贫困，如大学生每学期需要定期交学费、生活费、书本费。据初步了解供养一个大学生上学，每年的各种费用加起来需要 15 000 元左右，这在家庭开支中也是一笔不小的费用。

在回收的 200 份调查问卷中，因病致贫的农户有 36 人，占被访者总数的 18.0%。主要原因是由于家庭成员中有老人或孩子常年患有疾病，每年都需要花费大量的钱用于治疗，从而造成家庭贫困。例如，部分家庭中老人常年患有慢性病，如高血压、糖尿病、冠心病等，需要常年吃药，花费大量的医药费来维持病情稳定，这对一个普通贫困户家庭来说也是一笔不小的开支。

在回收的 200 份调查问卷中，因缺乏劳动力造成贫困的农户有 38 人，占被访者总数的 19.0%。主要原因是成员数量较少或者家庭成员中的年轻人都离开农村去城市务工，家里留下的成员年龄过大，生活保障主要是靠农业生产、打零工等少许收入，无法满足家庭生活日常开支造成的贫困。

在回收的 200 份调查问卷中，因缺技术造成贫困的农户有 79 人，占被访者总数的 39.5%。主要原因是康县农村地区农户学历水平普遍不高，科技接受应用能力较弱，一半以上农户都是小学或者文盲，没有一技之长、没有稳定的收入来源（图 5-5）。

第五章
科技助力脱贫攻坚满意度调查研究——以甘肃省康县科技帮扶村为例

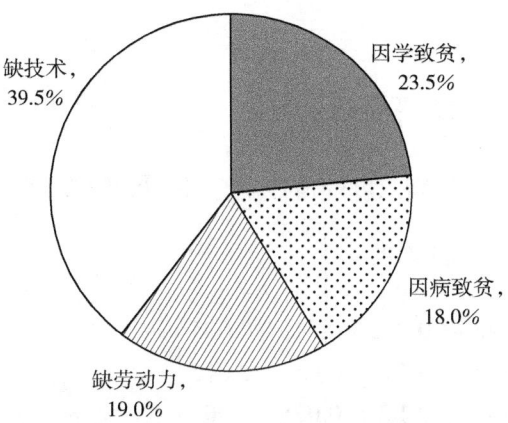

图 5-5 样本地区主要致贫原因分析

5.4 康县科技扶贫农户满意度模糊综合评价

本研究通过对康县 10 个行政村的科技扶贫工作情况进行问卷调查，详细了解农户对科技扶贫的直观评价，但满意度是一个抽象、难以量化的因素。因此，本研究首先运用成分分析法计算出康县科技扶贫各项满意度指标的权重 W，然后运用模糊数学的方法计算出康县农户对科技帮扶干部满意度、科技帮扶物资满意度、科技帮扶资金满意度、科技帮扶项目满意度的综合评价，最后根据各一级指标的计算结果推算出目标层结果向量科技扶贫农户满意度 A 的值。

5.4.1 评价对象

根据本研究的研究内容，评价对象为康县科技扶贫农户满意度。

5.4.2 评价因子集

评价因子集为科技帮扶干部满意度、科技帮扶物资满意度、科技帮扶资金满意度、科技帮扶项目满意度。

5.4.3 建立评价集

根据问卷调查的最终结果，确定评价集为：非常满意、较满意、一般、不太满意、很不满意 5 个。

5.4.4 计算多级模糊综合评价结果向量

将调查问卷各个指标满意度的值设定为 R，计算出各指标相应的结果。

5.4.4.1 科技帮扶干部满意度

$$R1 = \begin{bmatrix} 0.26 & 0.435 & 0.225 & 0.045 & 0.035 \\ 0.285 & 0.46 & 0.19 & 0.05 & 0.015 \\ 0.44 & 0.36 & 0.17 & 0.025 & 0.005 \\ 0.455 & 0.3 & 0.21 & 0.025 & 0.01 \end{bmatrix}。 \quad (5-9)$$

$W1 = (0.083, 0.267, 0.496, 0.154)$。

根据 $R1$ 和 $W1$ 的数据我们可以得出：

$B1 = W1 \times R1 = (0.218\ 24, 0.178\ 56, 0.084\ 32, 0.013\ 35, 0.004\ 005)$。

归一化可得 $B1 = (0.4378, 0.3582, 0.1692, 0.0268, 0.0080)$。

由 $B1$ 的值可以看出，康县农户对科技帮扶干部满意度评价中，非常满意的程度是 0.4378，较满意的程度是 0.3582，一般的程度是 0.1692，不太满意的程度是 0.0268，很不满意的程度是 0.0080。根据最大隶属原则，本研究认为康县地区农户对科技帮扶干部的满意度非常高，达到了满意等级。但是不太满意和很不满意的农户依然存在，这就说明有部分科技帮扶干部没有做好科技扶贫工作。

5.4.4.2 科技帮扶物资满意度

$$R2 = \begin{bmatrix} 0.525 & 0.3 & 0.16 & 0.01 & 0.005 \\ 0.65 & 0.22 & 0.115 & 0.005 & 0.01 \\ 0.27 & 0.485 & 0.195 & 0.04 & 0.01 \end{bmatrix}。 \quad (5-10)$$

$W2 = (0.107, 0.699, 0.194)$。

根据 $R2$ 和 $W2$ 的数据我们可以得出：

$B2 = W2 \times R2 = (0.454\ 35, 0.153\ 78, 0.080\ 385, 0.007\ 76, 0.006\ 99)$。

归一化可得 $B2 = (0.6461, 0.2187, 0.1143, 0.0110, 0.0099)$。

由 $B2$ 的值可以看出，康县农户对科技帮扶物资满意度评价中，非常满意的程度是 0.6461，较满意的程度是 0.2187，一般的程度是 0.1143，不太满意的程度是 0.0110，很不满意的程度是 0.0099。根据最大隶属原则，本研究认为康县地区农户对科技帮扶物资满意度非常高，达到了满意等级。但是不太满意和很不满意的农户依然存在，这就说明帮扶物资还有所欠缺。

5.4.4.3 科技帮扶资金满意度

$$R3 = \begin{bmatrix} 0.14 & 0.445 & 0.35 & 0.04 & 0.025 \\ 0.075 & 0.275 & 0.36 & 0.20 & 0.09 \\ 0.33 & 0.29 & 0.265 & 0.085 & 0.03 \end{bmatrix}。 \quad (5-11)$$

$W3 = (0.655, 0.178, 0.158)$。

根据 $R3$ 和 $W3$ 的数据我们可以得出：

$B3 = W3 \times R3 = (0.0917, 0.291\ 475, 0.229\ 25, 0.0374, 0.016\ 83)$。

归一化可得 $B3 = (0.1376, 0.4372, 0.3439, 0.0561, 0.0252)$。

由 $B3$ 的值可以看出，康县农户对科技帮扶资金满意度评价中，非常满意的程度是 0.1376，较满意的程度是 0.4372，一般的程度是 0.3439，不太满意的程度是 0.0561，很不满意的程度是 0.0252。根据最大隶属原则，本研究认为康县地区农户对科技帮扶资金满意度较高，达到了满意等级。但是不太满意和很不满意的农户依然存在，这就说明科技帮扶资金的发放和使用还存在一定的问题。

5.4.4.4 科技帮扶项目满意度

$$R4 = \begin{bmatrix} 0.24 & 0.395 & 0.265 & 0.055 & 0.045 \\ 0.155 & 0.43 & 0.21 & 0.115 & 0.09 \\ 0.075 & 0.285 & 0.415 & 0.165 & 0.06 \\ 0.14 & 0.265 & 0.275 & 0.185 & 0.135 \\ 0.20 & 0.355 & 0.335 & 0.075 & 0.035 \end{bmatrix}。 \quad (5-12)$$

$W4 = (0.069, 0.515, 0.137, 0.124, 0.155)$。

根据 $R4$ 和 $W4$ 的数据我们可以得出：

$B4 = W4 \times R4 = (0.079\ 825, 0.221\ 45, 0.108\ 15, 0.059\ 225, 0.046\ 35)$。

归一化可得 $B4=$（0.155，0.43，0.21，0.115，0.09）。

由 $B4$ 的值可以看出，康县农户对科技帮扶项目满意度评价中，非常满意的程度是 0.155，较满意的程度是 0.43，一般的程度是 0.21，不太满意的程度是 0.115，很不满意的程度是 0.09。根据最大隶属原则，本研究认为康县地区农户对科技帮扶项目满意度较高，达到了满意等级。但是不太满意和很不满意的农户依然存在，这就说明科技帮扶项目的建设还存在一定的问题。

5.4.5 目标层结果向量计算

将上述计算结果重新整理成一个新的满意度矩阵，将它设定为 R：

$$R = \begin{bmatrix} 0.4378 & 0.3582 & 0.1692 & 0.0268 & 0.0080 \\ 0.6461 & 0.2187 & 0.1143 & 0.0110 & 0.0099 \\ 0.1376 & 0.4372 & 0.3439 & 0.0561 & 0.0252 \\ 0.155 & 0.43 & 0.21 & 0.115 & 0.09 \end{bmatrix} \quad (5-13)$$

$W=$（0.363，0.073，0.098，0.465）

计算出科技扶贫农户满意度 A 的值：

$A = W \times R =$（0.158 921 4，0.199 95，0.097 65，0.053 475，0.041 85）。

归一化可得 $A=$（0.2880，0.3623，0.1770，0.0969，0.0758）。

由 A 的值可以发现，康县科技扶贫农户满意度中，非常满意的程度为 0.2880，较满意的程度为 0.3623，一般的程度为 0.1770，不太满意的程度为 0.0969，很不满意的程度是 0.0758。根据最大隶属原则，本研究认为康县科技扶贫农户满意度较满意，达到满意等级。

5.4.6 模糊综合评价结果分析

本研究为真实地反映科技扶贫在脱贫攻坚中的真实效果，通过对甘肃省科技厅帮扶康县 10 个行政村科技扶贫工作农户满意度进行实地调研、问卷调查等方式，了解农户对科技扶贫的真实评价，运用层次分析法对科技扶贫各个指标进行计算，得出各指标的权重，然后运用模糊综合评价法进行满意度测评，最终计算出康县农户对科技扶贫工作各个指标的满意程度。

最终得出结论：康县农户对科技扶贫工作较满意，但是科技扶贫工作中还存在一些问题。本研究将对康县科技扶贫工作中存在的问题进行全面解析，为巩固脱贫成果确保乡村振兴工作顺利开展提供理论支撑，并为我国"三农"工作提供切实可行的对策建议。

5.5 康县科技扶贫中存在的问题及对策建议

5.5.1 康县科技扶贫中存在的问题

5.5.1.1 部分帮扶干部工作积极性不强

康县的科技扶贫工作在各基层帮扶干部的定点帮扶下取得了很好的成效。所有的贫困村、贫困户都如期完成了各项脱贫任务，贫困人口收入水平大幅提高。"两不愁三保障"全面实现，教育、医疗、住房、饮水等条件明显改善，既满足了基本生存需要，也为后续发展奠定了基础。通过问卷调查和模糊综合评价的计算结果来看，康县农户对帮扶干部的满意度较高，但是仍有少数帮扶干部在帮助贫困户脱贫致富的过程中态度消极怠慢、工作积极性不强、工作质量不高。主要是由于部分行政帮扶村科技帮扶干部生活保障、福利补助、健康体检、交通出行、生活必需品等后勤保障工作未落实及饮食习惯、住宿环境不适应等原因造成的。

5.5.1.2 部分农业主体科技接受和应用能力弱

根据康县科技扶贫农户满意度调查问卷的最终统计结果可以看出，康县农村地区受自然环境和社会经济发展不平衡等各方面因素的影响，贫困程度较深，农户的受教育程度普遍以小学学历和文盲学历居多，农户的文化素质不高，对现代化的科学技术接受和应用能力较弱。农业生产方式基本上还是传统的体力型精耕细作模式。高素质、懂技术、善管理的高素质农民所占比例很小，而且部分农户思想保守固化、墨守成规，不重视现代化科学技术在农业领域的应用，难以克服传统农业生产意识。在这种大环境下，使得农业现代化技术的推广普及和农产品的销售都变得比较困难。

5.5.1.3 少量帮扶物资存在包装破损和挤压现象

在对科技帮扶物资满意度的调查中发现,绝大部分农户对帮扶物资的数量和质量还是比较满意的,但还是有少数农户对帮扶物资存在着不满意的情绪。经过调查发现,驻村帮扶队成员及驻村干部在慰问贫困户的过程中,慰问物资是在县城或者其他地区购买,购买点距离帮扶村路程较远,再加之装货人员装卸帮扶物资时随意性很大,部分帮扶物资倒放、乱放的现象时常发生,运输途中帮扶物资来回颠簸,导致有些帮扶物资出现包装挤压变形、泼洒遗漏等现象。最终有部分农户拿到手的帮扶物资包装破损或有遗漏现象,因此产生了不满意的情绪。

5.5.1.4 科技帮扶项目后续保障机制不完善

康县科技扶贫以项目为依托,通过完善基础设施建设大力发展特色产业带动贫困户脱贫致富取得了很好的成效。但是在对科技帮扶项目满意度实地调研的过程中发现,还是有部分农户存在不满意情绪,经调查发现农户不满意的主要原因是有些帮扶项目的后续保障机制并不完善,从而造成项目完成后没有专门机构与组织对项目的后续保障工作进行管理,很多根本没有日常管理,从而导致帮扶项目不能长远可持续发展。主要表现为道路、电力、饮水等基础设施建设完成后发生破损、毁坏等不能及时修复,导致农户产生不满意的情绪。

5.5.2 对策及建议

5.5.2.1 完善帮扶干部奖惩机制,提高帮扶干部工作积极性

各帮扶单位要充分发挥好后盾作用,及时解决好驻村干部在思想上、生活上、工作中遇到的各种困难,确保每一位帮扶干部都能够全身心投入科技扶贫工作当中。一是及时落实驻村帮扶干部生活保障、福利补助、健康体检等后勤保障工作,为驻村帮扶干部购置驻村生活必需品、电动摩托车和自行车等生活用品和交通工具,并及时为驻村帮扶干部购买人身意外伤害保险,落实各项补贴发放到位。二是建立健全完善的帮扶干部奖惩机制等相关制度要求,对帮扶

工作中表现优异的驻村第一书记和帮扶责任人进行物质奖励和精神奖励,完善帮扶干部年终考核评审制度,并作为日后晋升职称、晋级、评优的依据,全面提高帮扶干部的工作积极性。

5.5.2.2 加大科技宣传培训力度,全面提升农民科技技能

人才是实现现代农业发展的关键,技术是改变贫困地区脱贫致富的重要手段。一是利用各种宣传形式如互联网、现场宣讲、手把手教学等方式,向农民宣传科普现代化农业生产技术知识,传授农业种植养殖新技术,全面提升农民依靠科技脱贫致富的本领,增强农民内生发展动力,提高农民的科技意识和参与意识。二是加大与省内外高校和科研院所的交流与合作,定期为贫困户家庭邀请中蜂养殖、核桃种植等省内外专业技术人员现场手把手技术培训,增强农民依靠科技脱贫的能力,培养一批爱农业、懂技术的乡土人才,全面提升农民利用科学技术提高农业劳动生产率的科技技能,加快科学技术在农业领域的成果转化速度。

5.5.2.3 设立专门的帮扶物资运输管理团队,保障帮扶物资完好无损

由各帮扶单位出资,设立1~2人组成的帮扶物资运输团队1~2个,每个运输团队配备一辆帮扶物资运输专用车,每辆物资运输车由一名货物装卸员和一名司机组成。然后邀请专业的物流运输公司技术人员对货物装卸员和司机进行专业的物流运输管理岗前培训,建立月末考核奖惩机制,每个月对在运输过程中表现良好的司机和货物装卸员进行奖励(如发放生活物资、奖金,颁发荣誉证书、开会表彰等),提高他们的获得感和荣誉感,激发他们的工作积极性,确保帮扶物资的运输工作高效、高质量地完成。保障各个贫困户拿到手的帮扶物资都是完好无损的,进一步提高农户对帮扶物资的满意度。

5.5.2.4 建立健全科技帮扶项目后续保障机制,提高项目监督管理水平

首先,针对帮扶项目完成后出现的问题,各帮扶单位应及时协调解决,保障农户的生产生活顺利进行。其次,要建立健全科技帮扶项目后续保障机制,采用问责制和监督制相结合的形式,提高项目的监督管理水平。统筹利用科技

帮扶项目计划，加强对康县帮扶村特色农业生产技术和人才的支持力度，重点在科技帮扶产业发展项目上持续加大资金投入，充分发挥项目带动产业发展，提高农户收入的引领作用。保障康县地区长远可持续发展，脱贫不反贫。

5.6 本章小结

2021年2月25日，习近平总书记在全国脱贫攻坚总结表彰大会上庄严宣告中国脱贫攻坚战取得了全面胜利，完成了消除绝对贫困的历史性任务，创造了世界脱贫攻坚史上脱贫人口最多、覆盖范围最广、脱贫质量最高的又一个中国奇迹。贫穷不是命中注定，贫困并非不可战胜。中国减贫的实践表明，与贫困做斗争，最重要的是勇气、远见、责任和担当。只要有坚定的意志和决心并付诸实际行动，就能够向着摆脱贫困、实现共同富裕的美好前景不断迈进。回顾中国共产党领导人民消除绝对贫困的艰辛历程，极不平凡，极不容易。100多年来，中国共产党始终坚守初心使命，担当起对人民的责任，践行对人民的承诺，在甘肃省科技厅及各大企事业单位的帮扶下，2020年2月28日康县全面退出国家级深度贫困县行列，全县200个贫困村，16 457户贫困家庭和64 875个贫困户，全都完成了国家规定贫困标准线下的整体脱贫。贫困发生率降至0.61%，建档立卡贫困户人均纯收入超过3800元。蓝天、碧水、优美惬意的生态环境、干净整洁的新农村……如今的康县已成为乡村旅游的目的地和天然绿色食品的生产基地，更是多方走访学习的科技扶贫样板。稳定脱贫不返贫才是真脱贫，在现有的科技脱贫成果上应该继续坚持和完善驻村第一书记和工作队、东西部协作、对口支援、社会帮扶等制度。继续加强扶志扶智，激励和引导脱贫群众靠自己努力过上更好的生活。

本研究在对康县10个行政村科技扶贫工作情况进行实地调研的基础上，选取科技帮扶干部、科技帮扶物资、科技帮扶资金、科技帮扶项目4个一级指标，15个二级指标。在专家打分的基础上运用权重的数学计算方法，计算出各层级科技扶贫满意度指标权重，最后采用模糊数学的综合评价方法计算出科技扶贫农户满意度各层级指标的满意度，然后重新构建目标层判断矩阵，再次运

第五章
科技助力脱贫攻坚满意度调查研究——以甘肃省康县科技帮扶村为例

用模糊综合评价法计算出目标层康县科技扶贫农户总体满意度。根据计算的结果，科技扶贫满意度 A 的值可以发现，康县科技扶贫农户满意度中，非常满意的程度为 0.2880，较满意的程度为 0.3623，一般的程度为 0.1770，不太满意的程度为 0.0969，很不满意的程度为 0.0758，根据最大隶属原则，本研究认为康县科技扶贫农户满意度较满意，这就说明甘肃省科技厅作为康县定点帮扶组长单位科技帮扶工作得到了康县农户的认可与肯定。

第六章
贫困地区产业扶贫机制研究
——以甘肃省康县为例

精准扶贫是当前解决农村贫困居民贫困问题的有效手段，并取得了初步成效，为巩固精准扶贫成效，构建长效机制，推进农村产业扶贫是一个有效路径。新时期，必须突出农村产业扶贫的作用和价值，各地在产业扶贫政策制定上一定要结合当前精准扶贫的现实需要，对本地区的资源禀赋进行科学合理配置，着力解决产业扶贫过程中的各种问题，并以问题为导向创新农村产业扶贫发展路径。

6.1 产业扶贫的重要性

《"十三五"脱贫攻坚规划》中明确指出，在精准扶贫过程中要充分发挥产业扶贫的作用。产业扶贫是对贫困地区的资源进行有效整合，以市场为导向，构建出一套完善的经营方式或生产链条，通过产业扶贫形式促进贫困地区的经济转型，提升贫困地区的产业效益，增加贫困农户的收入。产业扶贫是精准扶贫的重要手段，与外源性扶贫相比，产业扶贫属于内生性扶贫措施，能够对贫困地区的资源禀赋进行深度开发，培育贫困地区的发展动力，通过增强自我发展能力来阻断贫困发生动因实现脱贫致富。产业扶贫具有多重属性，在推进产业扶贫过程中一定要结合本地实际情况，科学制定扶贫政策。具体而言，一是产业扶贫具有差异性。不同贫困地区的资源禀赋和产业扶贫条件不同，在产业扶贫制定过程中，政府要考虑产业扶贫的多方面影响因素，制定切实可行的产业扶贫政策。二是产业扶贫具有层级性。从县域层面考虑，应以县域产业转型为主要方向；从乡镇层面考虑，可以通过增加公共供给，给予区域产业发展更为宽松的外部环境，支持乡镇特色产业发展；从贫困户层面考虑，可通过产业发展提供特殊就业岗位，帮助贫困农民实现就业，拓展贫困农民的收入来源。三是产业扶贫具有关联性。在产业扶贫推动过程中既要有主导产业，也要有其他配套产业，在主导产业带动之下实现其他相关产业的发展，这样才能构建更为完善的产业链条，实现贫困地区产业发展的多元化。四是产业扶贫具有内生性。产业扶贫最终目的是实现贫困户与贫困地区的内生式发展，让贫困农民真正具备持续增收的能力，让贫困地区具备新的发展动能，这样才能实现产业扶贫的价值和作用。五是产业扶贫具有持续性。产业扶贫不是一阵风，要通过产业扶贫，持续给贫困人口带来维系生存和发展的能力，为贫困人口带来可持续的收入，这样贫困人口在脱贫之后才不会返贫，在扶贫过程中才能有获得感和幸福感。

6.2 康县产业发展概况

6.2.1 产业整体情况

康县有"陇上江南"之美称，先后被授予"中国核桃之乡""中国黑木耳之乡"等多种荣誉。境内青山绿水，现有森林约339万亩，活立木蓄积量1276.3多万立方米，全县森林覆盖率达66.7%，林木绿化率高达70.4%，是一块难得的绿色净土，是西北地区生态环境最好的县之一，拥有"中国绿色名县"称号，连续5年被甘肃省委省政府确定为"全省美丽乡村试点县"。康县生态旅游资源丰富，全县从南到北无山不青、无水不秀、景色迷人。茶园、竹海、灵山、秀水、幽谷、茂林、飞瀑、流泉构成了康县独具特色的自然生态风光，这里山川秀美，千峰叠翠，万霞溢绿，悬泉飞瀑，百泉争鸣，是西北天然的生物园和野生动物园，已成为西北地区较有名气的生态旅游胜地。旅游景点主要有白云山

新时期巩固脱贫攻坚成果与推进乡村振兴有效衔接机制研究
—— 以甘肃省康县为例

森林公园、梅园沟、幽梦沟、海棠谷、龙神沟、红豆谷、清河、响水泉、白马关古城遗址、托河溶洞等,县内有近百处自然和人文景观。阳坝国家4A级自然风景区距离县城84千米,已成为甘肃省内黄金旅游线路,有"陇上版纳"之赞誉。近年来康县又荣获"中国最佳生态宜居旅游目的地"及"中国最美绿色生态旅游名县"等荣誉称号。特色产业资源丰富,具体如下。

①茶叶产业发展方面:康县是甘肃省茶叶的主产地,康县乡镇因自然环境条件独特,并且无污染,茶芽鲜嫩、条细、清香爽口、色泽绿润、味道鲜醇、经久耐泡。同时,大力培育茶叶龙头企业,重点发展茶叶农民专业合作社,促使全县茶叶产业健康、稳步发展。

②蚕桑产业发展方面:康县是古丝绸之路的重要地段,具有悠久的栽桑养蚕历史。新中国成立以后,康县就开始发展蚕桑产业。2015年,全县发展蚕桑面积4.14万亩,中北部9个乡镇的156个村1.24万户从事蚕桑生产,蚕桑面积和养蚕总量占全省90%以上。

③花椒产业发展方面:传统的种植方式是农户的房前屋后和地边沟沿多种植花椒树。康县紧紧抓住退耕还林机遇,实行以地埂栽植和花椒种植园区相结合的方式,大力发展花椒种植,品种有大红袍和八月椒两种,远销四川、新疆、重庆等省(区、市),成为康县人民的主要经济来源之一。

④核桃产业发展方面:康县具有悠久的核桃栽培历史,通过建立核桃培育基地,扩大种植规模,其加工而成的产品不仅远销津、沪、冀等国家一线城市,而且还出口到韩国、马来西亚、印度尼西亚、新加坡等国家。

⑤食用菌产业发展方面:目前人工栽培以黑木耳、平菇、天麻、香菇、猴头菇等为主,规模已覆盖全县19个乡镇,2万余农户,采取"公司+基地+合作社+农户"等方式,提高了农民的经济收入及工人的务工收入,实现了利益最大化,把现有资源优势利用到极致。

⑥中药材产业发展方面:康县种植中药材时间长、品种达560余种,效益高。近几年来,大力发展中药材种植,通过对种植户现场指导、远程授课等多种培训方式,示范引导、典型带动,培养当地中药材种植"土专家""田状元",促进了中药材产业的快速发展,并把扶贫建档立卡系统中的贫困户积极培育成

中药材种植能手，依靠种植中药材脱贫致富。康县为全力推动中药材产业化发展，以中药材种植农民专业合作社为突破口，提高了劳动生产率和资源利用率，实现了产业脱贫。

⑦蔬菜产业发展方面：蔬菜产业是康县的重要支柱产业之一，2015年蔬菜种植面积25 100亩，蔬菜产量达到9581吨，其中，拱棚蔬菜面积1.9万亩，日光温室60座，通过无公害认证的有2万亩。康县为做好城乡居民的菜篮子工程，不断加大资金投入力度，抓蔬菜基地建设，先后建成了以大堡镇李何村、城关镇孙家院村为代表的蔬菜生产基地。

6.2.2 产业发展存在的问题

根据对康县特色产业存在问题的具体分析，总体来说，主要存在以下问题。

①缺少组织。民生是第一要务，农民的经济收入直接影响着社会发展，政府或行业龙头应挑起产业发展重任，组建各个相关产业组织，示范带动，把农户组织起来，发挥各个行业组织的带头作用，增强"造血"能力。

②思想观念落后。思想观念决定农户的行为，在种植过程中，由于受思想观念的束缚，对新品种、新技术不接受，依靠传统老套的种植方式、育种方式，导致产品产量低、技术含量低，没有市场竞争力，因此，农户要想取得较大的发展，必须解放思想观念，根据市场的需求选择产业、品种，只有提高产品的核心竞争力，才能提高农户的经济收入。

③农户文化水平低。对新品种、新技术的培育引进，受农户文化水平影响，学习较慢，不能够灵活掌握与运用，有的根本学不会，导致新品种推广受到阻碍。

④服务扶持力度不够。不论是当地出台的政策，还是上级的惠农政策，农户不能够及时了解。在生产过程中，由于缺少技术服务、资金服务，导致农户在产业发展过程中遇到问题不能得到及时解决，对有扩大种植养殖规模的，由于受资金限制不能够更充分发展。

⑤产业分散，聚集效应不明显。由于农户种植养殖基地比较分散，给技术服务、产品集中销售、原料供应等问题带来一定难度。

6.3 产业扶贫实证研究——以甘肃省康县为例

6.3.1 乡村生态旅游业发展与精准扶贫相关性分析

旅游集聚为旅游产业的发展提供了极大的便利，投入与产出关系在旅游产业链主要旅游企业之间是没有的，因此，行业竞争也不会存在于上下游企业之间，不同类型企业之间的紧密合作是为旅游者提供旅游产品。旅游集聚和旅游产业简单集聚之间的区别在于旅游企业之间经过了长期的竞合博弈，在文化背景和制度环境下出现了一种合作性竞争关系。旅游产业集聚主要有以下3种模式：一是市场导向型模式，是指在客流市场推动及政府相关政策引导下形成的旅游产业集群。二是资源导向型模式，是指旅游业在旅游资源密集区域集聚发展的过程。三是政策导向型模式，政策在旅游产业集聚模式形成过程中，除兼顾市场、资源禀赋外，还通过政策激励引导，发挥着重要作用。旅游产业集聚的竞争优势，还在于其特殊的产业组织形式，与单个组织相比，旅游产业集聚是一个混合型组织，其内部成员关联度十分密切。这种介于市场体系与行政体系之间的组织形式有着强大的生命力，它由市场体系和等级官僚体系两种机制共同发生作用，并能在一定程度上消除市场调节和政府调控失灵。

旅游产业集聚还能不断激发该区域企业加强创新。由于在一定空间上区域内部的企业相互间存在着既合作又竞争的压力，从一定程度上激发了企业彼此间的相互比较，促使该区域内企业为了获得竞争优势不断改进管理、改进技术，加速生产、销售、管理与技术创新。由于这种企业间高强度比较的持续存在，使得企业创新不断产生，创新的价值不断实现，创新周期越来越短，创新速度也不断加快。旅游产业只有不断创新，才能适应旅游发展的需求。

采用Excel中的Correl函数计算，人均可支配收入和旅游收入的相关系数为0.9953，从散点图的情况可以看出两者呈正相关关系。由于所采用的样本数据时间较短，分析结果可能存在局限性。

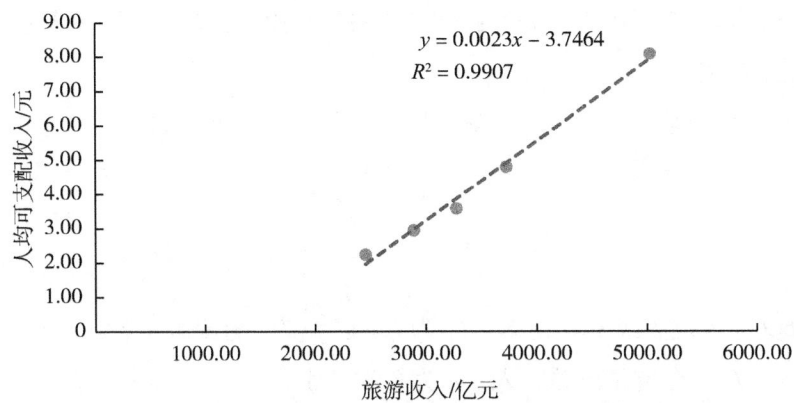

图 6-1 康县人均可支配收入和旅游收入散点图（2011—2015 年）

通过相关性和问卷调查分析，可以得到乡村生态旅游与精准扶贫之间有较大的正相关关系，生态旅游的发展促进了精准扶贫工作。下面将对产业集聚与精准扶贫相关机制进行研究。

6.3.2 康县乡村生态旅游业产业集聚的测算

地区专业化的特征以多重均衡和不稳定为主，从而给其度量带来一定的困难。但是，由于受统计数据的局限性，加上对专业化的认识，到目前为止，其测算方法在国内外学术界还没有权威性。目前，常用的方法主要有：①衡量专业化的传统指标分为贸易指标、生产指标。②区位商：又称 SCR_n 专业化率，是衡量一定地区内专业化的重要指标，是指某地区某行业在全国该行业的比重与该地区整个行业占全国工业比重之比。在选择分析指标时最初一般使用就业指标，也使用生产量、增加值、总产值、净产值、销售收入等指标，该指标可用于产品分析和行业分析。③产业集中度指标：借用产业组织理论中的集中度指标考察地区的总体专业化程度，主要有 SCR 指数和 SHHI 指数两个指标。④部门内贸易指数：该指数是衡量部门内分工和专业化的重要指标，可以用于分析国家之间、国内地区之间的专业化程度。⑤地区结构差异指标：自克鲁格曼在 2000 年采用两个地区之间的结构差异指数衡量地区分工和专业化程度以后，这种方法得到了广泛应用，分为：a. 克鲁格曼专业化指数。b. 地区专业化系数。c. 专业化偏差指数。

在本研究中采用第二种方法测度康县区位商。其公式如下：

$$LQ_{ij} = \frac{L_{ij}/L_i}{L_j/L} \quad \text{,} \tag{6-1}$$

式中，LQ 为区位商或专业化率；L_{ij} 为 i 地区 j 部门的旅游总收入；L_i 为 i 地区的总收入；L_j 为全省旅游总收入；L 为全省总收入。

一般认为，若 $LQ_{ij} > 1$，表明该区域的产品除该区域内消费外，还可以向外输出，属于专业化区域；若 $LQ_{ij} < 1$，表明该区域的产品不能满足区域内需要，需要从区域外调入，属于非专业化区域；若 $LQ_{ij}=1$，表明该区域产品供需平衡。所以，只有 $LQ_{ij} > 1$ 的部门才能构成区域的专业化区域，其值越大，说明该区域的专业化程度越高；反之亦然。

2013 年：康县 L_{ij} 为 3.58 亿元；L_i 为 16.46 亿元；甘肃省 L_j 为 1797 亿元；L 为 6836.82 亿元。

根据式（6-1）计算：L_{ij}=0.2175÷0.2628=0.8276 < 1。

2014 年：康县 L_{ij} 为 4.8 亿元；L_i 为 14.868 亿元；甘肃省 L_j 为 620 亿元；L 为 6268.01 亿元。

根据式（6-1）计算：L_{ij}=0.3228÷0.0989=3.2639 > 1。

2015 年：康县 L_{ij} 为 8.09 亿元；L_i 为 19.22 亿元；甘肃省 L_j 为 2393 亿元；L 为 6790.32 亿元。

根据式（6-1）计算：L_{ij}=0.4209÷0.3524=1.1883 > 1。

根据测算结果：2013 年 L_{ij} < 1、2014 年 L_{ij} > 1、2015 年 L_{ij} > 1，可以看出：康县旅游业的专业化程度逐渐升高[①]。

---

① 计算过程中所使用数据来源为《甘肃发展年鉴》（2013—2015 年）、《康县统计年鉴》（2013—2015 年）。

6.3.3 产业集聚与精准扶贫相关机制

康县在以发展旅游产业引领精准扶贫方面具有先天性优势，生态环境优美，康县属多民族居住区，拥有悠久的民族历史文化和浓郁的民族风情。旅游产业具有产业辐射性大、带动性、参与性强等优点，而发展旅游产业，生态环境是基础，民俗文化、特色农业、特色产业等都可以与旅游产业融合发展。同时它们也是旅游产业的重要元素，是调节旅游业季节性脆弱的抓手。康县在政府和"双联"帮扶单位、对口支援单位等外生力量的作用下，通过集聚机制、扩散机制、效益机制，引领康县旅游业集群式发展，如图6-2所示，推进精准扶贫，实现全民脱贫。

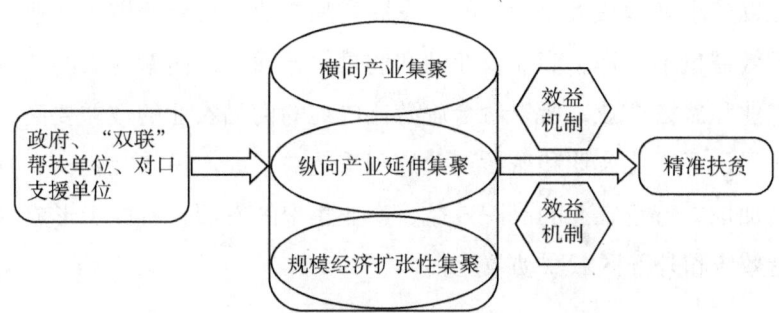

图6-2 贫困地区产业集聚精准扶贫机制

6.3.3.1 集聚机制

从产业集聚发展的角度划分，旅游产业引领集聚机制可以分为3种类型：一是横向产业集聚，是指由旅游产业引领的"食、行、游、购、娱、住"等多种产业要素在空间集中而产生。满足游客在旅游活动和消费时的多元化、综合性需求。二是纵向产业延伸集聚，是指由旅游产业中的核心产业、特色产业、支柱产业上下游延伸而产生。突出特色，选对主题，开发丰富的旅游产品。三是规模经济扩张性集聚，是指由单个企业经营规模适度扩大而产生。三者相互结合，相互促进。

6.3.3.2 扩散机制

扩散机制为集聚机制的反向作用,一般表现在较大时空范围内,扩散的方式有多种,可分为扩张扩散和随机扩散。扩张扩散具有连续性特点,由于旅游产业对生态环境、民族文化、景区特色等有较高的要求,并具有影响非常大的品牌优势,扩张扩散在实际中应用比较困难。随机扩散在空间上具有跳跃性特点,主要是因为创新发展方式对其他空间距离较远的、相似条件的地区产生示范性作用。随机扩散的结果可以使生态环境、资源丰富、地理位置较好的贫困地区迅速发展,实现脱贫致富奔小康。

6.3.3.3 效益机制

企业以追求利润最大化为目的,发展商品农业和融合旅游的产业,它们之间的利润效益也不一样。商品农业的利润是单方面的,而融合旅游的效益融合了商品农业和旅游产业,所以融合旅游比单纯的商品农业的效益要高。因此,民族文化显示了文化产业和旅游产业的双重效益。地方民族文化、乡村生态旅游可以增加地方特色农业的品牌效益。产业集聚的发展,有助于形成乡村内部空间整合效应和外部区域联动效应。

6.4 康县产业扶贫主要模式研究

精准扶贫工作已进入解决和巩固温饱并重的阶段,扶贫工作迎来了新的机遇和挑战。为有效开展精准扶贫工作,我国扶贫开发模式有多种,主要有产业扶贫、金融扶贫、对口帮扶扶贫、生态建设扶贫、移民搬迁整村推进、公益扶贫、智力扶贫。康县在精准扶贫工作中,结合地域发展情况总结出适合当地发展的扶贫模式。

6.4.1 产业扶贫的主要模式

康县在精准扶贫工作中,紧紧围绕"美丽乡村"建设,市、县、乡(镇)、村四级紧盯精准脱贫总目标,利用乡村旅游带来的巨大商机,合力加大政府推动和市场引导的力度，由村党支部牵头主导，成立乡村旅游协会，活用"1+17"精准扶贫政策，积极探索出了以下5种脱贫模式。

6.4.1.1 "政府引导＋公司运营＋农户（贫困户）三级联动"的模式

让农户参与旅游项目开发和农特产品销售，如长坝镇花桥村建成了集乡村养生、休闲度假等多元化集聚地，增加了当地260多名村民就近就地就业，同时带动了5家农家乐和14家农家客栈，贫困户在家门口就业实现年收入2万多元，农户提供土鸡、蔬菜等原材料收入5000多元，达到了一村带一片、一片带一乡（镇）和就地城镇化的效果。

6.4.1.2 "协会＋农家客栈＋农户（贫困户）"的模式

行业协会由农家乐、农家客栈组织成立，有序竞争、统一管理，让周边群众参与到旅游接待服务中来，使普通农户变为特色民宿、田园景观变为体验乡村项目，全县300多户农家乐和农家客栈，可直接带动700多户2400余人参与服务就业，其中建档立卡贫困户共500多户1300多人，每户增收1.5万～2万元；间接带动3500多户从事种植和养殖业，其中建档立卡贫困户2600多户，每户增收1万元以上。农家乐和农家客栈带动的建档立卡贫困户占全县建档立卡贫困户的1/4。

6.4.1.3 "支部＋双联单位＋公司＋农户（贫困户）"的模式

由基层党组织带头，让双联单位和企业充分发挥联动作用，发展旅游产业开展扶贫工作，分红按照年终经营状况进行分配。例如，城关镇凤凰谷旅游度假公司，2015年实现收入130万元，其中19户贫困户分别从集体股中各分红3000元。

6.4.1.4 "能人大户＋企业＋贫困户"的模式

以能人大户为主导成立乡村旅游度假公司，让贫困户优先加入，开发旅游产品。例如，大水沟村利用中国最美村镇金字招牌放大品牌效应，成立了酒坊、醋坊、刺绣等10个作坊，带动16户贫困户26人就业，每人每年增收3000多元。

6.4.1.5 "互联网＋乡村生态旅游＋产业开发"的模式

充分发挥"互联网＋"的优势，建成了县级电商扶贫服务中心，发展了以"互联网＋"为主的各类企业网店、物流快递点，带动贫困户就业 1450 人。特别是借助电商平台，以一店带一村或多村等形式，对旅游产品木耳、花椒、蜂蜜、根艺、盆景等宣传营销，引导当地农民发展特色产业，提供相关配套服务，拓宽增收渠道。全县乡村生态旅游的发展已带动 863 户建档立卡贫困户发展种养业，直接和间接从事乡村旅游的贫困户达 5000 多户，3200 多名贫困人口实现了在家门口就业，占全县建档立卡户的 41.7%，户均增收 1 万元以上。

通过 5 种模式鼓励农户紧跟旅游需求拓展增收，先后建成农家客栈 10 家，开办农家乐 11 家，建成旅游停车场 1 个，创办回乡务工青年商用盆景合作社团 1 个，63 户贫困户利用扶贫政策参与入股分红或就业务工，迎合旅游服务流转土地或发展种养业，破解了群众依靠贫瘠土地增收难的问题。2015 年农民人均可支配收入 5236 元，其中乡村旅游人均收入达 1850 元，占人均可支配收入的 35.3%。贫困发生率从 2013 年的 43.2% 下降到 2015 年的 27.1%。2016 年前 7 个月接待游客 8 万人次，旅游收入达 800 多万元，实现了建设乡村旅游培训、产业转型发展、扶贫模式探索、带动一号工程等示范基地的构想，推进了一村带一片、一片带全镇和就地城镇化的进程。集中各方力量，编制完成了规划投资 19.87 亿元的《康县"十三五"脱贫攻坚规划》和 9.8 亿元的《陇南市康县贫困村基础设施建设项目实施方案（代可研）》，目前，全县 145 个贫困村基础设施建设项目已经进入融资公司招标采购环节。

6.4.2 产业扶贫效益分析

6.4.2.1 经济效益

康县 2015 年可支配收入 5032 元，2014 年人均纯收入 3730 元，2015 年比 2014 年增长 1302 元，增长率为 34.9%，可以看出人均收入逐年提高（表 6–1）。

第六章
贫困地区产业扶贫机制研究——以甘肃省康县为例

表6-1 康县各乡镇人均可支配收入情况（2013—2015年） 单位：元

合计	2013年人均纯收入	2014年人均纯收入	2015年可支配收入
	3278	3730	5032.0
太石乡	3131	3557	4954.6
周家坝镇	3349	3823	5171.0
平洛镇	3462	3957	5347.1
望关镇	3420	3893	5262.0
长坝镇	3182	3613	4879.6
大堡镇	3280	3733	5042.6
寺台乡	3230	3686	5013.0
云台镇	3370	3832	5073.6
大南峪镇	3475	3956	5187.4
迷坝镇	3294	3759	5087.2
王坝镇	3216	3670	5035.0
城关镇	3475	3955	5352.9
碾坝镇	3137	3565	4820.3
豆坝镇	3349	3470	4686.5
店子乡	3047	3458	4662.4
岸门口镇	3432	3904	5069.8
白杨乡	3084	3504	4806.0
两河镇	3238	3679	4967.9
三河坝乡	3051	3466	4682.3
铜钱乡	3248	3692	4990.7
阳坝镇	3662	4186	5672.6

注：数据来源于《康县统计年鉴》（2013—2015年）。表中2013年及2014年为人均纯收入，由于地方统计口径调整，2015年起不再统计人均纯收入，换成可支配收入。

6.4.2.2 社会效益

康县把发展产业与当前开展的精准扶贫工作结合起来，坚持不懈地把"美丽乡村"建设作为农村工作的最大引擎和全县工作的最大亮点，凝聚全县人民智慧，集中力量整村、整流域推进，整合各类项目资金1.8亿元，全力实施"千村美丽、万村整洁"工程，新建各类新农村52个，已建成美丽乡村211个，一幅"天蓝地绿水清、村美院净家洁"的秀美画卷在康县大地上绘就出来，极大地改善了人居环境，提高了村民的生活质量和幸福指数。把精准扶贫作为扶贫开发的最有效手段，围绕建设"全国扶贫开发示范区"，整合农村各类建设项目，全面落实"1236"扶贫攻坚行动。完成145个贫困村16 562户贫困户6.46万贫困人口建档立卡，以及豆坪、阳坝、店子3个特困片区16个贫困村扶贫整村推进项目和阳坝镇干江坝等2个易地扶贫搬迁工程。累计减少贫困人口1.65万人，减贫率达9.53%。

在教育上，为全面落实乡村教师生活补助等各项教育惠民政策，投入教育专项资金3000万元，实施了10所乡镇中心幼儿园建设项目、7所农村薄弱学校改造项目。幼儿园入园率为74.5%，小学学龄儿童入学率为99.96%，小学毕业生普通初中升学率为98.94%，高中毛入学率为70.56%。在医疗上，不断深化医药卫生体制改革，巩固提升全省中医药先进县、乡村医疗机构标注化建设成果，建成了120指挥调度中心、30所标准化村级卫生室和21个农民健康示范村，新农合参合率达到97.8%。在文化体育上，村民文化体育活动蓬勃开展，建成乡村文艺演出舞台18个，已建成乡村大舞台172个。村民在家门口便可以观看到文艺演出，不仅丰富了村民的业余文化生活，还让村民达到精神上的富足。文化产业实现增加值5836万元，从业人员768人，文化产业法人企业达40家。在科技上，加快科技创新步伐，开工建设了康县科技馆，科技富民项目顺利实施，新型农业社会化服务体系建设与农村公共服务运行维护机制建设两项试点取得新成效，建立健全了利益导向机制。

6.4.2.3 生态效益

在发放调查问卷过程中,所有调查及访谈对象都认为,村容村貌、村内基础设施和生活环境有了很大改善。由于当地政府部门在开发资源时注意生态环境的开发保护,景区生态环境遭受破坏的现象尚不明显,但也存在一些问题,由于康县独特的地质构造和地理环境,形成了有地方特色的土特产资源优势。尤其是以旅游为主的产品体系,促进人与自然的和谐发展,实现经济、社会、生态效益的统一。强调发展旅游规划应当坚持可持续发展和市场发展相匹配的原则,在开发时要注重对资源和环境的保护,防止造成环境污染和其他公害,因地制宜,突出特点。国家旅游局将2009年确定为"中国生态旅游年",甘肃省人民政府办公厅于2015年12月22日发布《关于进一步促进旅游投资和消费的实施意见》,包括实施大景区建设工程,着力扩大旅游投资消费规模、实施基础设施完善工程,着力改善旅游投资消费条件、实施产业融合创新工程,着力培育旅游投资消费热点、实施乡村旅游富民工程,着力拓展旅游投资消费空间、实施服务质量提升工程,着力优化旅游投资消费环境、实施政策引导驱动工程,着力激发旅游投资消费活力拓宽旅游企业融资渠道,充分发挥旅游业在促进创新发展、协调发展、绿色发展、开放发展、共享发展,以及推动全省经济转型、产业升级中的重要作用。2017年1月22日,甘肃省旅游发展改革委员会发布了《关于促进全省旅游住宿业发展的指导意见》,引导旅游住宿单位积极履行保护生态环境的社会义务,大力宣传爱护资源、保护生态环境的重要意义,推动旅游住宿业绿色发展、可持续发展。此外,各类型旅游企业一起参与生态化运营,提高旅游资源、能源的利用效率,优化旅游环境,减少废弃物。旅游产业创造经济价值的根基是旅游资源的精神价值与文化价值。

6.5 康县乡村旅游脱贫典型案例分析

6.5.1 案例一:长坝镇花桥村

花桥村位于白望公路沿线,相传明朝末年,因兴修桥房,留马帮商贾,而

新时期巩固脱贫攻坚成果
与推进乡村振兴有效衔接机制研究
——以甘肃省康县为例

顾名花桥。全村辖8个村民小组215户774人，耕地1635亩，2015年建档立卡贫困户63户210人。2012年启动建设"美丽乡村"，2013年开始打造"美丽乡村"升级版，以"政府引导+公司运营+农户（贫困户）三级联动"的"花桥模式"，同步创建了乡村旅游脱贫示范基地。

近年来，市、县、乡（镇）三级依托青山绿水的自然生态，围绕留住乡愁记忆的根魂，探索政府主导、社会融资、群众参与的方式，由陇南龙江公司建设游客接待中心和乡村宾馆等高端项目、甘肃省公航旅集团开发房车露营地新生旅游产品、本村能人大户创建古法餐饮经典、社会股份商企落户传统酿造艺术、政府主导实施危房改造和公共服务等基础设施，组团发展具有宜游宜养的乡村旅游区。

长坝镇花桥村曾是康县的一个贫困村，村里到处是烂泥坑，垃圾粪便遍地，人穷环境差，2011年建档立卡的贫困户126户445人，2013年进入大数据平台贫困户105户341人，2015年全村建档立卡贫困户有63户210人，全村人均可支配收入5236元。2012年从改善人居环境入手，以"美丽乡村"建设为基础，不断完善提升，打造"美丽乡村"建设升级版，从展乡村生态旅游大产业入手，带动群众增收致富。2016年，长坝镇花桥村被授予"中国茶马古道文化艺术之乡""中国乡村旅游扶贫模范村"等荣誉称号，长坝镇花桥村已成为康县全域旅游的门户和名片。

2015年，花桥村采取"政府、公司化、贫困户参与的市场化运作模式"的乡村旅游发展方式，着力推进项目建设工程，通过招商引资由陇南龙江公司投资2300万元修建了游客接待中心和乡村宾馆；甘肃省公航旅投资2600万元建设了自驾游、房车露营地；县有关部门采取土地入股、整合项目资源等方式筹措资金2800万元，发挥群众主体作用，硬化了村内道路，改造了房屋风貌和庭院，配套建设了文化广场、中医养生堂、村史馆、电子商务室及油坊、酒坊、磨坊、豆腐坊等服务设施，完成了污水管网、仿生态河堤和供水工程，发展农家乐12户、农家客栈10家，建成64间客房102张床位，村内广电网络和Wi-Fi全覆盖。

在乡村生态旅游运营上，实行协会统一管理，协会在村党支部的领导下，下设旅游扶贫、餐饮管理、环境卫生管理、安全管理4个分会，会长及成员均由村民代表大会选举产生，对景区各种经营常规工作、日常事务进行全面规范管理。探索完善了以下3种乡村生态旅游业运营带动脱贫模式。

①协会＋企业＋贫困户投资旅游项目获取收益模式。充分发挥村级扶贫互助资金的作用，通过引导建档立卡贫困户从扶贫互助社借款投资旅游产品经营项目的方式获取稳定收益。全村63户建档立卡贫困户中，40户从扶贫互助社借款5000元，向民俗体验馆投资，每年每户贫困户可获得1150元的稳定收益，既发挥了扶贫互助资金的效率又带动了产业发展，实现贫困户稳定增收。

②"龙头企业＋产业＋贫困户"带动脱贫模式。紧紧围绕乡村旅游产业，充分发挥龙头企业的作用，由长坝镇乡村旅游休闲度假股份有限公司、民俗体验馆、酿酒企业与贫困户签订需求合同，建档立卡贫困户通过发展养殖、种植、采摘山野菜和从事务工等方式，为企业提供农特产品和劳务服务，建立产购销联动机制，带动建档立卡贫困户增收，达到了企业带农户，发展脱贫产业，实现就地城镇化。

③"支部＋协会＋贫困户"带动脱贫模式。充分发挥基层组织的作用，由村党支部主导成立乡村旅游协会，把双联帮扶组织化，由协会根据旅游需求，组织建档立卡贫困户参加公共服务管理获取收益，租赁经营公共产品保障经营，帮助务工青年组建专业合作社带动贫困户参与经营，自主开办小吃摊点、饮品摊点，以贫困农户"离土不离乡、就业不离家"的方式实现家门口就业，既能解决"留守儿童""空巢老人"等一系列社会性问题，又能实现就地脱贫的目标。

6.5.2 案例二：城关镇凤凰谷村

康县城关镇凤凰谷村位于县城西北2.5千米处，2012年，凤凰谷村成为该县第一批美丽乡村建设示范村，提出了按照"一户一品、一品一景、顺其自然、天人合一"的要求，坚持旅游开发与自然保护、现代文明与文化传承相结合的建设思路，全力实施美丽乡村建设，通过一年的建设，凤凰谷村村容村貌发生了翻天覆地的变化。

在凤凰谷村"美丽乡村"建设中,康县充分发挥政府资金投入的杠杆作用,最大限度地撬动群众投资投劳。首先按照"分类申报、集中管理、渠道不乱、用途不变、各记其功"的原则,"灵活"地捆绑项目资金,有效地解决了"美丽乡村"建设的资金难题。仅在凤凰谷村,就整合扶贫、一事一议、财政奖补等项目资金520万元。这些资金发挥了"四两拨千斤"的作用,激活了各方面的社会资金投入,群众投资和投劳折资就达到2000多万元。其次是因地制宜、体现自然法则,充分体现人文与自然协调发展的生态理念。在公共场所和庭院建设中,充分利用废旧的瓦片,以及河道的石头、石片、石子和枯干的树皮、枝条、竹片等材料,就地取材,既节俭又实用,既降低了建设成本又起到装饰美化作用。

美丽乡村建成后,村委会提出了既要创建美,又要经营美,把风景变成产业的计划,力争做到让村庄变美的同时让群众变富。2014年探索建立了"支部+双联单位+公司+农户(贫困户)"的乡村旅游扶贫模式,借助"十村百户千床"工程,发展农家客栈9家,床位83张,农家乐3家。采取集体控股、群众参股、贫困户持股的方式,筹资35万元成立了凤凰谷乡村旅游度假有限公司,吸纳本村管理和服务人员38人就地就业,带动村上100多户群众受益,连续两年对贫困户和群众进行入股分红和奖励160多万元。2016年农民人均可支配收入也达到8000元。

案例启示:长坝镇花桥村和城关镇凤凰谷村通过优势产业的发展,证明了产业集聚机制促进了产业发展。辐射带动了当地村民参与多种产业,带动了更多的贫困户在家门口就业创业,形成特色产业并取得了较好的扶贫效果,贫困户也多元化发展,实现了精准脱贫。

6.6 康县产业扶贫存在的问题及建议

6.6.1 存在的问题

6.6.1.1 农民自主脱贫意识不强

扶贫路上最大的坎儿是精神贫困,"懒汉思维"是一种比物质贫困更严重、更难治愈的贫困。扶贫工作仅从外部进行丰厚的资金、物质扶持，那么政府帮扶帮出的是一种惰性与惯性，造成的是大家争当贫困户、贫困户越扶越懒、都不愿脱贫，这样的扶贫始终治标不治本。

6.6.1.2　农村科技人才缺乏

近年来年轻劳动力红利大量流失，留在村里的大部分都是儿童和孤寡老人，不仅劳动力人口不足，而且真正懂"三农"、懂市场、懂新时代农业科技的人才更是严重不足。由于以前的思维惯性误区，以及农村产业复杂、涉及范围较广、事务繁杂，当村干部离职之后，出现没有人敢接手、没有人敢掌控的局面，严重影响了农村产业的可持续发展。

6.6.1.3　产业发展规模较小

目前，康县产业集聚度不高，乡村优势资源还未有效充分利用，还停留在开发阶段。虽然康县的农村居民收入绝大多数来自旅游产业，但是相比较而言产值较小，目前主要停留在休闲观光层面上，对产品的设计缺乏地域性和多样性。多数旅游景点农产品上市和下市截然不同，形成很大反差。另外，乡村生态旅游商品没有统一标准，具有民族地域特色的旅游商品很少，乡村生态旅游的发展动能受到了严重影响。

6.6.2　对策与建议

6.6.2.1　科学规划产业扶贫布局

地方政府要对产业扶贫进行科学合理规划，并将规划作为产业扶贫开展的前提条件。在精准扶贫背景下，地方政府要充分发挥自身的职能和作用，制定切实可行的产业扶贫发展规划，并按照国家的各项政策要求，结合省、市关于推动扶贫地区产业扶贫的各项方针政策，明确特色产业扶贫方向，制定切实可行的特色产业扶贫的具体措施，以推动产业扶贫发展。同时在产业扶贫布局上既要落实好上级的政策要求，也要广泛征求群众意见，了解广大人民群众对于产业扶贫的所思所想，对当前的具体措施进行科学合理优化，让产业扶贫真正地反映出贫困群众的意愿,并按照精准扶贫整体思路,做好产业扶贫的规划布局。

6.6.2.2 构建扶贫产业识别体系

地方政府要从精准扶贫产业发展的实际需求出发,充分考虑贫困地区的产业基础、资源条件、贫困户需求、环境特征等多个要素,明确精准扶贫产业识别指标。在区域统筹规划下,做好扶贫产业的选择,确保扶贫产业既符合当前精准扶贫需要,又能够符合市场发展规律;既要保证扶贫产业具有广阔的发展前景,又能为贫困户就业创造工作岗位,实现协同发展目标。

6.6.2.3 做好相关产业服务保障

贫困地区地方政府作为产业扶贫的引导者和管理者,应充分发挥监督职能和管理职能。一方面,贫困地区的地方政府要做好产业扶贫服务保障。政府可以凭借其较强的市场议价能力,帮助扶贫企业进行设备采购,引导扶贫企业与高校和科研院所进行技术合作,以进一步降低技术引进成本,推动扶贫产业发展。另一方面,地方政府要充分发挥好监督职能。在推动产业扶贫项目建设过程中广泛听取贫困群众意见,加大对扶贫项目的指导力度和监督力度,进一步激发农村产业扶贫内生动力,完善相应的制度机制,实现产业扶贫"经济效益"与"益贫性"的统一。

6.6.2.4 加强农业科技人才队伍建设

大力营造尊才、爱才、用才的浓厚氛围,广泛宣传驻村干部帮扶典型事迹,扩大社会影响力,提高知名度和认可度。组织乡土专家、新型职业农民、农业技术带头人,依托示范基地、培育基地和实践基地,开展农业生产技术、农业科技知识和生产经营管理等方面知识培训,充分发挥示范引领作用,带动全县农业科技人才服务脱贫攻坚,助力乡村振兴,为甘肃省农业产业转型升级贡献强大力量。

6.7 本章小结

康县是国家级贫困县,旅游扶贫成为康县近几年反贫困的主要手段。在康县发展区域经济的大背景下,以全域大旅游发展为依托,加大旅游产业资源整合力度,促进产业集聚发展。通过旅游产业发展,提高村民经济收入和生活水平。基于此,本研究从康县产业发展现状着手,对产业集聚和精准扶贫相关机制进行研究,以康县长坝镇花桥村和城关镇凤凰谷村为例,对旅游扶贫和"美丽乡村"建设工作进行了深入的分析和讨论,结合花桥村和凤凰谷村脱贫经验,总结出了旅游产业辐射带动性和参与性强的特点,发展旅游产业,对于当地贫困户脱贫具有重要作用,产业集聚与精准扶贫协同发展为甘肃省乃至全国贫困地区的社会发展和脱贫工作提供了极其重要的借鉴意义。

本研究以产业集聚理论、博弈理论、协同扶贫理论等为基础,通过对康县旅游产业和精准扶贫的调查分析,对旅游产业、产业扶贫模式进行总结,深入研究了康县旅游产业集聚推动精准扶贫的作用及相关机制。通过对康县2013—2015年旅游产业的区位商进行测算,得到2014年、2015年的区位商均大于1,结合康县旅游产业进行研究,表明康县旅游业专业化程度在逐渐增高。

最后本研究提出了康县旅游扶贫协同发展的建议:一是以政府为主导,增加旅游发展投入,改善当地基础设施条件及投资环境,加大从业人员培训力度,提高从业人员队伍建设及整体素质。二是科学规划布局,因地制宜,适度发展,多模式开发。三是发展产业要精准,产业集聚要与区域特点相结合。四是坚持科学发展,产业发展与精准扶贫、绿色生态有效结合。

第七章
农村产业融合发展研究
——以甘肃省陇南市为例

7.1 陇南市农业发展现状

陇南市境内拥有1300多种自生树种,而且其中有400多种具有较高的经济价值,如花椒树、核桃树等。作为甘肃省唯一的产茶区,陇南市茶产业发展得如火如荼,是农民收入的重要来源之一。另外,陇南在全国范围内是油橄榄最适合生长的地方,油橄榄的发展带动了一大批农民脱贫致富,同时中药材也是陇南的主要产业之一,有1300多种中药材,其中名贵药材有300多种,甘肃省重要的中药材产地就是陇南,因此陇南有"天然药库"之称。2017年陇南市粮食种植面积达到468.7万亩,油料作物种植面积和蔬菜种植面积分别达到了35.2万亩和59.3万亩,相较于2016年均有增长趋势。

2017年,陇南市粮食总产量达到107.6万吨,较2016年增长1.1%,夏粮和秋粮产量都呈现增长趋势。陇南市农业特色产业发展趋势向好,其中中药材产值15.1亿元、核桃产值7.5亿元、花椒产值17.7亿元、蔬菜产值13.5亿元。特色产业产值是农业经济效益的最主要来源,在促进农业增收的同时又为农民提供了就业岗位,带动了地方经济发展。

第七章
农村产业融合发展研究——以甘肃省陇南市为例

7.1.1 陇南市农业生产要素条件

7.1.1.1 地理位置优越

陇南市坐落在甘肃省东南部，东边连接陕西，南面接壤四川，西面与甘南藏族自治州相邻，北部是定西市和天水市，位于甘陕川3个省份的交界处，对外贸易交通都较为便利。陇南距离省会城市兰州大约400千米，与较发达城市如西安、成都、重庆等的直线距离均在400千米左右，这在一定程度上有助于陇南市贸易、文化、美食等的传播，也有利于吸引外地游客到陇南游玩，激发经济活力。由于陇南地理位置特殊，丝绸之路和长江两大经济带以及关天和成渝两个经济区都对其有辐射作用，这在一定程度上带动了陇南经济的发展。陇南在兰渝铁路经济带上作为交通枢纽中重要的一个节点连接着丝绸之路经济带和长江经济带，在丝绸之路经济带建设中和大九寨旅游经济圈具有特殊而关键的战略地位。

7.1.1.2 气候资源适宜

在甘肃省境内，陇南是唯一属于长江流域的地区，水资源丰富，并且陇南属于亚热带气候区，雨热资源有先天优势，有"陇上江南"的美称。陇南市年平均气温在2～14℃，降水量在500～800毫米，适宜农作物生长。另外，由于陇南地形以山区偏多，所以在垂直分布上气温差异较大，这也就导致有些地区昼夜温差大，有助于果类作物糖分的积累。总体来说，陇南市在甘肃省境内是一个可以较好发展农业生产的地区。

7.1.1.3 农业劳动力充足

从农业劳动力上来看，2017年陇南市农村劳动力资源总数为160.98万人，占总人数的56%，乡村从业人员为133.55万人，劳动力资源较为充足。农业生产者的具体构成比较多样化，按照性别来看，男性劳动者有73.61万人，女性劳动者有59.94万人，男性劳动者居多；按照文化程度来看，高中及以上学历的劳动力人数为18.21万人，占比仅为13.6%，初中及小学学历的劳动者人数为101.01万人，占比为75.7%。由此可以看出，尽管陇南市农业从业人员数量多，但是受教育程度偏低（图7-1）。

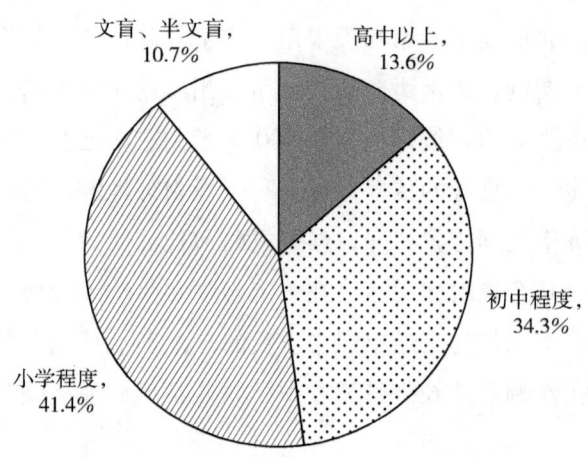

图7-1　陇南市农业从业人员文化程度结构

7.1.1.4　交通运输发达

近年来，陇南市的交通条件越来越发达，为生产生活带来了便捷。2017年兰渝铁路全线通车，其中陇南段有222千米，极大地方便了陇南市居民的生活。到2017年年底，陇南市公路拥有数达到1900多条，其中国家级高速公路3条、省级道路39条，境内交通条件良好。2017年全年客运量达到3289万人次，旅客周转量达到208 740万人千米，公路货运量达到2372万吨，交通运输业发展态势向好。由图7-2可以看出，2013—2017年陇南市国道数量由2条增加至5条；增加最快的是省道，5年间由6条增加至39条，增加了33条，有较好的运输条件。

第七章
农村产业融合发展研究——以甘肃省陇南市为例

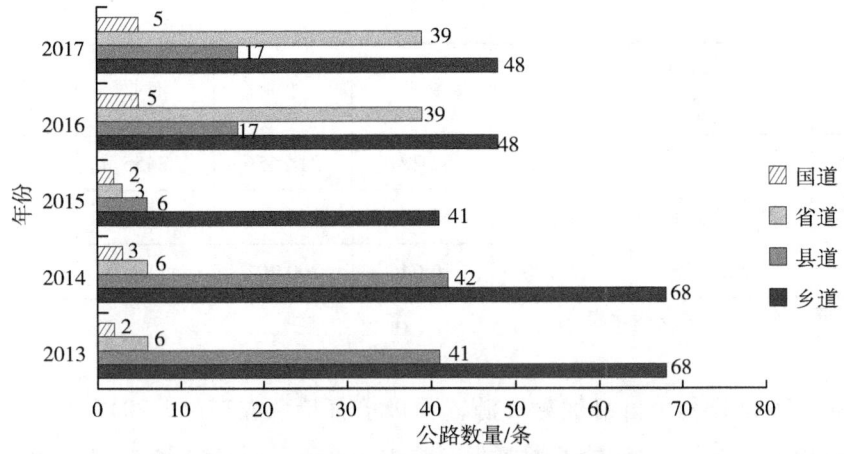

图 7-2　陇南市 2013—2017 年拥有公路数量

综上，陇南市具有发展农业生产的优势条件，为产业融合打下了较好的基础。也为农民增收、农业增产创造了有利条件。但是，陇南市也存在一些不足之处，如山地多、平原少导致的耕地面积少，农业从业人员学历偏低等。

7.1.2　陇南市农业整体状况

陇南市农业发展的总体状况可以从农林牧渔业产值、特色产业产值及农民人均可支配收入来反映，查阅资料可发现陇南市农业发展状况良好。表 7-1 展现了 2013—2017 年陇南市农林牧渔业产值，从数据可以看出陇南市农林牧渔服务业在不断发展，2013—2017 年增长了 41%，增速明显。除了渔业、牧业自 2016 年和 2017 年产值有所下降之外，其他均呈现逐年增长的走势。整体来看，自 2013 年以来陇南市农林牧渔业发展保持向好趋势。

表 7-1　陇南市农林牧渔业产值状况（2013—2017 年）　　　　单位：万元

年份	农林牧渔业总产值	农业	林业	牧业	渔业	农林牧渔服务业
2013	964 328	713 548	32 364	206 280	1836	10 300
2014	1 064 244	801 552	38 575	210 914	2208	10 994

续表

年份	农林牧渔业总产值	农业	林业	牧业	渔业	农林牧渔服务业
2015	1 131 057	849 107	52 721	214 656	2455	12 118
2016	1 197 394	888 372	68 851	224 718	2300	13 153
2017	1 220 456	926 180	76 646	200 901	2185	14 545

数据来源:《陇南发展年鉴》。

陇南市充分利用自身优势资源,积极培育特色农产品,2017年特色产业新增面积32.8万亩,现有特色产业示范点100个。由表7-2可以看出,除药材以外,自2013年以来,陇南市花椒、核桃、蔬菜、茶叶等优势特色产业产值都呈现增长趋势,可见陇南市农业特色产业发展趋势向好,其中,油橄榄增速最快(61.70%),其次为花椒、食用菌、蔬菜、核桃、茶叶,苹果增速最慢(12%)。

表7-2 陇南市农业特色产业产值(2013—2017年) 单位:万元

年份	药材	花椒	核桃	蔬菜	茶叶	苹果	油橄榄	食用菌
2013	109 872	90 106	39 602	96 748	3908	28 824	5806	2161
2014	114 180	126 222	51 932	103 621	4503	29 467	10 827	2536
2015	122 829	141 324	58 970	114 696	4936	32 048	23 011	2612
2016	146 786.9	165 051.3	68 627.6	131 569.6	5039.18	28 905.3	31 971.68	2800.74
2017	150 051.6	176 585.6	74 958.9	135 166.5	4825.2	32 658	39 696.7	3941.1

数据来源:《陇南发展年鉴》。

2013—2017年,陇南市农村居民人均可支配收入年均增速为15.93%,呈现逐年增加的趋势,具体如表7-3所示。

表 7-3 陇南市农村居民人均可支配收入（2013—2017 年） 单位：元

年份	2013	2014	2015	2016	2017
农村居民人均可支配收入	3535.8	4023.7	5405	5858.6	6386

从陇南市农业资源要素条件和农业发展现状来看，其良好的农业生产要素条件及良好的农业发展态势为其产业融合发展提供了较好的环境，但在发展过程中也有一些不足：农用地面积减少；青壮年劳动力从事农业生产者少，现有劳动力素质低下，劳动力结构不合理；农业机械化程度低；农产品精深加工不够等。要想解决这些问题，进一步促进农民增收、农业提效提质，治理农村生态环境，培育新农业生产者，促进农村产业融合程度加深是必然要求。

总之，陇南市要以现有资源禀赋为载体，加快农业供给侧结构性改革的速度，尽快完成产业转型升级，提高整体经济实力和发展水平，对自身定位准确，探索出一条适合自身特点的产业融合之路，以满足在新时代背景下人民日益增长的各类消费需求，实现农村农业高度发达，农村居民生活方式转变，转变农村落后闭塞的传统特征，让城市和农村之间信息畅通、资源互补、经济平衡发展。

7.2 陇南市农村产业融合发展现状

7.2.1 陇南市农村产业融合发展的必要性

7.2.1.1 拓宽农民增收渠道、增加农民收入、缩小城乡差距

推行农村产业融合发展，可以使农民更好地参与到农业生产的各个环节中，不只是从事简单的种植和收割工作，农民可以在农闲时节从事农产品加工和销售等工作，将农民从有限的土地上解放出来，多渠道增加农民收入。同时也可以把去城市务工的劳动力吸收回来，而这些劳动力一般都是农村农业生产中需要的知识性青壮年劳动力，他们的参与可以更好地实现农业产业化，也有助于壮大农村新型农民队伍。农村产业的融合发展有助于提高农产品的加工

率，发掘农业的多功能性，延长产业链，改变过去农民只在农业生产环节有收益的现状，让农民在农产品新品种研发、农产品冷藏技术、农业电商销售、观光农业、乡村旅游等领域也有收益，使农业产值实现最大化。让有见识、有头脑的新型农民利用新的生产技术和互联网，进行高质、高值、高智的农业生产活动，紧密与二三产业连接。农业产值的提高和农业人口收入的提高，为搞活农村经济提供了基础支撑，城乡差距逐渐缩小，城乡同步发展稳中有进。

7.2.1.2 转变农业发展方式，促进农业供给侧结构性改革

陇南市的农业生产方式还处于较低的水平，农业现代化水平与其他农业大市之间还有着很大的差距。农产品的加工模式依然是初级加工居多，精深加工普及率低，农产品价值开发不够。农业生产主体以小而散的小农户为主，农业规模化经营方式欠缺。农村产业融合发展给农业产业转型升级开辟了新的思路。通过充分利用农村资源，生产多品种高质量农产品，改变农产品结构单一、质量没保障的现状，从各个方面满足不同消费者的需求。将生产、加工等各个环节整合，实现农业产业链的整体发展，转变农业发展方式。

随着人民生活水平的提高，居民对农产品的要求不断提高，这就要求进行农业供给侧结构性改革，产业融合正是推进这一改革发生的有效方法。农业各项生产要素随着经济的发展而不断增值，这导致农业生产成本越来越高，因此传统的农业发展道路已经不能适应现在农业发展的趋势，部分农产品产需不平衡，农产品质量安全水平低、农业竞争力弱，因此，农业供给侧结构性改革势在必行。农村由于信息、位置等客观因素的限制，无法与市场有效衔接，通过农业供给侧结构性改革，正好把农业生产与市场及时有效地联系起来，为农村经济发展提供了新的生产模式和新动能。

7.2.1.3 改善农村人居环境，促进农业可持续发展

开发农业多种功能，重视农业在生态方面的功能，发挥农业在生产过程中的水土保持、水源涵养、生态改善等功能。观光农业、生态农业、休闲农业及乡村旅游等多种新型农业发展模式的出现，不仅满足了消费者的需求而且还增加了农民收入，改善了农村居民的生活水平，同时还使乡村的生态环境朝着更

加和谐健康的方向发展。虽然近年来陇南市农作物产量一直处于增长态势，但不可忽视农业资源紧缺、农业可持续生产能力不强的情况。借鉴其他省份的经验，在农村产业融合发展的过程中，通过融入现代农业发展思路、信息技术和高新生产技术，有助于农业生产效率的提高，发展绿色可循环农业，实现可持续化的农业生产。

7.2.2 陇南市农村产业融合模式

7.2.2.1 信息技术渗透模式及案例

科学技术的进步，大力推动了我国农村农业的发展，是我国现代化建设中必不可少的要素。信息技术的快速发展，改变了人们的交流方式和生活方式，对农业生产的影响也较大。信息技术作用于农业，使得小农户与大市场有了联系，农业生产者能够准确掌握市场需求，使得消费者对农产品的质量和来源有了更好的了解，从而保证了消费者权益。信息技术在农业中的应用越来越广泛，如线上销售、电商等的发展，给农业生产和农民带来了切实的利益，智慧农业、农村互联网金融等都是在信息技术的发展下产生的新业态，这些新型模式的出现，改变了传统的生产及销售方式，使得生产端的管理更加精准化、高效化，仓储物流技术也越发成熟，产运销链条更加科学化。

"互联网+"模式的出现，为陇南市农业发展创造了良好的网络环境，陇南市作为全国电商示范点，创造了"陇南模式"，在农业生产中发挥了巨大的作用。2014年，淘宝网"特色中国·陇南馆"开馆运营，并且还创建了西北地区首家电商职业学院，为电商在陇南的发展打下了坚实的基础。阿里巴巴·陇南产业带的启动上线，实现了陇南电子商务的创新型发展。由于农村电商的快速发展，陇南市生产的苹果、花椒、茶叶等多种农产品有了新的销售渠道，销量和收益都有所增加，给种植户带来了切实利益。同时，陇南市凭借网络和信息技术，大力宣传旅游资源和旅游品牌，吸引了不少游客，乡村旅游的发展应时而生，给农民创造了新的致富途径，与此同时，也带动了物流业和快递业等关联产业的发展。2017年陇南市共有网店1.3万家，电商从市覆盖到乡，与淘宝、京东、天猫等大型电商平台建立了合作关系，建成了华昌电商产业园、顺通电商物流园等省级示范区，在更深层次上坚实了陇南市电商发展的基础。陇南市积极凭借信息技术的发展，实行电商到户的措施，创造了网店带动、电商就业带动、电商入股等模式，解决了农产品销售渠道不畅通的问题，减少了农户的损失，给农户带去切实利益。积极探索推广"一店带多户、一店带一村、一店带多村"等模式，对贫困人群的人均收入贡献额由 2015 年的 430 元增长到 2017 年的 650 元，对陇南市脱贫工作和农民增收做出了极大的贡献。

陇南市西和县以现代服务业和电子商务人才发展为重点，多次开展电子商务与创业能力培训班，培训次数达到 6000 多次，建成了具有电商运营、创业孵化、快递代理等多个功能的"双创园"，在辖区 18 个乡镇建成了电商扶贫服务站，167 个村设立了村级电商服务点，将西和县优质的农产品（如马铃薯、半夏、苹果等）、加工业产品（如粉条、亚麻、手工艺品泥塑、根雕、剪纸、刺绣）等在网上展示出来，通过网络平台进行宣传，让更多人认识到这些产品，再结合网络销售和快递速运，将产品卖出去，很好地解决了农产品滞销和手工艺产品无人知晓的问题。

7.2.2.2 农业多功能拓展模式及案例

随着人们收入和生活水平的提高，对日常生活的质量有了更高的追求。农业不单单只发挥给人们提供农产品的基本功能，更是发挥了其他诸多方面的功能，丰富了人们的精神生活。随着经济的发展，城镇化发展速度也在加快，城市人口数量不断上升，这在一定程度上导致城市生存环境质量下降，人们对健康问题日益关注，渴望绿水青山，而这些只有广大农村可以提供。基于以上原因，农业的多种功能被开发出来，于是有了农业多功能拓展模式。农业多功能性拓展模式把当地优势农产品作为拓展基础，开发其他内在的功能，把教育、经济、文化等与农业结合起来，以实现农业收入持续化和多元化。农业多种功能的开发，有助于改变农民在传统农业生产活动中的地位，增加其收入来源，也有利于解放农村剩余劳动力，提供就业岗位，拓宽就业路径，还有助于改善农村农业生产生活环境，建设新农村，发展新农业。

第七章
农村产业融合发展研究——以甘肃省陇南市为例

　　陇南市注重农业其他功能的发挥，在此方面主要是倡导将农业和文化教育、旅游业、服务业等结合起来，根据各县级自身条件，以乡村旅游为依托，充分发挥农业的多功能作用。截至2017年年底，陇南市创建国家级、省级乡村旅游示范村7个，乡村旅游富民工程成效显著。

　　陇南市康县近年来根据自身条件，确立了统筹城乡发展，打造全县旅游生态景区的发展思路，首先以建设美丽生态康县为目标，大力整治生态环境，为美丽乡村建设做好准备工作。到2017年年底，康县一共建成了166个村级文化大院，还配套了相应的村史馆、家史馆等，丰富了农村居民的文化生活。康县将乡村旅游作为重点发展项目，积极投入150万元打造乡村旅游产业，充分挖掘乡村各类资源，建设美丽乡村。建成了317个美丽乡村，其中示范旅游村69个，国家4A级旅游景区和国家3A级旅游景区各两个，乡村酒店及农家客栈28家，积极打好发展乡村旅游的基础。在推进乡村旅游的过程中，康县围绕吃、住、行、游等旅游要素，以打造"国家级生态旅游产业示范县"和"中国最佳生态宜居宜旅游目的地"为目标，不断提升服务水平和旅游体验感。打造了生态农庄、特色观光、景区养生等多种模式的旅游品牌，开发了康中、康北、康南3条旅游主导路线。康中主要以田园观光为主，康北主要是红色文化、革命历史纪念，康南则以生态风情旅游为主，3条路线特色鲜明、风采各异。康县长坝花桥旅游示范村和阳坝自然风景区，已成为省内黄金旅游线路，有"陇上版纳"之赞誉，景区内有房车露营地、菩提广场、梅园沟、红豆谷、清河原始森林等精美景区。自2017年以来，康县荣获多个荣誉称号，共接待游客212.4万人次，旅游收入达到11.05亿元，为当地经济发展做出了重大贡献。

　　通过兴建农家乐等，带动当地农民脱贫，为农民开辟了一条新的致富路径。康县充分挖掘农业的多种功能，将农业和旅游业结合起来，发展乡村旅游，不但给当地农民带来了经济效益，还让农民接触到了外来文化，加强了与外界的交流，在潜移默化中改变了他们的思想，丰富了他们的精神世界。

7.2.2.3　农业产业链延伸模式及案例

　　传统的农业生产活动中，绝大部分利润来自产品的加工、运输、销售等环节，农业本身利润空间小，农民收入渠道少，农业生产费时耗力，回报低。把农业生产活动的整个过程连接起来，让农业生产向前向后拓展业务，"接二连三"，三次产业整体发展。改变农户只经营简单种植养殖的生产活动，把农户吸纳到产业链的精加工、包装等各个环节，让农业生产实实在在地有利于农户，企业与农户共享发展成果。

陇南市祥宇油橄榄公司（简称"祥宇公司"）是一家综合性发展的集团公司，从育苗、种植、研发、加工到营销，都由该公司一体化完成，实现了全产业链发展，做到了全国油橄榄行业排名第一，净利润达到2504万元。祥宇公司秉承"一个品牌带动一个产业、造福一方百姓"的理念，在产业发展过程中把农户带入了整个经济运行体系的终端，使农民成为整个体系的重要组成部分。近几年，公司采用"公司+基地+协会+合作社+农户"的模式，通过协会和合作社把农户与公司连接起来，为了保证农户在整个生产体系中的切实利益和积极性，公司为农户免费提供产前、产中、产后技术服务培训及油橄榄品种改良和油橄榄的回收。这种技术服务和产业介入的方式，为当地农户的产业转型提供了契机与动力。公司对全区2万多名种植户进行会员制管理，免费提供种苗、种植技术等服务，在田间地头进行一对一培训，根据农户遇到的实际问题进行一对一服务，累计为油橄榄种植户提供优质树苗8万多株，金额共计24万元。公司还与农户签订了《永久收购协议》，保证农户的稳定收入，并且鼓励农户进行规模化种植，以获得更多的收益。在果品回收方面，公司以每千克高于市场价格1元进行收购，切实保护农户的利益。就种植技能培训来说，2017年，祥宇公司共举办高接换优、提质增效、低产园改造、灌溉施肥等技术培训班5次，培训农户1000多户。每年，祥宇公司都会吸引约3000人来公司务工，这些都为农民增收提供了实实在在的保障。另外，祥宇公司先后成立了油橄榄行业第一个院士专家工作站，设立了标准化的实验室，推动了中国相关标准的建立。公司还加强了与各科研院所和高校的科研合作，研发出橄榄油、饮品、保健品等系列产品，不断地延长油橄榄产业链条。已研发出橄榄双椒、橄榄酒、橄榄冰激凌等油橄榄延伸产品，橄榄醋、冻干粉等产品正在研发中。祥宇公司油橄榄不仅打响了中国油橄榄产业的品牌，而且还为油橄榄种植户带来了收益,解决了农户在资金、技术、基础设施等方面遇到的困难,为陇南市农民增收、农业增产起到了巨大的积极推动作用。

7.2.3 陇南市农村产业融合存在的问题

陇南市在甘肃境内是一个发展农业比较有优势的地区,其得天独厚的气候条件和丰富的自然资源为特色产业和乡村旅游的发展奠定了良好的基础,为产业融合发展提供了条件。陇南市借助现代信息技术、互联网、物流运输等,在经济发展过程中,将农业融入第二产业和第三产业,同时通过二三产业的发展带动农业的发展,通过促进产业之间的相互融合、相互渗透,优化了产业结构,转变了农业生产方式,增加了农民增收途径。本研究在梳理产业融合的相关概念和理论基础上,对陇南市农业生产的优势条件和产业发展的现状进行定性分析,再运用熵值法和灰色关联分析法对其进行定量分析,发现陇南市产业融合存在以下几个方面的问题。

7.2.3.1 产业融合起步晚、层次低

陇南市农村产业融合开始时间相对较晚,整体融合度不够,还处在萌芽阶段。首先是产业链延伸能力不强,新技术融入不够,对农产品的附加价值开发不够,利润获取空间小,农民收入限制大。其次是电子商务在陇南市农村产业融合中的作用不明显,对促进农民增收和农业增产的提质作用不强,没有形成健全的管理制度和发展体系。再次是产业融合模式形式少,利益联结机制不完善。农业集约化规模小,利益分配制度不完善,二次分配机制效能发挥不够,农民在整个生产体系中获得利益较少。最后是生态农业、乡村旅游等项目对农耕文化、农业文明的开发利用不够,没有形成健全的管理方式,特色产品缺乏,经营模式落后。

7.2.3.2 农业经营主体实力不够,引导示范作用不强

陇南市农业新型经营主体起步晚,发展过程缓慢,没有形成强大的引领和带动作用。宣传、组织和带动农户增收的能力较弱。大部分的农产品加工企业

缺乏精深加工，缺乏科研团队的支撑，产业链条存在"短、散、细"的特点，这就导致产业在融合过程中后劲不足，呈现出融合程度浅、融合方式单一、融合机制松散等特点，整体水平不高、技术含量低，农产品回报值和附加值低。合作社、协会等基础薄弱，不能及时跟上政府职能转变和市场经济发展的规律，对农户的帮助作用不大，服务意识和服务水平不够。

7.2.3.3 农村产业融合受生产要素约束

陇南市在农村产业融合过程中受生产要素制约。①扶持资金难以获得。目前陇南市农村产业融合正在摸索中发展，还没有形成统一的体系，项目建设过程中周转时间长、资金需求量大、成效不明显，且银行的专项基金由于利率、风险控制等各种因素的影响，签约率和放款率都比较低。由于交通、信息、技术等的影响，农村缺乏金融产品、贷款渠道，再加上贷款手续繁杂、融资渠道不畅通，对农村产业融合形成了较大的阻力。②土地资源的制约。由于农村产业融合发展促进了产业集聚和农业其他功能的发挥，但这些环节都需要大量的土地资源支持，但是由于受政策影响，有些项目难以快速开展，另外农土地流转工作的开展也需要时间，这就在一定程度上影响了产业融合的步伐。③人才缺乏。首先是企业缺乏科研人才，产品创新能力不足，科技投入少，无法在市场上占据优越的市场份额；其次是农业经营组织中缺乏高水平的领头人，新型经营主体在管理、技术创新、市场动态掌握等方面的知识储备不够，综合性带头人缺乏；最后是农户的受教育水平普遍偏低，他们对新技术和新方法的接受力度比较差，这对产业的发展也是一个比较大的制约因素。

7.2.3.4 基础设施建设滞后

陇南市农村的物流仓储、通信技术等基础设施建设不到位，对农产品质量检测和疾病防疫能力还有所欠缺；另外陇南受地形影响，平原较少，大多数农用地以山地为主，土地利用程度低、机械化程度不高、山区土地水资源缺乏、水利设施缺乏；再加上自然灾害种类较多，农业生产发生损失的可能性较高，由于科技支撑能力弱，对土地污染的治理存在较大困难。农业基础条件相对薄弱，延缓了农业现代化的步伐，推迟了农业生产新模式推广的步伐，增加了农村产业融合的成本和潜在风险。

7.2.3.5 农民素质有待提高

农民是产业融合过程中最直接和最长久的参与者，农民的素质对产业融合的效果有较大的影响。随着科学技术和经济的发展，农民在生产过程中遇到了各方面的问题和困难。陇南市农业劳动者文化程度偏低，专业知识缺乏且对新知识的掌握速度相对较慢。尽管对农民进行了培训，但培训多数流于形式，培训时间短，效果不明显，且以被动培训为主，这就使得一些年龄大、文化程度低的农民不愿意听讲，很难对农民形成实质性帮助。且多数培训不注重培训后期效果，没有反馈机制，效率低下。所以，陇南市要在农民素质的提高上多下功夫，多动脑筋。

7.2.3.6 利益协调机制不完善

尽管陇南市利用"公司+农民"或"龙头企业+合作社+农民"模式发展产业，使农民利益和企业利益联系起来，但效果并不好。没有完全形成利益共享的格局，农民在整个市场中缺乏主动性和话语权，导致利益分配不公平，可能在产品源头发生问题，从而影响到整个产业链条的稳定性。另外，农户由于受自身条件的限制，对市场风险的应对能力不足，政府通过合作社、龙头企业等经营主体来运作产业扶持资金，在这个过程中，由于缺乏健全的利益分配机制，尽管农户有分红收入，但收益率不高。

7.3 陇南市农村产业融合程度评价

7.3.1 评价方法的选择

国外学者常采用赫尔芬达系数、熵值法等对产业融合进行评价。国内对产业融合的研究以定性分析为主，定量研究较少。本研究借鉴李贤杰（2019）对山东省农村产业融合的研究和姜睿清（2013）对江西产业结构进行研究时采用的灰色关联分析法，结合陇南市农村产业融合发展的真实状况和可获得的数据，采用熵值法和灰色关联分析法，对陇南市农村产业融合发展进行综合评价。

7.3.2 指标体系的构建

7.3.2.1 指标选取的原则

①科学性原则。综合评价指标体系是衡量研究对象的重要标准，科学地选取指标有助于评价结果的合理准确及客观性，因此，选取指标要在遵循研究对象特点的基础上保持科学性。

②系统性原则。构建农村产业融合发展综合评价指标体系是一项系统工作，各层级的指标之间既有联系又有相互独立性，因此，指标在选取过程中要注意相互之间的联系和区别。

③可量化、可操作性原则。在测评过程中，要根据研究区域和研究对象的实际情况考虑数据的真实性和可获得性，对不容易获取数据的指标要尽量避免。

7.3.2.2 指标的选取及说明

本研究通过借鉴蒋一卉（2017）、唐福军（2018）、刘鹏凌等（2019）对产业融合指标体系的构建，遵照陇南市产业发展的实际情况和可获得的数据，构建农业产业链延伸、农业多功能性拓展、农业与服务业融合3个层次的指标体系，再对这3个层面选出合理的指标构建综合评价指标体系。在农业产业链延伸方面，选取第一产业固定资产投资额、农林牧渔业工资水平、农业专业科技服务组织、农民专业合作组织4项。在农业多功能性拓展方面，选取乡村文化室、化肥和农药使用量、省/市县级美丽乡村、农村二三产业从业人员占就业人口比重4项。在农业与服务业融合方面，选取第三产业增加值占GDP的比重、电商销售额、旅游业综合收入、农林牧渔服务业产值、全市城镇化水平5项指标。具体指标体系如表7-4所示。

表 7-4　陇南市农村产业融合综合评价指标体系

一级指标	二级指标	三级指标	指标属性
农村产业融合	农业产业链延伸	X1 第一产业固定资产投资额/万元	正向指标
		X2 农林牧渔业工资水平/万元	正向指标
		X3 农业专业科技服务组织/个	正向指标
		X4 农民专业合作组织/个	正向指标
	农业多功能性拓展	X5 乡村文化室/个	正向指标
		X6 化肥和农药使用量/吨	负向指标
		X7 省/市县级美丽乡村/个	正向指标
		X8 农村二三产业从业人员占就业人口比重/%	正向指标
	农业与服务业融合发展	X9 第三产业增加值占GDP的比重/%	正向指标
		X10 电商销售额/亿元	正向指标
		X11 旅游业综合收入/亿元	正向指标
		X12 农林牧渔服务业产值/万元	正向指标
		X13 全市城镇化水平/%	正向指标

7.3.3　数据来源

本研究所用数据来源于《陇南发展年鉴》《陇南市统计公报》《甘肃省发展年鉴》等。时间节点以2013—2017年的数据来进行分析。

7.3.4　农村产业融合度测评

7.3.4.1　陇南市农村产业融合测评

（1）熵值法测评陇南市农村产业融合

本研究首先选用熵值法来确定指标权重，熵值越大，表示该指标对综合评价的影响越大。熵值法可以排除主观因素的干扰，相对来说，评价结果更加客观准确，步骤如下：

第一步，构建数据矩阵，对数据进行标准化处理。熵值法不需要对数据进行无纲量化处理，为避免计算过程中无意义对数出现，对数据进行标准化处理（表7-5）。

对于取值越大越好的指标：

$$X_{ij}^{'} = \left(\frac{X_{ij} \min(X_{1j}, X_{2j}, X_{3j}, \cdots, X_{nj})}{\max(X_{1j}, X_{2j}, X_{3j}, \cdots, X_{nj}) - \min(X_{1j}, X_{2j}, X_{3j}, \cdots, X_{nj})} \right) + 1, \quad (7-1)$$

其中，$i=1, 2, 3, \cdots, n$；$j=1, 2, 3, \cdots, m$。

对于取值越小越好的指标：

$$X_{ij}^{'} = \left(\frac{\max(X_{1j}, X_{2j}, X_{3j}, \cdots, X_{nj}) - X_{ij}}{\max(X_{1j}, X_{2j}, X_{3j}, \cdots, X_{nj}) - \min(X_{1j}, X_{2j}, X_{3j}, \cdots, X_{nj})} \right) + 1。 \quad (7-2)$$

表7-5 熵值法数据

X_1	X_2	X_3	X_4	X_5	X_6	X_7	X_8	X_9	X_{10}	X_{11}	X_{12}	X_{13}
1.01	1.00	1.00	1.00	1.00	1.24	1.00	1.00	1.18	1.00	1.00	1.00	1.00
1.13	1.17	1.90	1.45	1.53	1.00	1.73	1.07	1.00	1.04	1.30	1.16	1.25
1.00	1.65	1.93	1.53	1.55	1.04	1.82	1.14	1.18	1.10	1.48	1.43	1.45
2.00	1.95	1.94	1.90	1.84	1.00	1.91	1.46	1.14	1.60	1.80	1.68	1.74
1.50	2.00	2.00	2.00	2.00	2.00	2.00	2.00	2.00	2.00	2.00	2.00	2.00

第二步，计算指标比重。

$$P_{ij} = \frac{X_{ij}}{\sum_{i=1}^{n} X_{ij}},$$

其中，$i=1, 2, 3, \cdots, n$；$j=1, 2, 3, \cdots, m$。 (7-3)

经过计算得到的结果如表7-6所示。

表 7-6 指标比重

X_1	X_2	X_3	X_4	X_5	X_6	X_7	X_8	X_9	X_{10}	X_{11}	X_{12}	X_{13}
0.15	0.13	0.11	0.13	0.13	0.20	0.12	0.15	0.18	0.15	0.13	0.14	0.13
0.17	0.15	0.22	0.18	0.19	0.16	0.20	0.16	0.15	0.15	0.17	0.16	0.17
0.15	0.21	0.22	0.19	0.20	0.17	0.22	0.17	0.18	0.16	0.20	0.20	0.19
0.30	0.25	0.22	0.24	0.23	0.16	0.23	0.22	0.18	0.24	0.23	0.23	0.23
0.23	0.26	0.23	0.25	0.25	0.32	0.24	0.30	0.30	0.30	0.26	0.28	0.27

第三步，计算第 j 项指标的熵值。

$$\text{熵值} e_j = -k \times \sum_{i=1}^{n} P_{ij} \log P_{ij} \qquad (7-4)$$

常数 k 与样本数 m 有关且 $k > 0$，通常情况下，令 $k = 1/\ln m$，在本研究中 $m = 13$，则 $k = 0.3899$。

求出熵值 e_j，计算结果如表 7-7 所示。

表 7-7 熵值

指标	X_1	X_2	X_3	X_4	X_5	X_6	X_7	X_8	X_9	X_{10}	X_{11}	X_{12}	X_{13}
e_j	0.266	0.267	0.268	0.267	0.269	0.267	0.269	0.266	0.266	0.265	0.267	0.260	0.266

第四步，计算差异系数。

X_{ij} 的差异越大，熵越小，对方案的评价作用越大，即 $g_j = 1 - e_j$，g_j 越大，指标对整个方案越重要。计算结果如表 7-8 所示。

表 7-8 差异系数

指标	X_1	X_2	X_3	X_4	X_5	X_6	X_7	X_8	X_9	X_{10}	X_{11}	X_{12}	X_{13}
e_j	0.734	0.733	0.732	0.733	0.731	0.733	0.731	0.734	0.734	0.735	0.733	0.74	0.734

第五步，求指标权重。

$$W_j = \frac{g_j}{\sum_{j=1}^{m} g_j}, \tag{7-5}$$

其中，$j = 1, 2, 3, \cdots, m$。

计算结果如表7-9所示。

表7-9 指标权重

指标	X_1	X_2	X_3	X_4	X_5	X_6	X_7	X_8	X_9	X_{10}	X_{11}	X_{12}	X_{13}
W_j	0.0770	0.0769	0.0768	0.0769	0.0766	0.0769	0.0766	0.0770	0.0770	0.0770	0.0769	0.0775	0.0770

第六步，综合评价。

$$S_j = \sum_{j=1}^{m} W_j \times P_{ij}, \tag{7-6}$$

其中，$i = 1, 2, 3, \cdots, n$。

计算结果如表7-10和表7-11所示。

表7-10 陇南市农村产业融合评价熵值法计算结果1

年份	X_1	X_2	X_3	X_4	X_5	X_6	X_7	X_8	X_9	X_{10}	X_{11}	X_{12}	X_{13}
2013	0.012	0.010	0.008	0.010	0.010	0.015	0.009	0.012	0.014	0.012	0.010	0.011	0.010
2014	0.013	0.012	0.017	0.014	0.015	0.012	0.015	0.012	0.012	0.012	0.013	0.012	0.013
2015	0.012	0.016	0.017	0.015	0.015	0.013	0.016	0.013	0.013	0.012	0.015	0.016	0.015
2016	0.023	0.019	0.017	0.018	0.018	0.012	0.017	0.016	0.014	0.018	0.018	0.018	0.018
2017	0.018	0.020	0.018	0.019	0.019	0.025	0.018	0.023	0.023	0.023	0.020	0.022	0.021

表 7-11　陇南市农村产业融合评价熵值法计算结果 2

年份	综合得分	农业产业链延伸	农业多功能性拓展	农业与服务业融合发展
2013	0.143	0.040	0.046	0.057
2014	0.172	0.056	0.054	0.062
2015	0.188	0.060	0.057	0.071
2016	0.226	0.077	0.063	0.086
2017	0.269	0.075	0.085	0.109
平均值	0.200	0.062	0.061	0.077

根据上述计算结果可以看出，2013—2017 年陇南市积极贯彻落实国家政策，产业融合综合得分由 2013 年的 0.143 增加到 2017 年的 0.269，平均值为 0.2，年均增长率为 17.11%。由图 7-3 可以看出，除了产业链延伸路径在 2017 年略有下降之外，农业多功能性拓展和农业与服务业融合发展方面，都呈现不断加深的趋势，产业融合综合得分自 2015 年开始呈现直线增长趋势。由于乡村振兴战略的出台，农业农村的发展受到越来越多的关注，陇南市作为甘肃省深度贫困地区和农业市，在甘肃省农业农村工作中尤为重要。近几年，陇南市产业融合水平不断提高，证实了本研究对象选取的必要性和正确性。

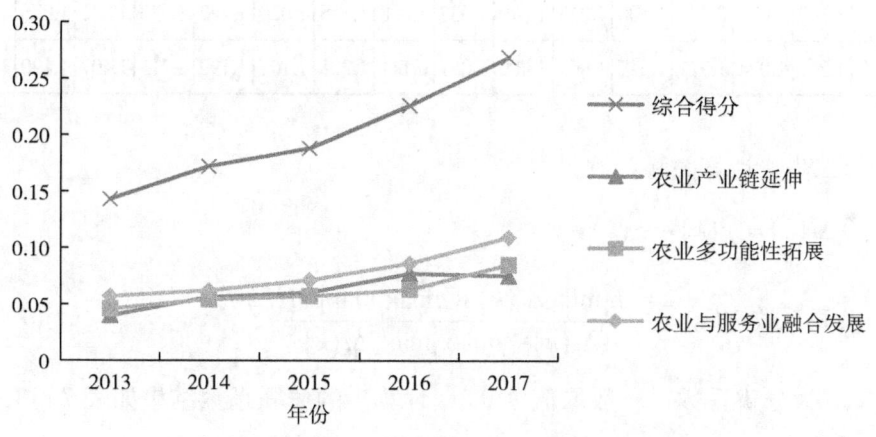

图 7-3　陇南市农村产业融合评价熵值法计算结果

(2) 灰色关联分析法测评陇南市农村产业融合

灰色关联分析法是根据系统发展过程中两个因素的变化态势来对研究内容进行分析的,如果因素的变化态势是一致的,那么说明关联度高,不一致就说明关联度低。主成分分析法、回归分析法等传统数理统计方法对数据量要求高,而灰色关联分析法正好弥补了这一缺陷,还可以避免测算结构与定性分析结果不符的问题。因此,为了进一步测评陇南市农村产业融合对农村、农民和农业发展的作用,本研究选取灰色关联分析法,从增加农民收入和促进农业增产增收两个方面来测评陇南市农村产业融合成效。

本研究依据具体数据,按照灰色关联分析法,采用 Excel 2010 进行计算分析。

第一步,设置农村居民人均可支配收入和现价农林牧渔业总产值两个参考数列,运用均值法对数据进行无量纲化处理,处理结果如表 7–12 所示。

表 7–12　灰色关联分析法计算结果、数据处理结果

年份	Y_1	Y_2	X_1	X_2	X_3	X_4	X_5	X_6	X_7	X_8	X_9	X_{10}	X_{11}	X_{12}	X_{13}
2013	0.701	0.864	0.393	0.953	0.788	0.454	0.928	1.000	0.542	0.949	0.920	0.089	0.569	0.843	0.876
2014	0.798	0.954	0.622	1.048	1.040	0.878	0.933	1.008	1.024	0.960	0.826	0.197	0.821	0.900	0.935
2015	1.072	1.014	0.380	1.317	1.049	0.958	0.996	1.007	1.084	0.970	0.920	1.495	0.970	0.991	0.988
2016	1.162	1.073	2.275	1.500	1.053	1.310	1.032	1.008	1.145	1.020	1.142	1.650	1.242	1.076	1.070
2017	1.267	1.094	1.329	1.517	1.069	1.400	1.051	0.111	1.205	1.101	1.192	2.715	1.407	1.190	1.140

第二步,计算关联系数。

令 $\Delta i(k) = |y(k) - x_i(k)|$,

$$关联系数 \delta i(k) = \frac{\min_i \min_k \Delta i(k) + \rho \max_i \max_k \Delta i(k)}{\Delta i(k) + \rho \max_i \max_k \Delta i(k)}, \quad (7-7)$$

其中,ρ 为分辨系数,一般取值为 0.5,计算出的关联系数结果如表 7–13、表 7–14 所示。

表 7–13　灰色关联分析法计算结果表 – 关联系数表（X 与 Y_1）

年份	δ_1(1)	δ_2(1)	δ_3(1)	δ_4(1)	δ_5(1)	δ_6(1)	δ_7(1)	δ_8(1)	δ_9(1)	δ_{10}(1)	δ_{11}(1)	δ_{12}(1)	δ_{13}(1)
2013	0.721	0.762	0.917	0.766	0.782	0.727	0.843	0.765	0.789	0.557	0.869	0.859	0.828
2014	0.827	0.764	0.770	0.925	0.866	0.797	0.783	0.840	0.989	0.562	0.996	0.901	0.864
2015	0.525	0.768	0.996	0.888	0.930	0.943	0.995	1.011	0.849	0.649	0.900	0.924	0.921
2016	0.405	0.701	0.893	0.853	0.871	0.474	1.004	0.860	1.000	0.614	0.925	0.919	0.912
2017	0.947	0.764	0.807	0.868	0.791	0.396	0.947	0.836	0.931	0.343	0.861	0.929	0.874

表 7–14　灰色关联分析法计算结果表 – 关联系数表（X 与 Y_2）

年份	δ_1(2)	δ_2(2)	δ_3(2)	δ_4(2)	δ_5(2)	δ_6(2)	δ_7(2)	δ_8(2)	δ_9(2)	δ_{10}(2)	δ_{11}(2)	δ_{12}(2)	δ_{13}(2)
2013	0.635	0.904	0.918	0.667	0.930	0.859	0.718	0.908	0.939	0.513	0.736	0.978	0.989
2014	0.712	0.899	0.907	0.918	0.978	0.941	0.924	0.996	0.867	0.519	0.862	0.941	0.981
2015	0.563	0.731	0.962	0.939	0.982	0.995	0.924	0.952	0.899	0.630	0.952	0.976	0.973
2016	0.404	0.657	0.980	0.777	0.955	0.929	0.922	0.942	0.925	0.586	0.831	1.000	1.000
2017	0.778	0.660	0.974	0.729	0.953	0.454	0.883	0.995	0.895	0.335	0.724	0.897	0.950

计算关联度 r 值。

$$r_i = \frac{1}{n}\sum_{k=1}^{1}\delta_i(k), \qquad (7-8)$$

其中，$k = 1, 2, 3, \cdots, n$。

计算结果如表 7–15、图 7–4 所示。

表 7–15　陇南市农村产业融合评价灰色关联分析结果

指标	X_1	X_2	X_3	X_4	X_5	X_6	X_7	X_8	X_9	X_{10}	X_{11}	X_{12}	X_{13}
关联度（Y_1）	0.69	0.75	0.88	0.86	0.85	0.67	0.91	0.86	0.91	0.55	0.91	0.91	0.88
关联度（Y_2）	0.62	0.77	0.95	0.81	0.96	0.84	0.87	0.96	0.91	0.52	0.82	0.96	0.98

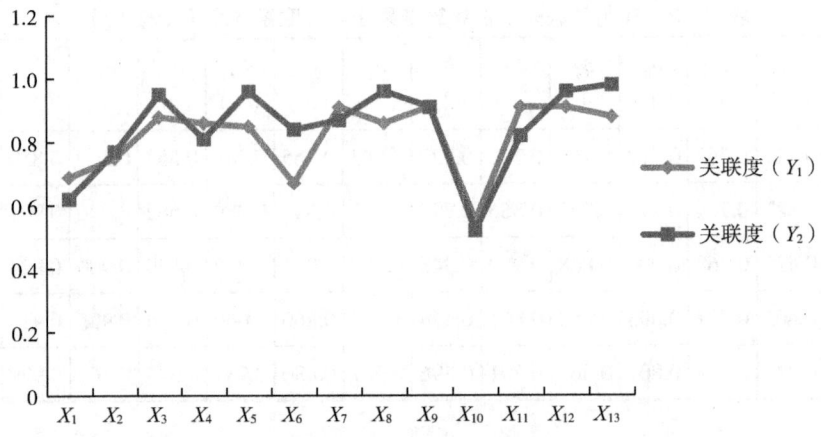

图 7-4 陇南市农村产业融合评价灰色关联分析结果

从上述可以看出,所选取的 13 项指标与参考参数的关联值均高于 0.5,且部分指标关联度大于 0.9,一方面证明了指标选取的正确性;另一方面也证实了农村产业融合对农民增收和农业效益增加的推动作用、对实现城乡一体化发展的积极作用,是"三农"问题解决的重要途径,再次印证了本研究的研究意义。

根据表 7-15 可以列出每项指标对农民人均可支配收入及农林牧渔总产值影响的顺序,如表 7-16 所示。

表 7-16 陇南市农村产业融合评价灰色关联分析结果排序

排序	Y_1 农村居民人均可支配收入/(元/人)	Y_2 现价农林牧渔总产值/万元
1	X_{12} 农林牧渔服务业产值/万元	X_{13} 全市城镇化水平/%
2	X_{11} 旅游业综合收入/亿元	X_5 乡村文化室/个
3	X_9 第三产业增加值占 GDP 的比重/%	X_8 农村二三产业从业人员占就业人口比重/%
4	X_7 省/市县级美丽乡村/个	X_{12} 农林牧渔服务业产值/万元
5	X_3 农业专业科技服务组织/个	X_3 农业专业科技服务组织/个
6	X_{13} 全市城镇化水平/%	X_9 第三产业增加值占 GDP 的比重/%
7	X_8 农村二三产业从业人员占就业人口比重/%	X_7 省/市县级美丽乡村/个
8	X_4 农民专业合作组织/个	X_6 化肥和农药使用量/吨

续表

排序	Y_1 农村居民人均可支配收入/(元/人)	Y_2 现价农林牧渔总产值/万元
9	X_5 乡村文化室/个	X_{11} 旅游业综合收入/亿元
10	X_2 农林牧渔业工资水平/万元	X_4 农民专业合作组织/个
11	X_1 第一产业固定资产投资额/万元	X_2 农林牧渔业工资水平/万元
12	X_6 化肥和农药使用量/吨	X_1 第一产业固定资产投资额/万元
13	X_{10} 电商销售额/亿元	X_{10} 电商销售额/亿元

7.3.4.2 陇南市农村产业融合实证结果分析

根据熵值法计算结果可以看出，陇南市产业融合发展的3条路径发展差距不大，整体趋于平衡。从表7—11中可以看出，农业产业链延伸得分由2013年的0.04增加至2017年的0.075，增加了3.5个百分点，发展趋势向好。在农业多功能性拓展方面，2013—2017年增加了3.9个百分点，比较5年间的增加值可知，2017年较2016年增加值最大，为0.022，这得益于陇南市积极响应国家号召，激活乡村旅游活力，将农业与旅游业融合发展，促使农业其他功能逐渐凸显。在农业与服务业融合发展方面，近年来通过发展农村电商、乡村旅游、特色农业等，农业不断与服务业融合，使得陇南市农业与服务业融合发展是3条发展路径中增长速度最快的，2013—2017年增加了5.2个百分点。从横向来看，2013—2017年农业与服务业融合发展得分均高于其他两条路径，这说明相对于农业产业链延伸和农业多功能性拓展，农业与服务业融合发展对于促进陇南市产业融合发展的贡献最大。

根据灰色关联分析法结果可知，与农民人均可支配收入关联度最高的是农林牧渔服务业产值、旅游业综合收入、第三产业增加值占GDP的比重及省/市县级美丽乡村个数，这4项指标与农村居民人均纯收入的关联值均为0.91，陇南市积极推进产业发展，支持特色产业发展，增加对第三产业的投入，发展乡村旅游，提高了服务业发展水平，因此，农业与服务业的融合发展在促进农村居民收入方面发挥了巨大的作用。其次与农民人均可支配收入关联度较高的是农业专业科技服务组织和全市城镇化水平,这说明科学技术和城镇化建设对于农民收入也有显著的增加作用,因此,可以大力推进科学技术的推广,给农户宣传先进的生产技术,推进城市化建设。电商销售额与农民收入关联度最小,关联系数为0.55,说明电商对农户的增收作用不强,农产品线上销售链条不完整,今后要加强这方面的投入,将新的营销手段和宣传方式融入农户平时的生产活动中,拓宽增收渠道。

与农林牧渔总产值关联度最强的是全市城镇化水平,关联值为0.98,其次是乡村文化室、农村二三产业从业人员占就业人口比重、农林牧渔服务业产值,关联值为0.96,农业专业科技服务组织个数与农林牧渔总产值关联度次之,为0.95,这说明在提升农业产值这一发展目标上,农业多功能性的发挥和农业与服务业融合发展的带动作用较大,现代农业要改变对农业的传统认识,要注意挖掘农业生产活动的多功能性,不断开发农产品的附加值,也要培育新型的农民,需要进步的农民来经营。由此,可以鼓励农业走产业化道路,引导龙头企业,发挥带头作用;改善融资环境,简化贷款过程,鼓励农民扩大规模;完善农村信息化建设,加大新技术宣传力度,加速农业发展进度。

综合上述分析结果来看,与促进农民收入增加、促进农业增产增收关联性较强的指标多数为农业多功能性拓展和农业与服务业融合发展两个系统中的指标,农业产业链延伸层的指标总体关联度不高,这说明陇南市农业产业链延伸发展不够好,尽管祥宇油橄榄公司、康县鸿泰农业开发有限责任公司、康县茗芝茶叶有限公司等企业在产业链延伸方面做得比较好,但陇南市总体上产业链延伸发展依旧缺乏,对农产品附加值开发率不高,产业链吸纳农户能力弱,生产过程中产前、产中、产后的联结机制不完善,农产品精深加工不够,产业向下游延伸链过短。另外,电商销售与农民人均可支配收入和农林牧渔业产值关联值分别为0.55和0.52,均排在最末,尽管近几年,陇南市电商开创了"陇南模式",电商产业为贫困人群实现增收做出了贡献,但由于电商仍处在摸索和探索阶段,还没有形成完整的发展体系和健全的管理制度,电商对农民增收和农业增值没有发挥相应的作用。

7.4 陇南市农村产业融合发展对策建议

7.4.1 多层次提升农村产业融合水平

当前，陇南市产业融合刚刚起步，处在萌芽阶段，农产品精深加工不够。这就迫切需要从多个方面来提高产业融合水平。首先，要改变传统的生产模式，对农产品进行全系列生产，延长其产业加工链条，挖掘农产品更多的潜在价值，生产具有高经济价值的农产品，打造品牌，创造利润空间。根据消费者喜好和市场导向，将民间工艺技术融入农产品加工过程中，为农产品销售创造有利的条件，同时也要做好农产品加工后的副产品无害化处理，秉承绿色生态理念，发展可持续可循环农业。全面支持主导优势产业发展壮大，助推农产品加工企业转型升级，打造标准化基地，充分保证农产品的品质。要充分利用资源优势，积极搞活乡村经济，发展乡村旅游、生态旅游，把产品开发融入乡村旅游业中去，传承乡村优秀文化，将乡村文化、农产品开发、乡村旅游业有机衔接起来，促使农村三次产业融合深度发展。其次，加强品牌的宣传推广。品牌对产品的营销是至关重要的，陇南市拥有很多优质农产品，如花椒、油橄榄、木耳、中药材等，但这些产品在国内和国际市场上的品牌影响力还很低，对其销售和宣传推广造成了一定的困难，只有不断做大做强品牌，才能更好地发挥产品的价值。要充分利用信息技术，实现信息最大化共享，构建信息交流平台，积极发展农村电商和物流仓储技术，不断提升品牌价值。最后，发展优势产业集聚园区。结合现代农业发展理念，发展有市场、有价值、有特色、有经济价值的现代产业园区。促进企业之间加强合作和信息交流，通过建设一批具有高科技高效益的现代产业园区来吸引一些具有规模优势的龙头企业和合作社参与到园区发展中。通过产业的集聚发展，将各种优势要素集聚到一起，形成信息和资源共享的产业发展网格，降低成本，拓宽利润空间。

7.4.2 多元化培育农村产业融合主体

陇南市农村产业融合层次低，需要一批带动能力强的新型经营主体来带动其快速发展，所以要通过政策、资金、体制等方面的支持来培育新型经营主体，充分发挥专业大户、合作社等融合主体的引导示范作用，传播更先进的生产技术和农业经营思想，带领小农户向专业化生产方向靠拢。同时还要注重新农民的培养，提高农民的生产水平和生产效率。具体做法如下：第一，给合作社和龙头企业提供政策、资金等方面的支持，使其发展壮大，以合作社和龙头企业为关键节点，形成完整的农业产业链条，充分发挥龙头企业等组织的引导示范作用，鼓励其开展农产品精深加工、冷藏技术、线上营销、品牌建设等相关生产活动，延长产业链，形成专业化一条龙生产，提高农产品附加值。第二，积极发挥种植专家、科技特派员的作用，让农业专家和科技特派员走入田间地头指导农业生产，合作社、龙头企业等组织要主动联系种植专家，切实沟通在整个生产过程中遇到的困难和问题。鼓励合作社扩大生产规模、丰富农产品种类。与此同时不但要关注农产品的数量，更要关注农产品的质量，积极促进合作社与采购市场、销售市场和生产加工企业之间的合作，降低原材料采购成本，拓宽产品销售渠道。第三，大力培育新型职业农民，加大对农村大中专毕业生的培养，给予他们优惠政策，让他们成为新农民团队的主力军。鼓励新农民积极参与土地流转，与合作社、龙头企业建立合作机制，扩大经营规模，学习更加先进、更加系统的生产技术，在提高产品质量的同时也增加了自身收入。政府可以制定一些政策，如通过考核等方式颁布新型职业农民资格认定证书，转变过去农民社会地位低下的现状，在社会保险、农业保险等方面给予他们优惠和帮助，使他们能更好地投入生产生活中。第四，大力培养科技人才，鼓励那些有思想、有能力、敢尝试、有魄力的新型企业家，支持全社会创新能力开发，借助人才项目，培养一批全面发展的人才，为创新团队的发展提供保障，为产业融合提供核心支撑。

7.4.3 建立更加紧密的利益联结机制

企业要积极与大公司签订订单，跟合作社、农户签订购销合同，建立紧密的利益联结机制，使农户与合作社、龙头企业同呼吸、共命运。通过农户入股和签订合同的方式，使农户成为有主人翁意识的参与者和受益者，除了农业生产带来的收益，也享受二三产业带来的利润，确保农民实现可持续增收。龙头企业、合作社等可以为农户提供贷款担保，鼓励农户扩大产业规模，运用新技术、培育新品种，还可以资助农户参与农业保险，降低农户的损失，鼓励农民以自己的土地、技术、资金等要素入股，形成"基础收益+入股分红""基础收益+二次分红"等利益分配方式。强化企业的社会责任意识，鼓励发展前景好、有能力的企业组织农户进行集中培训，包括技能、风险规避、销售策略等方面的培训，不断提升农户的水平。企业还可以为农户提供就业岗位，解决农村剩余劳动力就业问题，切实保障农户能充分享受到农业带来的利益。在日益激烈的竞争下，不仅要让农民具有过硬的技能，还要培养农民具有风险意识的头脑，要让农民在切实保护自身利益的同时也要树立风险共担的意识，不要一味地认为只有收益，没有风险。要让农民认识到市场也是有风险的，在项目发展好的时候会有较好的收益，在项目发展出现滑坡的时候收益也会下降，要让农民与龙头企业、合作社等产业融合主体同呼吸、共命运，形成一个更加专业化、更加系统化的整体。

7.4.4 激发乡村旅游在产业融合中的作用

2017年、2018年中央一号文件连续提出要大力发展乡村旅游业，可见乡村旅游业对经济发展的重要作用。旅游业是陇南市经济发展新的突破口，境内众多旅游景区打开了其发展经济的新思路。陇南市有着丰富的旅游资源，但开发不够充分，尽管旅游业每年都在增长，但无论是游客接待量还是旅游收入仍然无法与邻近的九寨沟相比。乡村旅游业的发展是促进陇南市农村产业融合的重要抓手，要集思广益挖掘旅游资源，提升旅游服务质量，整合旅游资源，让各种有特色有竞争力的优势资源竞相迸发，打响旅游口号，创新旅游路线，打造品质良好、深度融合的乡村旅游路径。另外，要把特色产业、优秀历史文化等都融入乡村旅游中去，发展多种形态的乡村旅游。可以学习借鉴西河县将"乞巧女儿节"和乡村旅游相结合、文县把乡村旅游与原生态民俗表演《池哥昼》相融合的经验，多开拓这样的思路，以乡村旅游业的发展带动农村产业的融合发展，达到事半功倍的效果，带动整体收益的增加。

7.4.5 充分发挥政府支持作用

在农村三产业融合中，不仅有市场的作用，政府也发挥着不可替代的作用。要积极发挥政府的支持作用，为陇南市产业融合发展提供强有力的支持。政府应该从资金、政策、监管等多个方面加大对农村地区的支持力度，加快农村基础设施建设，促使农业迈向现代化、规模化、集约化。首先，要鼓励支持带动能力强、发展基础好的农村集体经济组织、龙头企业等新型经营主体的发展，鼓励其主动吸纳周边小农户，为其提供社会化的服务，使其与大市场连接起来，制定统一的生产标准，进行集中生产，这样既可以保证小农户的经济利益，也可以保证农产品的质量。另外，在生产过程中，要推广绿色生态发展模式，培养农户注重生态效益的思维，开展现代化的农业生产，从质量、效益、品牌等各方面提高产业发展水平。其次，加大财政支持力度。要想农户和企业更好更积极地参与到产业融合中，离不开资金的支持，政府应该创新财政金融政策体系，从各种渠道吸纳资金，为产业融合规模的扩大提供支撑。可成立产业融合专项资金库对农业专业合作社、龙头企业等进行资助和扶持。同时，政府要做好信息服务和农业大数据平台建设工作，以便及时掌握农业生产各项信息，打造口碑产品，实现产品质量可追溯。另外，要推进资源共享和利益共享机制，促进城乡之间平等互通发展。再次，政府在基础设施建设方面要有所作为，加快农村交通、通信、物流、水利设施、文化广场、垃圾处理等方方面面的建设，为产业更好融合提供最基本的保障。最后，借助现代信息技术和通信物流手段，把农户与消费者通过互联网联系起来，扶持信息服务平台，多方面拓宽销售渠道，降低交易成本。陇南市要继续完善"陇南电商模式"，继续与淘宝、天猫、阿里巴巴等电商平台深入合作，重点打造"淘宝·陇南馆"，培育有能力、能创新的电商示范企业。充分优化地域特色产品资源，挖掘地方特色，重振老字号、申请地理标志产品，全方位拓展陇南市互联网销售渠道，做好售后服务，充分保证农特产品的质量，打造专业的线上服务团队，做让消费者放心的线上销售。推进全域农村电子商务发展，从根源上解决农产品因销售渠道少、信息不畅、运输不便等原因滞销的问题，切实给农户带去利益。大力推广"互联网+农业",多给农户宣传普及网络使用程序和网上销售方法,开发适合农户使用的简洁高效的 APP,让农户及时掌握市场动态,降低因信息不畅引起的损失和生产成本。在农村地区开设电子商务示范点,派专人负责与农户的对接,及时掌握农户的需求和困难,搭建好农产品、民间手工艺品销售展示平台,让农户参与到网上销售的过程中,对电商有一个清晰的认知,切实从中获利,多开展农业会展,借助媒体的力量,宣传特色优质农产品和手工艺品,做大做强品牌。

7.5 本章小结

我国作为农业大国,国民经济发展的重要基础是农业,在整个经济体系中,农村经济是必不可少的一部分,农民是经济发展过程中最主要的力量。推进农村产业在更深程度上融合发展,能够转变农村产业结构方式,增加农民的收入,促进城乡一体化发展。因此,推进农村产业融合发展是解决"三农"问题最有效的办法。陇南市地理位置特殊,资源优势明显,各项农业生产条件优越,农业发展总体状况较为良好,这给该地区产业融合夯实了基础。

国内学者对产业融合的研究多以定性分析为主,定量分析较少,对陇南市甚至甘肃省产业融合研究较少,存在对融合水平认识不足、制约条件不明晰等问题。基于此,本研究以陇南市为研究对象,以国内外学者对产业融合的内涵、类型、模式等研究,以及对产业融合理论、产业集群理论、农业多功能性理论等的阐述作为研究基础,定性分析陇南市农村产业融合发展现状,梳理现有融合模式,构建陇南市农村产业融合发展程度评价指标体系,运用熵值法和灰色关联分析法进行实证分析,对陇南市农村产业融合进行全面分析。

通过分析得出陇南市农村产业融合的水平逐步提高,融合程度不断加深及陇南市农村产业融合发展对促进农民增收和农村经济发展具有重要的推动作用。在产业链延伸、农业多功能性拓展、农业与服务业融合发展3条产业融合发展路径上,作用最好的是农业与服务业融合发展,其次是农业多功能性拓展和产业链延伸。融合过程中存在以下几个问题:①陇南市农村产业融合处于起步阶段，发展层次较低；②新型经营主体实力较弱，引导示范作用不强；③农村产业融合受生产要素制约；④相关基础设施建设滞后；⑤农民素质有待提高；⑥利益协调机制不完善。

最后，在理论研究和实证分析的基础上，针对陇南市农村产业融合发展的现状和存在的问题，提出以下对策建议：多层次提升农村产业融合发展；多元化培育农村产业融合主体；建立紧密的利益联结机制；充分发挥政府作用。

第八章
新时期脱贫攻坚与乡村振兴协同驱动路径研究

　　脱贫攻坚和乡村振兴是党中央为解决农村贫困问题和实现"两个一百年"奋斗目标做出的两大战略部署，是决胜全面建成小康社会、全面建设社会主义现代化国家的战略安排。2020年是决胜脱贫攻坚的收官之年，也是乡村振兴取得重要进展之年，是脱贫攻坚和乡村振兴交汇期的关键节点，国家从顶层设计的高度提出，要做好脱贫攻坚和乡村振兴工作的衔接和统筹，探究两者的有机衔接具有重大意义。脱贫攻坚自提出以来成效显著，但也暴露出剩余贫困群体脱贫难度大、脱贫质量差、脱贫不稳定、返贫问题严重和因病返贫等情况，加之缺乏有效的产业支撑、动态长效监测机制不健全、政府官员形式主义作风、内生动力不足等，返贫风险依然存在。按照党的十九大部署，当前我国正处于全面打赢脱贫攻坚战的收官阶段，同时也处于实施乡村振兴战略的起步阶段，是脱贫攻坚与乡村振兴统筹衔接的历史交汇期。脱贫攻坚与乡村振兴的有效衔接和协同驱动是这一交汇期工作的关键，急需科学研判和有效施策，这不仅有助于解决脱贫攻坚的遗留问题、巩固脱贫成果、形成长效保障机制，而且有助于整合资源、促进乡村全方位纵深发展和农村农业现代化，推动乡村振兴战略的实施。

8.1 "十四五"时期脱贫攻坚及乡村振兴新形势

8.1.1 乡村振兴战略的实施背景

乡村振兴战略作为习近平新时代中国特色社会主义思想的重要组成部分，其提出有着特定的时代背景：

①"国际因素论"。有学者指出，乡村振兴战略思想的产生与乡村衰退的国际背景息息相关，它的提出和实施可以为全球解决乡村问题贡献中国智慧和中国方案。

②"时机条件论"。有学者提出，当前我国处于工业化中后期、信息化快速发展期、城镇化中期、农业现代化全面推进期，实施乡村振兴战略的发展条件已具备。另有学者指出，乡村振兴战略是针对现阶段我国经济社会发展水平的客观现实做出的成熟战略决策。

③"矛盾问题论"。当前提出乡村振兴战略主要是为解决乡村发展面临的矛盾和问题。有学者从显性问题和隐性问题两个方面进行了分析。也有学者指出，从根本上说，乡村振兴面临的最大问题是城乡投入不均衡。还有学者从农业转型升级方面剖析了乡村振兴面临的现实困境。还有学者从农业农村农民3个维度分析了乡村振兴存在的主要问题。

④"历史必然论"。有学者指出，实施乡村振兴战略是历史发展的必然。另有学者从我国的具体国情及改革开放40年的现实出发，论证了实施乡村振兴战略的历史必然性。还有学者指出，实施乡村振兴战略，是实现社会主义现代化建设战略目标的必然要求，是解决我国社会主要矛盾的必然要求，是满足亿万农民对美好生活新期待的必然要求，是为世界各国贡献中国智慧的必然要求。

8.1.2 脱贫攻坚与乡村振兴有效衔接的意义

8.1.2.1 为世界贫困问题的解决提供中国方案

贫困问题一直以来都困扰着世界各族人民，是每个民族都要面临的现实问题。改革开放以来，有许多国际组织和机构以多种形式参与中国扶贫开发，为中国带来许多资金、物资和项目帮扶及课题研究等多种形式的帮助，带来了先进的技术、管理方法、治贫理念，推动了我国扶贫开发的进程。但是，随着我国综合实力的逐年攀升，从国际视角看，中国道路、中国方案、中国智慧及力量正成为其他国家考察和学习的范例，在整个世界的影响力日益突出，为世界各国解决乡村问题贡献了中国方案。在乡村脱贫过程中，处理好市场与政府的关系，以产业扶贫的方式发挥企业在扶贫中的作用，同时针对不同贫困主体的不同贫困情况采取不同的扶贫方案，实施精准扶贫策略，在极大程度上助力贫困治理。自党的十八大以来，这些方案的实施促使贫困治理每年都超额完成扶贫任务，这不仅是我国贫困治理的宝贵经验，也为世界减贫事业做出了重大贡献，提供了人口大国治理贫困的有效经验。要想国际社会以公正的态度审视中国贫困治理，就必须让他们了解中国的扶贫故事，其中习近平总书记关于扶贫的论述不仅会给其他国家在贫困治理方面带来启发和灵感，也将作为中华文明的一部分对全球的减贫事业产生积极影响。党中央提出脱贫攻坚和乡村振兴战略，不仅为中国解决乡村发展建设做出了指示，对世界其他国家解决乡村发展问题上也起到启发和借鉴作用。

8.1.2.2　有利于实现"两个一百年"的奋斗目标

目前，脱贫攻坚全面胜利，农村贫困人口脱离清贫窘迫的生活状态，生活比以往更加体面和幸福。乡村振兴战略巩固脱贫成果的同时深入推动减贫振兴，为国家发展提供可持续发展的动力，不仅有效破解了当前国家面临的主要矛盾，还为国家健康有序发展提供了持续的发展动力。

第一，脱贫攻坚给农村带来了巨大的改变，贫困地区人口综合素质得到提高，产业取得初步发展，环境治理有序推进，农村基层组织得到发展和完善，贫困群众精神面貌焕然一新等。8年扶贫奋斗为乡村振兴工作的后续开展节省了政策传达和执行的直接成本，全方面为乡村振兴战略的执行提供基础支撑。

第二，乡村振兴为社会新矛盾的解决提供了新思维、新方法，改变了以往城市优先发展的局面，推动城乡、工农协调发展，推动农村经济实现繁荣发展，减小城市居民收入差距。

第三，乡村振兴战略在乡村持续发力，为全面建成小康社会补齐短板，改善乡村生态环境，培育乡风文明，回归乡土中国，彰显乡村文化底蕴。

第四，二者的衔接推动农村基础设施的建设更加完善，为贫困群众提供更全面的社会保障制度和更优质的公共服务。

第五，二者的衔接为推动乡村发展提供内生动力。一方面，促进农民的主体地位不断强化和提高，贫困群众内生发展动力逐步积累；另一方面，壮大乡村集体经济，加快村民资本的不断积累。脱贫攻坚与乡村振兴的有效衔接是当前解决扶贫问题的重要手段，也是乡村振兴战略向纵深方向拓展的内在需要，更是扶贫重心转移和方式改变的客观要求，关系着实现"两个一百年"的奋斗目标。

8.1.2.3 推动中国特色反贫困理论创新和发展

一方面，实践是理论的来源，中国多年来的反贫实践不断升级更迭，新时代实施脱贫攻坚和乡村振兴战略，推动了中国特色反贫理论的创新和发展。新中国成立以来，党中央高度重视农村工作，历届领导人都对贫困治理进行了探索。新民主主义革命时期，党团结带领广大农民进行土地革命，实行耕者有其田，为摆脱贫困创造了条件。新中国成立后，党团结人民进行社会主义建设，实施小规模的救济式扶贫，为摆脱贫困打下了基础。1978年以来，党带领人民进行了大规模的扶贫开发，取得空前绝后的成绩。如今，从耕者有其田到农业现代化水平的提高，从家庭联产承包制的推行到"三权分置"的改革，从社会主义新农村建设到乡村振兴战略的提出，无论是民主革命时期还是社会主义建设时期，党一以贯之地致力于贫困治理问题，帮助贫困群体脱贫致富。习近平总书记的扶贫开发战略思想是以人民为中心，并结合中国各阶段的脱贫实践而锤炼出的理论成果。进入新时代，经过多年的脱贫攻坚和乡村振兴实践，中国扶贫理论得到创新和发展，形成了中国特色反贫困理论。

另一方面，实施脱贫攻坚和乡村振兴，促进二者有效衔接，丰富和发展了马克思主义反贫困理论和马克思主义城乡关系理论。我国贫困治理理论在经过世界上最大规模的扶贫实践检验后，充分证明了其内涵丰富、思想深远、逻辑严谨，具有鲜明的科学性、实践性和指导性，既创新发展了中国特色扶贫开发道路，又丰富了马克思主义反贫困理论。脱贫取得胜利后，接续推进乡村振兴被提上农村工作的日程，这是党和政府在继承马克思主义城乡关系理论的基础上，结合中国城乡关系发展做出实施乡村振兴的重大战略选择。乡村振兴战略的提出正是基于对多年来我国城乡关系变化和发展规律的把握而做出的战略性选择，也是对马克思主义城乡关系的进一步丰富和发展。

8.1.3 乡村振兴战略与脱贫攻坚衔接的必要性

2020年年底，我国所有的贫困县实现了脱贫摘帽，绝对贫困问题基本消除。但摆脱贫困不是农村工作的终点，而是农村地区接续发展的新起点。目前脱贫攻坚战与乡村振兴战略处于历史交汇期，二者的实施内容和重点工作多有重合之处，为了最大限度地利用政策资源，避免重复建设和资源浪费，实现工作重点的承接工作、确保两大战略协同推进是十分必要的。当前脱贫攻坚和乡村振兴的衔接工作主要面临着如何实现扶贫政策的优化调整、对接乡村振兴的工作重点、建立脱贫的长效机制等问题。其现实需求主要体现在以下几个方面。

8.1.3.1 巩固脱贫成果的需要

一方面，李克强总理在2021年《政府工作报告》中指出，脱贫攻坚成果举世瞩目，5575万名农村贫困人口实现脱贫，960多万户建档立卡贫困人口通过易地扶贫搬迁摆脱了"一方水土难养一方人"的困境，区域性整体贫困得到解决，完成了消除绝对贫困的艰巨任务；另一方面，目前部分农村地区存在脱贫质量不高、基础设施薄弱、产业基础不牢、治理水平有待提升等问题，整体发展水平和发达地区仍有较大差距。面对农村发展先天不足、后天无力的现实，在脱贫攻坚完成之际如果缺乏有力的政策支持，返贫的风险较大。因此，需要强有力的政策扶持农村地区的后续发展，巩固既有的减贫成果。

8.1.3.2 缓解发展不平衡不充分的现实矛盾

脱贫攻坚战实施后，我国农村贫困人口的生产生活条件有了较大改善，基本解决了"两不愁三保障"的问题。与此同时，我国的相对贫困问题日益凸显。中国特色社会主义进入了新时代，我国社会主要矛盾发生了变化，主要表现为人民日益增长的美好生活需要和发展不平衡不充分之间的矛盾。在资源禀赋不足、发展基础薄弱和城乡二元体制等因素的影响下，农村相对贫困就是我国发展不平衡、不充分最突出的表现。李克强总理在2021年《政府工作报告》中指出，要"建立健全巩固拓展脱贫攻坚成果长效机制，提升脱贫地区整体发展水平"。2021年处于脱贫攻坚和乡村振兴的历史交汇期，需要乡村振兴战略继续支持农村地区发展，提升农村地区发展水平，缓解我国发展不平衡不充分的矛盾。

8.1.3.3 顶层设计的需要

脱贫攻坚的主要目标是确保全国贫困县全部摘帽，贫困人口实现"两不愁三保障"的目标。乡村振兴的任务在于按照产业兴旺、生态宜居、乡风文明、治理有效、生活富裕的总要求，科学有序地推动乡村产业、人才、文化、生态和组织振兴。脱贫攻坚是我国建党百年必须实现的短期政治性目标，是党和政府对人民的庄严承诺；乡村振兴是针对我国农村发展的长期性战略。由于二者的任务和目标存在差异，主管部门和责任分工不同，容易导致基层干部对脱贫攻坚和乡村振兴的认识存在偏差，停留在"抓扶贫就是给资金""抓乡村振兴就是搞示范点"的错误认识，从而造成"两张皮"现象。这就需要脱贫攻坚和乡村振兴在统筹规划方面下功夫，加强顶层设计，结合地方发展情况和特点出台脱贫攻坚和乡村振兴规划及实施方案，学习脱贫攻坚的有益做法，在精准理念、战略思维、发展理念方面做好衔接，提高资源配置效率，避免造成资源浪费。

8.1.4 乡村振兴战略与脱贫攻坚衔接面临的形势

8.1.4.1 扶贫工作重心转向解决相对贫困

2020年消除绝对贫困后，相对贫困将取代绝对贫困成为贫困的表现形态，老少病残等特殊群体将成为主要的贫困群体，我国将进入相对贫困阶段。区域性的绝对贫困消除后，并不意味着已经完成了脱贫攻坚的全部任务。习近平总书记强调，没有农业农村现代化，就没有整个国家的现代化。因此，在高质量如期达成脱贫攻坚战总体目标后，后脱贫时期乡村振兴是脱贫攻坚的新阶段，将作为脱贫攻坚的升级版,助推我国农业农村实现现代化发展。"十四五"期间扶贫的工作重心将转向解决相对贫困,扶贫工作方式将由集中作战转向常态推进,减小贫困地区和非贫困地区的差距,增强脱贫的可持续性。

8.1.4.2 乡村发展进入新的发展阶段

随着乡村振兴战略的深入实施,我国乡村发展进入了新的阶段。乡村产业在功能上、业态上、体制机制上有很大的变化。功能上,农业作为出口创汇的功能在弱化,促进就业和农民增收的功能趋于稳定,在生态休闲、康养娱乐等方面的新功能持续强化;业态上,农业由传统业态向智慧农业、互联网农业等新兴业态转化,以5G为核心的新技术在未来农村发展的应用上,将为农业、农村的智能化、信息化发展带来新的变革;体制机制上,以农旅结合、农文结合、电商+农、农工贸一体化等为代表的产业发展机制在变化,农村产业从一产业向三产业融合发展。

8.1.4.3 逆城镇化初现端倪

乡村振兴战略的实施,有利于改善农村的生产生活环境,吸引有志服务"三农"的农业转移人口及城市居民下乡,逆城镇化的现象开始显现。但是,由于我国区域发展不均衡,"十四五"期间,逆城镇化的现象将不再是以城市常住人口为代表的群体向农村流动,而是特有制度约束(吸引)下形成的特定群体向乡村、小城镇流动。可以预期,"十四五"期间,以到农村休闲旅游、康养、租房居住、创新创业等为代表的目标群体人数将会持续上涨。

8.2 脱贫攻坚和乡村振兴有效衔接的内在关系

厘清脱贫攻坚和乡村振兴的内在逻辑关系,有利于两大战略的有效衔接,有利于提高脱贫质量,决战决胜脱贫攻坚战,有利于乡村振兴借鉴脱贫攻坚的经验成果,全面推进乡村振兴。脱贫攻坚和乡村振兴在衔接过程中科学选择路径的前提是深层次研判两者的逻辑关系。脱贫攻坚与乡村振兴的统筹融合关系,使得两大战略具有相同的理论渊源、实施内容及主体地位。但两者在不同的发展现状下提出,其阶段目标、政策着力点、实施方式及层次等方面又存在差异。

8.2.1 脱贫攻坚与乡村振兴有效衔接的内在逻辑

脱贫攻坚是乡村振兴的前提和基础,乡村振兴需要在脱贫攻坚的基础上继续推进,有效利用脱贫攻坚所积累的经验运用于乡村振兴,以此巩固我国的脱贫成果。具体而言,脱贫攻坚与乡村振兴的内在逻辑主要表现在以下几个方面。

8.2.1.1 目标追求上的一致性

党的十九大提出了分阶段实现"两个一百年"奋斗目标的战略安排。脱贫攻坚与乡村振兴都着眼于农村、农民、农业的发展,着眼于"两个一百年"奋斗目标的实现。脱贫攻坚战是三大战役之一,目标在于在建党百年之际消除我国农村的绝对贫困问题,全面建成小康社会。乡村振兴计划的目标着眼于实现第二个百年奋斗目标,即在中华人民共和国成立百年之际实现建设社会主义现代化强国的目标。这两大目标的关键都在于改变农村贫穷落后的面貌,以实现农民富裕、农业现代化、农村城镇化为目标。"两个一百年"的奋斗目标是高度相似的,并且二者有着密切的联系。实现脱贫攻坚是乡村振兴的前提和基础,脱贫攻坚又为乡村振兴创造了理论和物质基础;乡村振兴是脱贫攻坚的最终目标,脱贫攻坚是乡村振兴目标实现中的重要一环。从时间上看,脱贫攻坚是 2015—2020 年党和政府制定的脱贫目标,乡村振兴是 2018—2050 年我国要实现的远景目标。因此,二者在时间上是相互联系、相互衔接的,乡村振兴计划接续了脱贫攻坚战,体现了我国农村发展战略的连续性和阶段性特征。

8.2.1.2 内容上互为补充

脱贫攻坚与乡村振兴战略都着眼于解决农村、农业和农民的发展问题,二者在实施内容上有许多重合的地方。脱贫攻坚的目标在于实现贫困地区人口的"两不愁三保障",即到 2020 年,稳定实现农村贫困人口不愁吃、不愁穿,义务教育、基本医疗和住房安全有保障。围绕这一目标,党和政府动员各行各业的力量,形成了东西部协作扶贫、专项扶贫、社会力量参与扶贫的大扶贫格局,对农村贫困地区采取了多样化的扶贫方式,包括产业扶贫、生态扶贫、教育扶贫等。

乡村振兴战略规划按照产业兴旺、生态宜居、乡风文明、治理有效、生活富裕的总要求,坚持以农业农村优先、实现城乡融合发展为指导理念,推动乡村产业、人才、文化、生态和组织振兴。二者在具体内容的实施上具有高度的相似性。例如,利用资源优势发展农村特色产业,挖掘农村发展潜力、实现产业扶贫,既是脱贫攻坚的必要手段,也是乡村振兴中产业兴旺的必然选择。针对深度贫困地区实行教育优惠和扶持政策,为贫困地区培养需要的高素质人才,既是脱贫攻坚中的宝贵经验,也是乡村振兴中强化人才支撑的必然选择。针对自然环境极端落后的地区,党和政府实施扶贫易地搬迁工程,既保护了生态环境,也为贫困地区人民寻找了更优质的发展空间,这一做法也符合乡村振兴计划中生态宜居的发展要求。

8.2.1.3　价值取向上共通

首先,两大战略都坚持党的领导。脱贫攻坚的首要原则就是坚持党的领导,按照中央统筹、省负总责、市县落实的工作机制,发挥中国共产党总揽全局、协调各方的领导核心作用,为脱贫攻坚战提供了充分的政治保障。同时,党中央、国务院高度重视"三农"工作,坚持党管农村工作的基本方针,将实施乡村振兴计划写入了党章,使其上升为国家意志,成为党和人民共同的奋斗目标。在脱贫任务基本完成之际,中国共产党不断加强和改善党对农村工作的领导,接续乡村振兴,为"三农"发展提供坚强的政治保障。其次,两大战略都坚持生态保护原则。脱贫攻坚战的目的是为了帮助贫困地区的群众摆脱贫穷落后的状态,实现脱贫致富,共享改革发展的成果。既要兼顾当代人民的发展利益和子孙后代的发展利益,又不能以牺牲生态环境为代价。因此,党和政府积极探索扶贫开发的新路径,实行科技扶贫、教育扶贫、绿色扶贫等科学的扶贫方式。尤其是针对自然环境极端恶劣的贫困地区实行易地扶贫搬迁政策，保护脆弱的生态环境，贫困人口易地搬迁为生态脆弱地区留出了发展缓冲区，符合可持续发展的原则。同时，乡村振兴战略坚持人与自然和谐共生的原则，坚持"绿水青山就是金山银山"，严守生态保护红线，建立最严格的生态保护制度，对农村的生态功能保护、人居环境营造、自然资源利用做出了更高的要求，这也符合乡村振兴战略生态宜居的发展要求。由此可看出，两大战略都是以生态保护为价值取向的。

8.2.1.4 战略原则上耦合

脱贫攻坚和乡村振兴战略在具体实施过程中都坚持了实事求是、因地制宜的重要原则。中国幅员辽阔、人口众多，各个地区的发展基础和状况不尽相同，致贫原因也各有差异，贫困地区多处于中部、西部偏远山区，扶贫难度大，需要党和政府采取准确、强有力的措施帮助贫困地区摆脱贫穷落后的现状。脱贫攻坚战实行的基本方略就是坚持精准扶贫的方针，对贫困人口进行精准识别、精准帮扶、精准施策，实行"五个一批"工程帮助贫困人口寻找发展机会、提升自我发展能力、尽快摆脱贫困。针对扶贫开发过程中不断出现的新情况、新问题，因时因地地调整扶贫策略。同时，乡村振兴战略坚持因地制宜、循序渐进的原则。乡村是具有自然、经济、社会多重色彩的基本行政单元，具有生产、生活、发展、生态、文化等多重功能，无数个乡村基本单元构成了我国农村的整体架构。乡村发展需要依据乡村的资源禀赋、政策倾向、人才储备、产业基础来合理选择发展路径，党和政府在深刻把握我国乡村发展基本规律和特点的基础上，提出要把握好乡村的差异性，"注重规划先行、因势利导、分类施策、突出重点，体现特色、丰富多彩。既尽力而为，又量力而行，不搞层层加码，不搞一刀切，不搞形式主义和形象工程，久久为功，扎实推进的基本原则"。

8.2.1.5 战略定位上重合

脱贫攻坚和乡村振兴战略在目标群体、制定群体、实施主体、受益主体、参与主体上具有高度的相似性。首先，两大战略都是着眼于我国农村贫困地区

第八章
新时期脱贫攻坚与乡村振兴协同驱动路径研究

的发展而制定的系统性的国家性工程。党和政府既是脱贫攻坚和乡村振兴战略的制定主体、相关政策的制定者，同时也是政策的宣传者和落实者，相关政策都直接服务于农村地区贫困群众的发展，最终目标是为了实现"两个一百年"奋斗目标打下坚实基础。其次，广大农民是脱贫攻坚和乡村振兴战略的直接受益者，2020年年底实现了消除绝对贫困的脱贫攻坚目标，贫困地区群众改变了落后的生存环境，是政策有效性的具体体现；在乡村振兴战略的指导下，我国农村呈现出全新的发展面貌，农民收入逐步提高，居住环境更加适宜。由此可见，广大农民是两大战略的直接受益者。最后，两大战略的参与主体也是最广大的农民，两大战略的实施需要动员全社会的力量。脱贫攻坚时期形成的行业扶贫、专项扶贫、社会扶贫的大扶贫格局就是人民力量的具体体现；要想实现乡村产业、人才、文化、生态和组织振兴，就需要多方主体参与形成社会合力。

8.2.2 脱贫攻坚和乡村振兴的"共性—差异性"分析

8.2.2.1 脱贫攻坚和乡村振兴的共性

在理论渊源方面，脱贫攻坚和乡村振兴战略都是党始终坚持马克思、恩格斯的农业发展理论，结合中国国情提出的乡村改革战略，是马克思主义中国化的产物。脱贫攻坚是习近平总书记为实现消除贫困的伟大理想，继承和发扬马克思主义的反贫困理论，结合中国国情，对现阶段中国乡村重大问题进行了深刻思考和研究，提出了脱贫攻坚战略，创造出以精准扶贫、精准脱贫为核心的基本方略。乡村振兴战略的根本理论来源是马克思主义农业发展理论、城乡关系理论及消除三大差别理论，理论中提出了"农村改革要坚持农村土地农民集体所有""坚持城乡融合发展理念""推进农业供给侧结构性改革""三权分置"等重要论述。在内容方面，脱贫攻坚中产业扶贫、人才帮扶、文化扶贫、生态扶贫、党建扶贫等内容与乡村振兴中产业、人才、文化、生态、组织五大振兴的内容，相融共通、交织共融。例如，脱贫攻坚的产业扶贫，围绕发展特色产业，达成产业规模化和专业化，目标与乡村振兴的产业振兴一致，同时为乡村振兴阶段推动农业供给侧结构性改革，构建农业现代化体系进行了初步的探索；脱贫攻坚通过易地扶贫搬迁等方式，实施村庄搬迁撤并，加强了贫困地区生态保护力度，与乡村振兴的绿色发展相统一；脱贫攻坚加大贫困人口基本医疗保障力度，解决了贫困人口看病难、看病贵的问题，为乡村振兴阶段构建全民大病救治、慢性病救助服务体系提供了蓝本。在主体方面，脱贫攻坚和乡村振兴都要尊重广大农民的意愿，激发广大农民积极性、主动性、创造性。脱贫攻坚和乡村振兴都是以农民为主体，农民自主、自愿地推进实施，发挥农民的主体地位，不仅在思想上激发内生动力，还要从技能提升、发展机会创造、健全村民自治组织、壮大村集体经济等多途径实现。政府是脱贫攻坚与乡村振兴两大战略的政策制定主体、帮扶主体和实施主体。与此同时，政府还要发挥动员社会力量的作用，形成政府引导、农民主体、社会参与的多方参与、共同促进的脱贫攻坚与乡村振兴相衔接的局面。

8.2.2.2 脱贫攻坚和乡村振兴的差异

脱贫攻坚与乡村振兴两大战略的阶段目标不同。脱贫攻坚的目的是消除绝对贫困，解决"两不愁三保障"的问题，实现农村贫困人口脱贫，贫困县摘帽，实现第一个百年奋斗目标，到2020年全面建成小康社会；而乡村振兴是在脱贫攻坚的基础上，为适应中国进入全面建成小康社会的新阶段和新时代，解决社会发展不平衡不充分的矛盾，缩短城乡贫富差距，实现农业农村现代化，实现第二个百年奋斗目标，到2050年全面建设社会主义现代化强国。相对于短期、阶段性的脱贫攻坚，乡村振兴是长期、整体性的战略，分为2020年、2035年、2050年3个时间节点，是一个长达30年、动态的乡村发展进程。它对脱贫攻坚成果的巩固，对乡村稳定延续的长期发展具有重要意义。脱贫攻坚与乡村振兴两大战略的针对对象不同。脱贫攻坚是以现行标准下的建档立卡贫困人口为作用对象，且集中在连片特困地区和深度贫困地区。大量资源向贫困人口、贫困村、贫困县集中，对于那些非建档立卡贫困户、非贫困村、非贫困县缺乏相应的政策支持，易出现"挤压"效应，不利于脱贫质量的提升；而乡村振兴战略的作用对象是整个农业农村农民，惠及城乡所有人口，范围更大，涉及领域更广。脱贫攻坚与乡村振兴两大战略的策略实施方式不同。脱贫攻的基本方略是精准扶贫、精准脱贫，按照"六个精准"基本要求，针对贫困县、贫困村、贫困人口，研究他们各自的贫困原因，因地制宜地为其制定个性化、特殊性的脱贫实施方案；而乡村振兴的实施是分阶段、有步骤地推进。同时强调全面系统、统筹协同的实施方法，通过文化振兴、人才振兴、生态振兴、组织振兴的实施路径，达到"产业兴旺、生态宜居、乡风文明、治理有效、生活富裕"的总体要求（表8-1）。

表 8-1 脱贫攻坚与乡村振兴战略的逻辑关系

类别	脱贫攻坚、精准扶贫	乡村振兴
时间	2013—2020 年	2018—2050 年
目标	到 2020 年，稳定实现农村贫困人口不愁吃、不愁穿，义务教育、基本医疗和住房安全有保障。实现贫困地区农民人均可支配收入增长幅度高于全国平均水平，基本公共服务主要领域指标接近全国平均水平。确保我国现行标准下农村贫困人口实现脱贫，贫困县全部摘帽，解决区域性整体贫困	实现农业农村现代化。到 2020 年，乡村振兴取得重要进展，制度框架和政策体系基本形成。到 2035 年，乡村振兴取得决定性进展，农业农村现代化基本实现。到 2050 年，乡村全面振兴，农业强、农村美、农民富全面实现
重点/总要求	贫困人口稳定实现"两不愁三保障"和稳定增收	产业兴旺、生态宜居、乡风文明、治理有效、生活富裕
对象	建档立卡贫困人口与贫困地区	全部的农村人口和农村区域
贫困瞄准	绝对贫困	相对贫困

8.3 脱贫攻坚与乡村振兴有机衔接的重点内容

实现脱贫攻坚与乡村振兴有机衔接，要充分借鉴和利用脱贫攻坚积累的成功经验，为乡村振兴战略的起步做好准备。衔接的重点内容主要体现在产业发展、生态宜居、体制机制、基层治理、医疗保障和教育保障等方面。

8.3.1 产业发展：继续实施产业扶贫政策和做好产业布局规划

脱贫攻坚强调的产业扶贫、就业扶贫是贫困人口实现收入增长、摆脱贫困的重要手段，乡村振兴强调产业兴旺是重点。脱贫攻坚过程中，各地培育了大批能够带动贫困人口增收的产业，并探索不同的利益联结机制。但受贫困人口人力资本禀赋的影响，脱贫攻坚的产业扶贫主要依靠发展技术含量较低的初级农产品生产和劳动密集型非农产业来帮助贫困人口提高收入。乡村振兴则通过构建现代农业产业体系、生产体系、经营体系来提高农业创新力、竞争力和全要素生产率，实现由农业大国到农业强国的转变，这就意味着从长远看势必要淘汰一些比较优势不足、技术含量低的产业，并且更加依赖各类新型经营主体。脱贫攻坚与乡村振兴的产业衔接，需要在帮助贫困人口实现产业发展和稳定就业、乡村振兴产业做强做大方面找寻合理的平衡，在实现贫困地区产业升级的过程中使贫困人口受益。这就需要做好科学的产业布局规划，在出台鼓励新型经营主体发展产业的同时，充分借鉴产业扶贫的经验和模式，建立贫困人口和低收入人口可长期受益并有利于能力提高的利益联结机制。避免乡村振兴的产业扶持政策只惠及龙头企业和能人大户，从而违背缓解相对贫困的乡村振兴目标。脱贫攻坚期间，各级政府和社会力量投入了大量的财政和社会扶贫资金用于产业发展，也形成了大量的生产性资产。这些资产的产权归属和收益权是脱贫攻坚与乡村振兴衔接的主要内容，建议各地在脱贫攻坚与乡村振兴的交汇期尽快进行清产核资，明确所有权和收益权，防止大规模的资产流向少数人。

8.3.2 生态宜居：易地扶贫搬迁政策和危房改造政策的实施

现阶段，易地扶贫搬迁政策对易地扶贫搬迁安置点的布局规划、搬迁户社会融入、习惯改变、后扶贫生计问题做了一系列重大的探索和尝试，这为日后乡村振兴阶段新型城镇化发展面临的村庄搬迁、整合提供了良好的借鉴。例如，搬迁过程中的成本控制、搬迁方式、土地的处置、基础设施、公共服务和社区管理等都形成了不同的模式。打赢脱贫攻坚战意味着所有贫困家庭的住房问题得以解决,危房改造政策的实施力度将逐步弱化,未来乡村振兴将逐步转向建设美丽宜居乡村,政策重点转向农村闲置危旧房拆除、污水处理、垃圾清运及农村旱厕改造等生态和环境宜居方面。

8.3.3 体制机制:建立一套科学的乡村振兴农村工作领导体制机制

在领导机制上,建立实施乡村振兴战略领导责任制,明确党政一把手是乡村振兴的第一责任人,要求省、市、县、乡、村五级书记一起抓乡村振兴,县委书记要当好乡村振兴的"一线总指挥"。在工作机制上,沿用"中央统筹、省负总责、市县抓落实"的工作机制,要求省区党委和政府每年向党中央、国务院报告推进实施乡村振兴战略的进展情况。在考核机制上,为确保乡村振兴责任落实到位,政策落地生根,将建立市县党政班子和领导干部推进乡村振兴战略的绩效考核制度,并将考核结果作为干部任用、选拔的重要标准。此外,第三方评估在脱贫攻坚成效考核中积累的成功经验对乡村振兴成效考核也具有重要的借鉴意义,总结经验后值得借鉴推广。

8.3.4 基层治理:落实干部与贫困户结对帮扶

这些措施对帮助贫困村和贫困户摆脱贫困,促进贫困村村级集体经济发展具有明显作用,对乡村振兴阶段如何增强村级治理能力,达到治理有效的目标有一定的借鉴意义。但乡村振兴涉及所有村庄,显然不能简单照搬脱贫攻坚的驻村帮扶方式。乡村振兴阶段具体驻村方式、驻村人员要求、驻村时间,应充分结合各地的实际情况,做出相应的调整,以增强村社的法治、德治和自治能力为根本目标,共同迈向和谐社会。

8.3.5 医疗保障:政策重点是贫困人口的基本医疗保障

政策措施包括县、乡、村三级医疗体系的建设,基本医疗保险和政策性大病保险对贫困人口全覆盖,提高贫困人口的报销比例,慢性病补助和签约服务,大病住院治疗实行"先诊疗、后付费"和"一站式"结算等优惠政策。这些政策措施的实施，对解决贫困人口因病致贫的问题起到重要作用。乡村振兴阶段，大部分脱贫攻坚期间对贫困人口的医疗保障政策都可以保留，部分政策可以扩展到全体农村居民。特别是以贫困人口大病、长期慢性病保障制度为蓝本，加速建立全民重大疾病和慢性病救助体系。但要防止部分地区出现的对贫困人口过度保障和过度医疗问题的发生，保障水平必须与当地的经济社会发展相适应，具有财政上的可持续性。医疗卫生部门要重视培养乡村医疗人才和全科医生，推进县乡村医共体建设和远程医疗的普及，大幅提高基层医疗服务水平，提升全民健康水平。

8.3.6 教育保障：针对义务教育适龄儿童实施了"两免一补"政策

贫困县采取了许多有效的措施来控辍保学，防止贫困家庭的适龄儿童因贫、因厌学、因上学不便等原因辍学。这些措施完全可以在乡村振兴阶段用于非贫困县和非贫困人口，也可以用在非义务教育阶段，从而提高整个农村地区各教育阶段的入学率和完成率。工作重点放在提高学前教育普及率和高中教育入学率上，有条件的地区可将高中教育纳入义务教育阶段，实行12年义务教育。乡村振兴阶段仅关注适龄儿童辍学问题是远远不够的，教育质量问题将成为更重要的议题，也面临着更多的挑战，需要创新性的政策和方式加以解决。基本公共服务的均等化有赖于农村教育质量的大幅提高。

8.4 脱贫攻坚与乡村振兴战略实施的现状分析

自2013年以来，我国脱贫攻坚战开展得如火如荼，全党全国人民艰苦奋斗、风雨兼程，拼搏在乡村脱贫的战场上。虽然，脱贫攻坚取得了重大历史性成就，但是在脱贫攻坚向乡村振兴过渡的阶段依然面临着许多困境。

8.4.1 脱贫攻坚取得了重大历史性成就

（1）农村贫困人口实现全部脱贫

首先，党的十八大以来，农村脱贫不断取得显著成就，平均每年1000多

第八章
新时期脱贫攻坚与乡村振兴协同驱动路径研究

万人脱贫，相当于一个中等国家的人口实现脱贫，贫困地区经济社会发展大踏步发展，整体面貌发生历史性巨变。乡村全部实现了"两不愁三保障"，生活质量显著提高，人们生活更有尊严，教育、医疗和住房都得到历史性解决，增强了人民的幸福感、获得感和安全感。其次，贫困地区和贫困人口的发展能力有所提高。水电路网道路交通等基础设施建设大幅增加，改变了以往闭塞和落后的状态，国家加大对农村教育和职业技能培训的投入力度，提高了贫困人口的脱贫致富能力。

（2）脱贫地区经济社会进步巨大

经过多年脱贫奋斗，贫困地区经济实力持续增强，乡村产业得到历史性发展。一方面，现代农业得到发展，国家粮食安全得到保障，新一代信息技术向农业生产、经营、管理等方面延伸拓展，提高了粮食产能；另一方面，产业形态不断丰富，因地制宜地依据各地不同的区域特色，培育新产业，如特色旅游、休闲农业、乡村民宿等。逐步构建乡村利益联结机制，产业融合发展逐步成为趋势，回乡人员创业人数不断攀升，推动了乡村产业扎实推进。另外，农村基础设施建设进程取得重大进展，贫困地区农网供电可靠率达到99%，大电网覆盖范围内贫困村通动力电比例达到100%，贫困村通光纤和4G比例均超过98%，在教育方面，解决了农村学龄儿童上学难问题，义务教育阶段建档立卡贫困家庭辍学学生实现动态清零，山区学校解决食宿问题。

（3）脱贫群众精神面貌焕然一新

第一，脱贫攻坚带来核心价值观的贯彻落实。在扶贫过程中，针对贫困户存在不文明、不健康、道德情感冷漠的观念和行为举办了一系列农村精神文明创建活动，以弘扬社会主义主流价值观。第二，脱贫攻坚整治了乡村的不良风气，如"天价彩礼""薄养厚葬"等贫困地区盛行的风气，使农村风气更加清朗。第三，脱贫攻坚坚持以人民为中心的发展理念，不仅提供财政拨款、政策、物质资源的支持，还给予贫困人口职业技能培训及精神观念的引导，帮助更多群众树立了更加积极向上的生活态度。

（4）农村地区党群关系明显改善

经过多年来的一系列党基层组织的建设措施，农村地区党群关系明显改善。第一，农村干部过度使用权利的现象逐渐减少，与群众的沟通变多，关系逐渐平等化。第二，广大扶贫干部舍小家为大家，一心一意为人民群众着想的无私行为感动了无数乡村群众，党群关系、干群关系在这场声势浩大的脱贫行动中得到极大巩固和发展。

(5) 创造了减贫治理的中国样本

贫困问题始终是困扰发展的难题之一，党中央致力于解决贫富差距和城乡差距，经过多年反贫治理，我国脱贫攻坚取得全面胜利，为世界提供了贫困治理的中国样本。2021年，全国脱贫攻坚总结表彰大会的召开，向世界宣告我国在战胜绝对贫困的道路上取得了巨大进步，古往今来，世界上还没有一个国家能在如此短的时间内实现几亿人口的脱贫。从国际角度出发，中国的脱贫成绩不仅属于中国，也属于世界，为推动构建人类命运共同体贡献了中国力量，也为世界减贫治理创造了中国样本。

8.4.2 脱贫攻坚与乡村振兴有效衔接的困境

8.4.2.1 群众内生动力难以激发

当前，在激发脱贫攻坚与乡村振兴有效衔接的内生动力方面尚存在以下问题：第一，农民异质性增强，流动性增强，难以激活全部农户参与农村脱贫与振兴的内生动力。随着我国农村的"半工半耕"结构的日益普及，农村大量劳动力外流入大城市。现如今，越来越多的农村居民去城市工作学习，使得乡村人力资源出现空心化现象。目前农村居民的收入中大部分是进城务工所得，小部分是通过务农或其他方式所得，农民与农村关联的黏性降低，因此，激发农民回乡建设的积极性比较困难。第二，自主脱贫意识淡薄，存在部分缺乏主动性的贫困户。一方面，由于当前的扶贫政策存在一定的福利性诱惑，扶志问题没有从根本上得到解决，甚至有的农民以欺骗的形式骗取扶贫物资，占用扶贫公共资源，客观上助长了一些贫困户的惰性，妄图坐享其成；另一方面，在推进脱贫攻坚和乡村振兴的实践中，思想认识影响脱贫态度，还存在部分贫困人员自身能力不足、科学文化素质低，这部分人对脱贫认识不足，自主性较低，缺乏自信心，影响脱贫的质量和进程。第三，政府主导与农民主体性难以协调。目前，扶贫多是政府居于主导地位，由政府主导、行政推动，扶贫方式多以责任捆绑方式自上而下地推进帮扶脱贫，与人民沟通协商较少，致使广大贫困群众参与脱贫的积极性不高，难以调动贫困群众脱贫积极性。

8.4.2.2 脱贫体制机制衔接不畅

目前，脱贫工作取得全面胜利，农村工作处于由脱贫攻坚向乡村振兴过渡的阶段，巩固拓展脱贫成果，实施乡村振兴战略是当前农村工作的重点。经过全党全国人民多年的共同努力，我国已形成了较为完善与健全的扶贫体制机制，累积了较为丰富的扶贫经验。乡村振兴作为推动乡村发展的重大战略，在体制机制方面的要求与脱贫攻坚不尽相同，体制机制的有效衔接是两大战略顺利衔接的基础条件。目前，脱贫攻坚与乡村振兴有效衔接在体制机制方面还存在如下问题：第一，衔接政策不到位。乡村振兴战略提出后，党中央、国务院和各省（区、市）地方政府开始着手制定乡村振兴规划实施方案，目前虽然乡村振兴的制度框架和政策体系已经形成，但具体的衔接政策和实施方案还不完善。2021年3月，中共中央、国务院发布了《关于实现巩固拓展脱贫攻坚成果同乡村振兴有效衔接的意见》，为二者之间的有效衔接指明了方向和工作重点，但依然缺乏促进二者有效衔接的具体细则。当前，脱贫攻坚与乡村振兴的衔接尚处于摸着石头过河的状态，在实践中推动二者有效衔接的体制机制衔接不畅，无法有效衔接问题突出。第二，组织协调衔接较为困难。在脱贫和振兴实践中，负责两大战略实施的机构和部门不统一，一般来说由扶贫办负责脱贫攻坚，乡村振兴战略由乡村振兴领导小组统一组织实施，二者在产业发展、乡风培育、人才培养、生态保护等方面的具体事宜由不同部门负责实施推进，但是存在诸多职能交叉和错位。因此，在脱贫实践过程中，沟通存在一定的障碍，无法及时有效地协调处理，贫困地区在具体实施过程中会出现组织衔接不畅的现象。第三，项目规划协调难。脱贫攻坚的某些特定脱贫项目是特惠性政策带来便利得以发展的，一旦解决绝对贫困问题，特惠性政策相应地就会产生一定的局限性，束缚扶贫工作的深化开展。目前，乡村执行的很多扶贫项目，无法完全有效衔接，统一部署，2020年后，要将未完成的项目统筹纳入乡村振兴战略的实施方案，与乡村振兴相关项目进行衔接或将其独立完成，统筹协调脱贫项目。

8.4.2.3 乡村产业升级发展困难

授人以鱼，不如授人以渔，贫困地区产业发展是脱贫致富的根本动力。当前，虽然乡村产业得到一定的发展，但是产业基础依然薄弱，在推进乡村振兴阶段产业升级发展困难。具体表现如下：第一，扶贫产业可持续性不强。在脱贫攻坚实施时，由于政策压力、市场压力和基层干部自身原因等因素，被选中的产业前期资源投入较大，得到政府和市场足够的关注，发展势头迅猛。但是，到了后期由于农民能力不足或是后续保障不到位，导致供血不足、后期乏力，使得产业助力脱贫的目的偏离预期。同样，产业发展本身就不是一蹴而就的，产业发展都有一定的周期性，大部分产业很难在短时间内实现产业的升级迭代，扶贫产业同样要遵循产业发展的一般规律和市场规律，特别是在经济基础薄弱的乡村。第二，扶贫产业同质化，缺乏地域特色。多数地区扶贫产业出现一哄而上的现象，生搬硬套不适合地区发展的成功模式，导致市场竞争力不足，扶贫效果平平。一方面，部分乡村产业分布散乱，农民对农产品的把控不同，无法形成特色鲜明的产业和特色农产品；另一方面，大部分地区选择的特色产品都较为集中，将当前全国400多个贫困县调整产业结构的目录进行比较就会发现，各地重点支持的产业项目极为相似，往往是茶叶、柑橘、猕猴桃、枇杷、苹果、西瓜、桃、梨、荔枝、蔬菜、食用菌等。由此可见，乡村产业出现同质化现象，产业竞争力弱，产业选择充满随机性，没有做到因地制宜。第三，农民主体性缺失。目前，因农民受教育程度普遍较低，认知能力较差，大部分农民脱贫能力不足，部分农民思想认识不到位且态度消极。而且，基层政府在脱贫指标压力下易采取资产收益扶贫的方式，通过发放红利分红实现贫困人口脱贫。但是，通过发放红利分红式的扶贫并没有使贫困人口切实地参与扶贫，贫困人口依然没有掌握可持续脱贫的能力，不具有可持续性，存在重新返贫的隐患。任何脱离农民自身的产业发展，都与产业兴旺相悖，持续的产业兴旺需要的不只是外界的帮助，而是贫困农民自身脱贫致富的心态和能力。第四，乡村产业基础薄弱。虽然，经过8年脱贫攻坚乡村面貌焕然一新，但是仍然存在产业基础薄弱、发展较慢的地区，一般分布在环境恶劣、位置偏远的深度贫困地区，交通、教育、医疗等配套基础设施建设较为落后，市场经济往往发展缓慢。

8.4.2.4 农村乡风文明亟待培育

乡风文明不仅是实现全面小康和乡村振兴的重要内容，更是实施乡村振兴的重要目标之一。当前，乡村不良风气盛行，如"天价彩礼"、"薄养厚葬"、封建迷信活动等，不仅影响脱贫攻坚和乡村振兴发展，阻碍农村居民自身全面发展的步伐，更加干扰乡风文明培育。其表现具体如下：第一，农村居民综合素质普遍较低，乡风文明建设认识不足。由于许多客观原因，如农民文化素养、科技素养不高、文化生活空虚等，使得农村对于乡风文明建设的认识不足。目前，乡村存在重视物质文明轻视乡风文明的问题，部分地区仅仅把文明建设理解为组织文明宣传活动、修建农民活动室等简单的行为。经研究发现，部分乡村地区推动农村厕所革命时，仅仅只盯着农民家里冲水式厕所的改造，而农村污水处理设施建设依然处于落后状态。所以，不仅要提高对乡风文明的重视程度，还应该改变乡风文明建设的方式。第二，中国大部分人口是农村居民，千百年来的乡土生活造就了长期居住在农业社会中的人们思想保守且万事求稳，这是大部分农村人的特性。所以，对于精准脱贫攻坚有些人持懈怠消极的态度，自主脱贫的意愿较弱，大部分人抱有得过且过的消极心态，等待政府主动帮扶、依靠政府帮助的消极思想盛行。因此，在封建习俗盛行的地区要想摆脱贫困、培育文明乡风，必须改变这种被动的局面，清扫消极的思想，人民群众应当以积极的面貌响应，加强乡风文明建设，助推脱贫攻坚与乡村振兴发展和二者有效衔接。

8.4.2.5 公共服务和基础设施落后

基础设施建设和基础公共服务供给是农村脱贫与振兴发展的重要通道，脱贫攻坚和乡村振兴都亟须完善基础设施建设，为乡村扶贫提供良好的发展空间和环境基础。经过8年脱贫实践,乡村发展依然大幅落后于城市,最直观的差距就表现在乡村基础设施建设和基础公共服务体系建设不健全、发展质量较低、水平亟待提升,这不仅影响农村生产生活,同时也影响脱贫攻坚和乡村振兴的发展和有效衔接。具体表现:第一,乡村城镇基础设施建设日趋完善,但是依然有很大改进空间。深入推动扶贫振兴,对基础设施建设提出了更高的要求,距均等化和均等化水平明显提高还有很大差距。虽然有些深度贫困地区的基础设施建设实现了从无到有,但是与城市相比水平依然较低。据调查,村民对乡村建设最急需的是田间道路硬化、公共交通和村内道路硬化等,也亟须建设养老院、路灯、图书馆、公园、互联网等基础设施。第二,乡村基本公共服务水平依然较低。在党的十九大提出的基本公共服务均等化已基本实现,到十九届五中全会进一步提出均等化水平明显提高,对我国公共服务提出了更高的要求。

8.4.2.6 乡村人力资源空心化严重

首先,随着我国农村的"半工半耕"结构的日益普及,农村大量劳动力流入大城市已成为普遍现象,农村青壮劳动力为了更美好富裕的生活都纷纷涌向城市,导致乡村实施脱贫攻坚和乡村振兴时缺乏劳动力。据2017年国家统计局第三次全国农业普查主要数据公报(第五号)显示,2016年全国农业生产经营人员31 422万人,在农业生产经营人员中,年龄35岁及以下的有6023万人,占比仅为19.2%;年龄在36~54岁的有14 848万人,占比为47.3%;年龄55岁及以上的有10 551万人,占比为33.6%。劳动力不足的问题日益凸显,乡村人力资源的空心化在一定程度上阻碍了脱贫攻坚和乡村振兴战略的推进。其次,乡村缺乏懂农业技术和经济管理经验的专业人员。一方面,农业技术人员老龄化严重,专业化水平低,农业专业的高校学生回流农村的人数凤毛麟角,缺乏专业技术人才;另一方面,缺乏农业经济管理人员,绝大多数农村出身的学生毕业后会选择留在城市,而城市的年轻人即便在基层锻炼,一般在合同期满后也会回到城市。因此,留在乡村的年轻人和专业人才比较少,乡村建设主体队伍薄弱,既缺乏一线劳动力,又缺乏懂农业技术和管理经验的专业人员。

第八章
新时期脱贫攻坚与乡村振兴协同驱动路径研究

8.4.2.7 有关优惠政策落地效果不佳

首先,脱贫攻坚与乡村振兴有效衔接的战略部署缺乏统筹协调。从对乡村工作的考察来看,有的地区在实施脱贫攻坚、农业供给侧结构性改革等国家级工程时会有失偏颇,导致乡村工作中会出现按下葫芦浮起瓢这种顾此失彼的现象,缺乏长线思维和大局意识,或是头重脚轻草草结尾的现象。其次,扶贫政策在实施时出现指标化和碎片化现象,易出现政策理解偏差,导致衔接随意化、零散化。一方面,重点任务指标化问题突出。从全国扶贫实践的情况来看,由于从战略层面对重要的任务进行分解处理是一种有效手段,所以大多数官员在施策时都会采取分解处理的手段。但是,一旦进入执行过程,就会出现过度工程化、指标化等现象,负责脱贫任务的部门对于脱贫任务有硬性分解任务、依赖考核和单纯依靠督查等现象时有发生,但是任务分解是为了更好地完成脱贫任务,而不是成为僵化的教条禁锢基层扶贫官员。另一方面,政策碎片化严重。为了更高效地实施脱贫攻坚,不同阶段国家会做出相应调整的政策,因此,脱贫攻坚在实施过程中会践行各种不同的脱贫政策,不同实施主体在产业、教育、医疗、生态等实施不同的具体举措,在实施中宏观政策易被拆分为碎片化的具体措施。

8.5 推进脱贫攻坚与乡村振兴有机衔接的路径

新的起点要求做好全面脱贫与乡村振兴的有效衔接。首先,要做好二者的规划衔接。下阶段要将乡村相对贫困与推进乡村振兴做通盘考虑,从各地乡村振兴战略进行顶层设计,巩固脱贫成效,丰富乡村振兴内容,推动形成规划先行、规划引领的衔接机制。精准对接脱贫攻坚指导意见和乡村振兴战略规划二者之间的目标、任务、政策和措施,并着力在二者衔接的实践路径上下功夫。区域间的发展规划要协调好,贫困地区与非贫困地区互通互联,取长补短,共谋发展;考虑到村庄的规模和现状,应统筹以镇为中心辐射到周边村来编制规划,通盘考虑镇的土地管理、人口布局、产业支撑及人居环境等因素,确保镇规划既能发挥多规合一的实用性,又能留下修复的空间。其次,要做好二者的

新时期巩固脱贫攻坚成果
与推进乡村振兴有效衔接机制研究
——以甘肃省康县为例

政策保障衔接。全面脱贫与乡村振兴要做到有效衔接，重点在于政策的无缝对接和延续。一定要做好现有扶贫政策的梳理工作，特别关注既与脱贫相关又涉及乡村振兴的政策，先做综合研判，再建立适时延续机制，留出政策缓冲期，确保过渡时期工作有序开展。同时在乡村振兴战略指导下，扩大政策的受众面和均衡性。统筹使用脱贫攻坚与乡村振兴的专项财政资金，从产业、就业、教育、医疗、生态等方面制定普惠型政策，政策和利益惠及包括贫困户和边缘贫困户在内的全体农户，提高全体农户的满意度和幸福度。最后，要抓好领导班子落实衔接工作。推进全面脱贫和乡村振兴在领导机构、工作班子、人员配置上的有效衔接。

总而言之，脱贫攻坚战解决了我国贫困地区的"绝对贫困"问题，取得了全面胜利，不过从解决绝对贫困到化解相对贫困再到实现乡村振兴、共同富裕，还需要我们集中力量将基础打牢，把短板补扎实。脱贫攻坚与乡村振兴在内容、目标、主题等方面具有高度的一致性，尤其是都围绕着产业、人才、文化、生态、组织五大方面展开实施。贫困地区的减贫与发展实践不仅实现了乡村最低层次的发展目标，解决了贫困人口以"两不愁三保障"为主要内容的基本生存和发展需要，还通过推动乡村产业、人才、文化、生态、组织等要素的良性演化助推其乡村振兴战略目标的实现。产业发展升级困难、人才队伍建设机制不完善、内生动力不足、基础设施薄弱等方面原因造成的返贫和名义脱贫，阻碍了脱贫攻坚和乡村振兴的衔接，以五大振兴为衔接点，认为衔接路径应从产业、人才、文化、生态、组织五大方面推进实施。另外，建设回馈评价机制分析乡村振兴成效和脱贫攻坚返贫情况，有利于促进脱贫攻坚和乡村振兴各环节的循环联系（图8-1）。

第八章
新时期脱贫攻坚与乡村振兴协同驱动路径研究

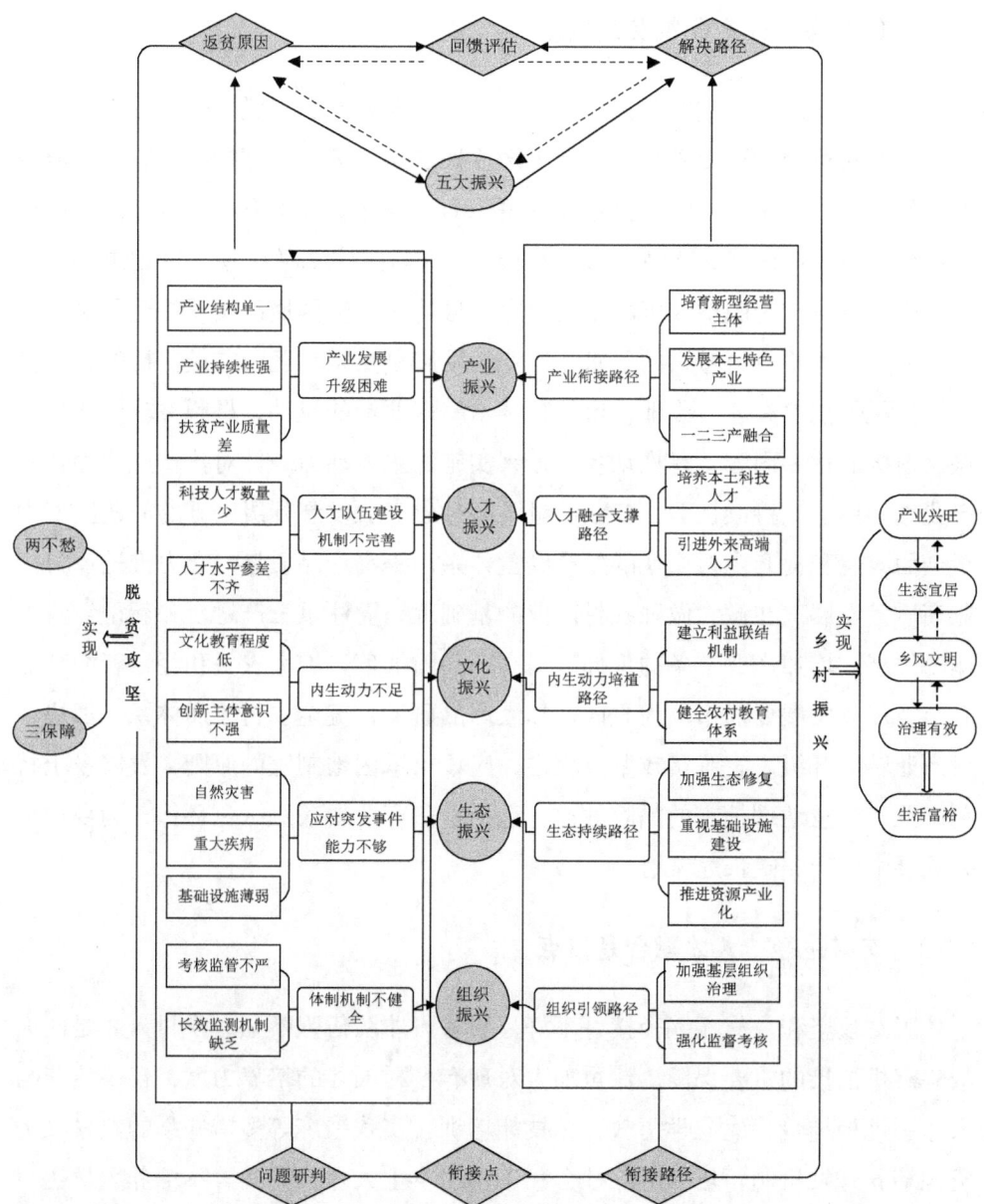

图 8-1 脱贫攻坚和乡村振兴有机衔接路径

8.5.1 长效路径：产业脱贫是关键

脱贫要长效，长效的关键在于产业，产业发展是实现脱贫的根本之策，也是解决相对贫困的重要手段，只有将产业扶贫这个环节抓好抓稳，脱贫才能得到根本保障，农民生活实现富裕才是可能的，也才能确保乡村同步全面建成小康社会。在乡村振兴战略中，"五个振兴"中排在首要地位的是"产业振兴"。

产业脱贫作为脱贫攻坚的主要内容，目的是为贫困地区实现快速脱贫，同时产业兴旺也是乡村振兴的要求。产业的发展是贫困地区脱贫最快捷的途径。产业发展带动着人才、土地、市场、技术等多要素的流动，是脱贫攻坚和乡村振兴衔接的重要内容，是推动乡村振兴实施的重要动力。针对扶贫产业存在的产业结构单一、持续性弱、产业质量不高造成产业发展升级困难的问题应着力于全面改造和提升乡村产业的生产经营体系，提高产品质量，大力推进乡村产业高质量发展。在做大做强农村产业的基础上，要注重三产融合和新型经营主体的发展，增加产业链条的延伸，提高产品附加值，加大农民和经营者的利益联结。产业发展要以市场为导向，加大产品研发，健全乡村流通体系，加快乡村产业转型升级。在脱贫攻坚过程中，应该秉承因地制宜的原则，发展乡土特色产业，注重地理标志的品牌效益，选择扶贫产业要兼顾绿色环保，为乡村振兴发展生态产业做长远谋划。

8.5.2 支撑路径：人才融合是重点

脱贫攻坚和乡村振兴衔接好不好，要看人才队伍强不强。乡村人才是两大战略有机衔接的重要保障。注重加大对现有乡村人才的培养力度，自主培养与人才引进相结合，建立学历教育、技能培训、实践锻炼等多措并举的农村人力资源培养开发机制，培养适应社会和市场的本土人才。尤其着重培养大学生村官、帮扶工作队、驻村工作组等，有利于推动乡村振兴发展，助力组织衔接。另外，加大培育新型职业农民，有利于促进农村农业发展，巩固扶贫产业，助力产业振兴。多渠道积极引进人才，鼓励大学生返乡创业或在乡镇政府任职；加大对农业领域的人才引进，包括农业技术、加工、市场、营销、规划、旅游、金融等方面；借助高校、科研院所的科研力量，服务农业发展，实行农技推广招聘计划；鼓励社会各界投身乡村建设，动员全社会人才力量投身农业。同时，要加强人才的思想道德阵地建设，充分发挥党员、复转军人、离退休干部等的模范带头作用，传播现代文明知识，营造良好的乡村文化。

8.5.3 培植路径：内生动力是核心

"脱贫致富终究要靠贫困群众用自己的辛勤劳动来实现"，"贫困地区完全可能依靠自身的努力、政策、长处、优势在特定领域'先飞'，以弥补贫困带来的劣势。"这是习近平总书记关于脱贫内生动力的相关论述，显然增强贫困地区贫困群众的自我发展能力，防止脱贫后又返贫，具有重要的现实意义。

物质脱贫是目标，精神脱贫是根本。精神上脱贫，给贫困群体提供了源源不断的发展动力。贫困群体过度依赖国家政策的长期给予，再加上他们教育程度普遍偏低，主体意识不强，逐渐形成"等靠要"的思想，内生动力不足，就容易出现返贫。针对教育程度低、主体意识不强的问题应着力于健全农村教育体系，完善教育硬件设施，提高贫困人群的教育水平，特别是认为读书不重要的偏远深度贫困地区，更要从思想深处脱贫。创建自立自强、勤劳致富的乡风文明，提升贫困群体的发展意识。加强技能培训，注重对贫困群众进行农业栽培和种植技术的培训及市场营销培训，让农民掌握科学技术和市场导向，成为新型农民。培养新型农业经营主体，让贫困群体与农产大户、合作社和龙头企业形成利益联结，激发他们的主体活力和自我发展行动力。

8.5.4 驱动路径：生态持续是底线

随着乡村的发展，生态环境问题越发严重。对于生态环境恶劣的贫困地区，因生态自我修复能力下降而造成重大自然灾害，使贫困群体无力承担，易造成返贫。而发展的不足反过来亦通过人类对资源的过度索取加剧乡村的生态环境问题，形成人口、贫困、生态环境三者的互为因果关系。乡村振兴，生态宜居是关键，应结合保护生态环境，坚持绿色导向，生态导向。生态宜居乡村建设不仅要改善乡村人居环境，还要加强生态保护与修复。因此，在一些生态脆弱和生态环境恶劣的贫困地区要加大环境修复力度。以生态文明建设为引领，强化对生态资源本底的监测和保护，同时扎实推进污损环境的治理和修复工作。阻断贫困地区乡村陷入"贫困—生态破坏和环境污染—再贫困—再破坏"的恶性循环。另外，科学技术要沿着符合绿色生产方式要求的方向发展，积极探索绿色技术，农业生产过程中减少对化肥、农药、农膜的使用和依赖，逐渐形成以绿色技术为支撑的农业农村技术体系，构成绿色生产方式。树立"绿水青山就是金山银山"的绿色发展理念，将生态优势转变成生态经济优势，实现生态资产化，促进绿色产业发展。生态产业化不仅实现脱贫减贫，而且推动生态扶贫和生态振兴的衔接。

8.5.5　引领路径：组织治理是保障

基层位置特殊，既是利益冲突和社会矛盾产生的"源头"，也是将其协调疏导好的"茬口"。习近平总书记一直强调基层组织建设的重要性，要求推动社会治理和服务重心向基层下移，把更多资源下放到基层，提供更好的服务，发挥好基层组织的战斗堡垒作用，让基层善治护航乡村，使乡村既有活力又有秩序。显然，提升基层党组织治理能力、发挥其战斗堡垒作用，是脱贫攻坚和乡村振兴的重要一环，更是全体人民群众的希望所在。

习近平总书记强调，推动乡村组织振兴，要"打造千千万万个坚强的农村基层党组织，提供源源不断的动力"。不管是脱贫攻坚的实施还是乡村振兴的推行，离开组织领导都是巧妇难为无米之炊。影响脱贫攻坚和乡村振兴有机衔接的重要因素就是体制机制衔接不畅。只有充分发挥党组织的引领作用，才能真正贯彻落实方针政策、建立健全监督考核机制、提供坚实的组织保障。基层党组织拥有正确的政治方向、坚定的思想意识、实事求是的工作作风，密切联系群众，能确保把党的路线、方针政策真正落实到乡村发展建设上。脱贫攻坚和乡村振兴都需要切实加强农村基层党组织建设，在贫困村、贫困小组创新设置党小组，覆盖贫困乡村的"全域"党建，探索贫困村、企业、社会组织互动的"跨域"党建模式，构建新型党建体系，推进形成完备和系统的基层党组织制度。全面提升贫困村基层党组织和党员在脱贫攻坚、乡村振兴和村域发展中的威信、影响和引领力。加强贫困地区新型经济组织和社会组织的党建工作，引导其始终坚持为农民服务的正确方向。这为脱贫攻坚和乡村振兴的衔接提供方便、提升质量、提供保障。

8.5.6 考核路径：建立回馈评估体系

2019年中央经济工作会议明确提出，巩固脱贫成果要建立机制，及时做好返贫人口和新发生贫困人口的监测和帮扶。防止返贫是扶贫工作下一阶段的重头戏，脱贫的人口中存在返贫风险的，我们要提前防范，提前帮助贫困人员从根本上解决脱贫人口返贫问题。

乡村振兴战略是新时代"三农"工作的总抓手。现如今各地遵循因地制宜和可持续发展的原则，循序渐进地推进乡村振兴。目前大部分学者关于脱贫攻坚和乡村振兴的出台背景、核心内涵、乡村价值、实施路径等领域进行了深入分析，为理解和推动两大战略奠定了扎实的理论基础，但却忽略了回馈评估体系对两大战略进展成效的评估作用，回馈评估体系对衔接两者形成互馈发展机制具有重大意义。因此，加强乡村振兴与脱贫攻坚衔接效果评价、回馈评估体系的创建尤为重要，不仅有利于巩固脱贫成果，而且为乡村振兴实施成效提供机制保障，对脱贫攻坚和乡村振兴战略的有机衔接具有重大意义。

脱贫攻坚和乡村振兴战略衔接评估主体应为农业农村领域资深专家，以政府委托第三方评估，主要以两者价值目标融合为主要评估指标，根据乡村振兴的目标要求设为5个一级指标，即产业兴旺、生态宜居、乡风文明、治理有效、生活富裕。分别在5个一级指标下列出产业体系完善、三产融合度、山水田林湖草保护、乡村教育质量等二级指标，在二级指标下列出具有区域特性的三级指标，以总分作为评估结果划分等级。总分是各指标得分之和，各指标得分＝各指标实现程度×权重脱贫攻坚与乡村振兴协同程度。对于数据采集要充分利用数字乡村信息平台，构建基于GIS的数据储存与评估的大数据平台和乡村评价系统，实时、客观、精准地评估监测不同区域脱贫攻坚和乡村振兴融合衔接的进度与成效，提高评估的科学性、客观性、精准性和快速性。

随着乡村专业相关理论的逐步完善,脱贫攻坚到了最后紧要关头,乡村振兴被赋予日益丰富的内涵与准则,乡村建设具有不同阶段的差异性。因此,能够监控指导乡村建设发展的评价体系,其涵盖面也需要不断健全与补足。完善的评估体系应该具有更高层面的变通性、适用性、可操作性。建立完善的回馈评估体系,制定科学的评价方案,对脱贫攻坚和乡村振兴高质量衔接过程和成效做出准确高效的判断。

8.6 市县脱贫攻坚与乡村振兴衔接的重点任务

8.6.1 市县脱贫攻坚与乡村振兴衔接存在的问题

8.6.1.1 有机衔接的体制机制匮乏

市县层面就打赢脱贫攻坚战后,怎样有效、高质量地与乡村振兴战略规划有机衔接,实现"十四五"期间乡村振兴目标任务的体制机制、实现路径还缺乏整体的顶层设计。贫困地区与非贫困地区要素合理投入、部门联合推进有机衔接体系还没有建立,脱贫攻坚与乡村振兴的衔接尚未形成机制合力。

8.6.1.2 脱贫攻坚政策如何向乡村振兴政策平稳过渡

脱贫攻坚时期针对贫困地区和贫困人口出台的金融、教育、医疗、生态等扶贫政策,在"十四五"阶段如何延续、拓展、创新是亟须解决的问题。如何衔接创新政策扶持体系,合理兼顾边缘贫困户和非贫困地区的利益诉求,做到既能分梯次推进不同地区的乡村振兴进度,又能推动农业农村在各方面的布局优化升级,为农业农村的现代化发展提供良好的政策环境,仍然是当前亟待破解的课题。

8.6.1.3 脱贫攻坚与乡村振兴实践中存在割裂现象

市县在推进脱贫攻坚和乡村振兴的实际工作中,存在一定的理论误区,甚至消极回避乡村振兴的现象,片面地就脱贫谈脱贫、就振兴谈振兴,将脱贫攻坚与乡村振兴两项工作完全割裂开来,形成脱贫攻坚与乡村振兴有机衔接的现实壁垒。

8.6.1.4 脱贫攻坚中的遗留问题成为推进乡村振兴的阻碍

脱贫攻坚中的突出遗留问题仍不容忽视。例如，虽然光伏扶贫对于贫困户脱贫的效果显著，但是如果产业后续发展离开政策补贴将后继乏力，产业可持续发展能力不强。此外，不少贫困地区采用资产收益帮扶方式，尽管在短期内贫困户能获得不少分红，但由于贫困户并未真正参与到相关产业发展中去，产业发展中的主体缺失有可能助长其"等、靠、要"的思想。部分脱贫人口由于自身或外界各种因素的影响，因病、因灾或其他原因等返贫风险的可能性仍然较大。受政策"门槛"的影响，部分收入水平高于建档立卡贫困户标准的边缘贫困户、非贫困村缺乏政策支持，难以享受扶贫政策支持，出现了不同程度的"悬崖效应"。

8.6.1.5 乡村振兴的目标群体范围更广、聚焦难度更大

乡村振兴涉及"三农"全局，对于经济发展基础较好的市县来说，脱贫攻坚前后期工作面基本没有变化，而对于脱贫攻坚任务较为艰巨的市县来说，在"十四五"阶段其推进乡村振兴的工作对象范围会扩大，将为脱贫攻坚与乡村振兴的有序衔接带来挑战。

8.6.1.6 市县乡村振兴的具体目标难以用统一的标准要求

乡村振兴作为脱贫攻坚后的升级版，在产业、生态、文化、组织、人才五大板块都有具体的预期指标体系，但不同地区由于发展基础、动力、环境等内外因素的影响，很难用统一的标准要求不同地区同步推进。

8.6.2 市县脱贫攻坚与乡村振兴有机衔接的重点任务

8.6.2.1 建立脱贫攻坚与乡村振兴有机衔接的运行机制

在推进脱贫攻坚与乡村振兴有机衔接上，必须制度先行。通过建立健全脱贫攻坚与乡村振兴有机衔接的组织领导，健全衔接推进工作联席会议制度。全面摸排制约脱贫攻坚与乡村振兴衔接推进的体制机制因素，以问题为导向，持

续深化农业农村改革。返贫是推进二者衔接的隐性壁垒，必须建立与防止返贫相衔接的社会保障制度和专项社会救助制度。

8.6.2.2 制定脱贫攻坚与乡村振兴有机衔接的系列政策

形势发生变化，政策也需要适应形势的变化。一方面，脱贫攻坚中的成功经验，如五级书记一起抓、引入第三方评估考核脱贫攻坚成效、多部门联合扶贫、选派第一书记、驻村农技员、结对帮扶等政策措施经过实践检验确有成效，可以适当创新拓展至乡村振兴中去；另一方面，还需要组织"三农"领域专家、脱贫攻坚专家、其他社会组织和代表共同参与制定、出台与市县发展实际相符，能够切实有力推动脱贫攻坚与乡村振兴有机衔接的政策框架体系，确保政策在过渡阶段的衔接作用。

8.6.2.3 打破"两张皮"相互割裂的现实壁垒

如果对于基层理论的认知出现偏差，政策实施的效果将会大打折扣。因此，"十四五"阶段要继续消除基层干部的理论误区，开展脱贫攻坚与乡村振兴互促互进成效自评、互评及第三方评估，强化脱贫攻坚与乡村振兴有机衔接的政策导向、制度保障，打破"两张皮"相互割裂的现实壁垒。

8.6.2.4 持续化解脱贫攻坚中遗留的难点问题

尽管脱贫攻坚取得了长足的进步，但在深度贫困地区群众饮水不安全、产业发展后劲乏力、扶贫产业贫困户主体缺失、基本公共服务水平偏低等问题仍较突出。"十四五"阶段，应该继续实施专项帮扶、行业帮扶、社会帮扶，持续完善基础配套设施、农村公共服务供给等，改善贫困地区的生产生活生态条件。多维度、全方面地激发农民参与乡村振兴的主体意愿。强化基层组织建设，建强乡村振兴战斗堡垒，健全政策激励机制，将一线扶贫干部转变为振兴发展干部。强化重点县（区）、特色小镇、产业融合发展载体的辐射带动作用，以示范区多点带动市县全域有序发展，梯次振兴。

8.6.2.5 加快调整工作重心

由脱贫攻坚转向乡村振兴，基层工作对象范围更广，聚焦难度更大。因此，在要素投入上向相对贫困地区进行倾斜的同时，必须加快由政府主导的要素投入转变为由市场决定的资源配置。

8.6.2.6 设立脱贫攻坚与乡村振兴衔接的"过渡期"

衔接政策如果不能做到兼顾不同地区的发展实际，搞"一刀切"，也是懒政不作为的一种体现。不同地区推进脱贫攻坚与乡村振兴有机衔接的进度，难以用统一的标准衡量，建议设立"过渡期"。对在"过渡期"内的贫困边缘户、贫困户、贫困地区、相对贫困地区、发达地区分类施策，对不同地区设立"十四五"阶段"相对的"乡村振兴阶段目标任务，强化脱贫户和边缘贫困户的分类监测，动态调整帮扶政策的扶持对象，防止出现边缘贫困户、不稳定脱贫户断崖式返贫，把握阶段重点，统筹协调推进不同地区的五大振兴工作，实现贫困人口稳定脱贫，不同地区梯次有序振兴发展。

8.7 康县脱贫攻坚与乡村振兴有效衔接的思考

8.7.1 巩固拓展脱贫攻坚成果与推进乡村振兴的关系

第一，巩固拓展好脱贫攻坚成果，是全面推进乡村振兴的前提和基础。习近平总书记高度重视巩固拓展脱贫攻坚成果，先后在不同场合和多场会议中就巩固拓展脱贫攻坚成果做出重要指示。习近平总书记特别强调，要做好巩固拓展脱贫攻坚成果同乡村振兴的有效衔接，脱贫攻坚任务完成后，要设立 5 年过渡期，绝不能出现这边宣布全面脱贫那边又出现规模性返贫的情况。虽然陇南市的脱贫攻坚任务已如期全面完成，但脱贫基础还不牢固，全市还有 21 466 户 82 105 万人属于不稳定户和边缘户，部分脱贫户仅有基本的生活保障，收入刚过线及格。脱贫事业虽然有了长足的发展，但小而散的现状还没改变，加之自然条件的影响，地质灾害频发，返贫风险尚在，巩固拓展脱贫攻坚成果同乡村振兴有效衔接的任务十分艰巨且尤为重要。可以说，如果脱贫人口不能长久、持续、有效脱贫，全面实现乡村振兴就是"空中楼阁"。必须把巩固拓展脱贫攻坚成果作为重中之重，坚决把脱贫攻坚成果巩固拓展好，为全面推进乡村振兴筑牢基础。

第二，乡村振兴是对脱贫攻坚成果的全面巩固拓展。在"第二个一百年"，要全面建成社会主义现代化强国。没有农业现代化，就没有全面现代化。当前，农业农村工作的短板主要在于刚刚脱贫的群体，如果这部分脱贫人口不能实现脱贫致富，那么乡村振兴就难以实现。"从脱贫攻坚到乡村振兴，可以理解为从'雪中送炭'到'锦上添花'的变化。"脱贫攻坚是解决"有没有"的问题，而乡村振兴则是要在此基础上解决"好不好"的问题。8年脱贫攻坚战是"冲锋式攻坚"，是集中资源进行支持，而乡村振兴工作需要向常态化转变。二者的工作方式存在差异，需要有效衔接转化和平稳过渡，实现长效化的制度安排、机制设计和组织保障等。在转化过程中，最关键的是把握好两大机制的设计。首先是防止返贫的长效机制，处于贫困边缘的弱势群体和弱质地区，通过长效方式保障不返贫，保证监测识别等机制的建立。其次是长效稳固的提升机制，保证脱贫成效持续稳定。要防止"新入贫"情况，即前期非贫困户因遭遇自然灾害、大病等突发情况陷入贫困。通过上述分析可知，贫困地区打赢脱贫攻坚战后的首要和关键任务并不是全面推进乡村振兴，而是巩固脱贫攻坚成果。巩固脱贫攻坚成果是当前乃至未来5年的重要工作任务，更是工作底线。只有巩固脱贫攻坚成果，使农民真正摆脱贫困，乡村振兴战略才能有坚实的基础，才能有序推进。

8.7.2 对全面推进康县乡村振兴的思考

8.7.2.1 坚持新发展理念

党的十八届五中全会提出了以"人民为中心"的新发展理念，党的十九届五中全会上再次提出贯彻这一理念。新发展理念是完成"十四五"规划及实现远景目标的指挥棒。创新发展处于统领地位，就是要坚持科技兴农、科技强农，推动农业农村现代化建设；坚持协调发展，就是要统筹推进乡村经济、社会文化、法治生态全面振兴，城乡融合发展；坚持绿色发展，就是要树立和践行绿水青山就是金山银山的理念，实现人与自然和谐共处；坚持共享理念，就是要农村的每一个人都关注发展，投身发展，从发展中受益。

8.7.2.2 强化产业接续性

以乡村产业振兴作为衔接脱贫攻坚与乡村振兴的经济基础。在产业培育上，最重要的是因地制宜。不同地域的自然条件、历史、发展状况不同，培育的产业也应有所不同，不能千篇一律，应充分研判产业发展特点及市场潜力，立足陇南市资源优势，发展特色产业，发展壮大核桃、花椒、油橄榄、茶叶、中药材、鲜果等乡村产业，做好养牛、养蜂、养鸡等特色产业，大力培育订单辣椒、万寿菊等获益快的产业，推动电商平台服务乡村振兴。依托美丽乡村建设打造乡村旅游升级版，带动农产品加工业、服务业、商贸业等相关产业的发展，推动乡村旅游向高端、生态、精致、特色方向发展。同时，优化产业布局，增加产品的科技含量，让农民切实分享产业增值带来的成果，提高收入。

8.7.2.3 重视乡村生态建设

以打造生态宜居美丽乡村作为衔接脱贫攻坚与乡村振兴的生态基础。生态振兴是乡村振兴的重要组成部分，要将生态振兴和产业振兴有机结合起来，通过促进产业振兴推动乡村振兴。持续推进农村人居环境治理，推进农村面源污染防治，加强土壤污染、水土流失治理和修复。将绿色农业发展作为重点，从源头上保护环境，减少对生态环境的破坏，建立农业生产和生态保护双赢体系。同时，加大农村生态文明建设资金和技术投入力度，解决生态文明建设中出现的新问题。

8.7.2.4 实施乡村建设行动

按照《中共中央关于制定国民经济和社会发展第十四个五年规划和二〇三五年远景目标的建议》的要求，实施乡村建设行动，持续推进农村人居环境整治行动，梯次推进农村生活污水治理，因地制宜推进农村厕所革命，健全生活垃圾处理长效机制。加强规划引领，依据规划分类进行村庄建设，确定村庄布局，注重保护传统村落和乡村特色风貌。

8.7.2.5 加强农村人才队伍建设

以人才引进与本土培育作为衔接脱贫攻坚与乡村振兴的人才基础。培养乡村工匠、文化能人、农业科技领头人、非遗传承人，造就更多乡土人才。认真落实创业扶持政策，鼓励支持外出农民工、退役军人、农村大中专毕业生返乡创业，吸引更多人才投身"三农"事业，发展壮大科技特派员队伍，扶持农村职业经理人和培养高素质农民队伍，从而为乡村全面振兴提供有力的人才支撑。

8.7.2.6 推进县域高质量发展

乡村振兴不能局限于乡村。加快发展县域经济，看似与乡村振兴关联较小，但实际上可以解决乡村振兴过程中的一系列问题。县域经济的发展不仅可以带来乡村振兴所需的人才、资金、技术，同时还可以吸引农村的剩余劳动力，从而促进乡村经济发展。根据地方实际情况，科学合理布局，克服同质化低效竞争，探索发展资源开发型、资产经营型、服务创收型、入股分红型、流转租赁型、集约发展型等集体经济发展新模式。

8.7.2.7 做好"多规合一"的衔接工作

以推进"多规合一"，提升基层治理水平作为衔接脱贫攻坚与乡村振兴的组织基础。加快推进乡村振兴规划、"十四五"规划、国土空间规划等的有机衔接，重点推动项目有序衔接，将脱贫攻坚期间未能完成的重点项目继续纳入"十四五"阶段乡村振兴重大项目库当中去。以"党建+"不断强化基层党组织建设，以村级自治制度约束、村规民约引导为抓手完善村民自治制度，推进基层法治依法治乡村建设、平安乡村建设，以典型示范强化基层德治体系建设。

8.8 本章小结

打赢脱贫攻坚战和实施乡村振兴战略是党的十九大对全面建成小康社会、实现"两个一百年奋斗目标"做出的重大决策部署。党的十八大以来，中国减贫成就斐然，连续6年年度减贫超过1000万人，436个贫困县脱贫摘帽，在体

第八章
新时期脱贫攻坚与乡村振兴协同驱动路径研究

制机制、政策落实、成效认定等方面积累了一定的成功经验，为实现乡村振兴提供了良好的借鉴。脱贫攻坚与乡村振兴有机衔接，要在深刻理解和把握衔接内涵的基础上，实现二者在重点目标、体制机制、政策措施、成效认定等多方面全方位的有机衔接。

现阶段，我国正处于脱贫攻坚与乡村振兴的历史交汇期，需要准确把握脱贫攻坚和乡村振兴的逻辑关系，推动两大战略实现有效衔接。在实践中将乡村振兴的政策服务于脱贫攻坚，将脱贫攻坚的有益经验运用于乡村振兴，加快农业农村的现代化步伐，为实现第二个百年目标添砖加瓦。自习近平总书记在党的十九大报告中首次提出乡村振兴战略以来，学术理论界围绕这一问题进行了广泛探究，本章就研究成果加以综述，以期为我国乡村全面振兴提供有益借鉴和启示。

附 录
美丽乡村建设调查问卷

美丽乡村调查问卷（村镇表）

尊敬的村两委领导：

　　您好！我们是甘肃农业大学研究生，为了深入了解和把握康县美丽乡村建设的具体情况及您对美丽乡村建设的意见和看法，现对全县已建成的美丽乡村进行调研，希望您能认真如实填写，谢谢您的配合！

　　_____镇_____村

　　1. 本村有村民_____户，共_____人，人均可支配收入_____元，本村道路硬化率_____%，道路亮化率_____%，绿化覆盖率_____%，房屋改造_____户，文化活动场所面积_____m²，生活污水处理_____户，生活垃圾收集_____户，安全饮水普及_____户，新农合参保率_____%，养老保险覆盖率_____%。

　　2. 村里是否有发展特色产业？（　　）
　　　　A. 有　B. 没有

　　3. 村里是否有民营经济？（　　）
　　　　A. 有　B. 没有

　　4. 美丽乡村建设的资金主要来自（　　）。
　　　　A. 上级拨付　B. 村庄自筹　C. 银行贷款　D. 外界捐助　E. 其他_____

5. 您认为本村美丽乡村建设的最大困难是（　　）。

　　A. 资金不足　B. 村民不支持　C. 宣传不到位　D. 其他 _____

6. 本村在进行美丽乡村建设时是否有规划方案并按照方案进行建设？（　　）

　　A. 有方案并按照方案建设　B. 有方案但未按方案落实　C. 没有规划方案

7. 您认为当前美丽乡村建设的关键是（　　）。（可多选）

　　A. 增加资金投入　B. 优化乡村环境　C. 提高村民素质

　　D. 培育新兴产业　E. 其他 _____

8. 村里是否有处于9年义务教育期间的孩子辍学的情况？（　　）

　　A. 有　B. 没有

9. 村民遵守本村村规民约的情况：（　　）

　　A. 都能遵守　B. 大多数热遵守　C. 少数人遵守　D. 都不遵守

10. 本村在美丽乡村建设中有哪些困难?

　　(1) _____

　　(2) _____

　　(3) _____

11. 您对美丽乡村建设有什么建议和意见?

　　(1) _____

　　(2) _____

　　(3) _____

新时期巩固脱贫攻坚成果
与推进乡村振兴有效衔接机制研究
——以甘肃省康县为例

美丽乡村调查问卷（户表）

尊敬的村民朋友：

您好！我们是甘肃农业大学研究生，为了深入了解和把握康县美丽乡村建设的具体情况及您对美丽乡村建设的意见和看法，现对全县已建成的美丽乡村进行调研，希望您能认真如实填写，谢谢您的配合！

受访者基本情况：_____ 村　　性别 _____　　年龄 _____

您的文化程度是（　　）。

　A.小学及以下　B.初中　C.高中、中专或技校　D.大专或本科及以上

家庭人均可支配收入（　　）。

　A.5000元及以下　B.5000～10 000元　C.10 000元以上

家庭收入主要来源是（　　）。

　A.务农（包括核桃、花椒等种植）　B.外出打工

　C.畜牧养殖　D.其他 _____

1. 您家有 _____ 口人，家里是否有学龄前儿童？

　A.有　B.没有

如果有，是否上了幼儿园？　A.是　B.否

2. 您对本村美丽乡村的相关政策内容了解吗？（　　）

　A.非常了解　B.比较了解　C.了解一些　D.完全不了解

如果了解，您认为落实美丽乡村建设的关键是什么？（　　）

　A.增加投入或补贴　B.整治农村环境　C.发展特色经济（养殖、旅游）

　D.改善农业生产条件　E.其他 _____

3. 您认为目前本村最需要建设和改善的是（　　）。

　A.卫生环境　B.医疗条件　C.村民活动场所

　D.治安情况　E.其他 _____

4. 您对本村民主选举的看法（　　）。

　A.公正公开　B.只是形式　C.不公平

5. 村里是否举办过技能培训?

　　A. 是　B. 否

如果举办过,是（　　）形式,

　　A. 专家讲座　B. 技术人员现场演示　C. 其他 ____

您参加过 ____ 次

6. 村里进行美丽乡村建设时,村庄的编制规划是否公开?

　　A. 是　B. 否

7. 您是否能遵守本村的村规民约?

　　A. 一直遵守　B. 经常遵守　C. 偶尔遵守

　　D. 不遵守　E. 不了解村规民约

8. 满意度调查,请您根据实际情况选择（打√）

项目	A.非常满意	B.比较满意	C.一般	D.不太满意	E.非常不满意
生活水平					
住房条件					
居住环境					
文化体育设施					
医疗卫生室情况					
新型合作医疗					
村庄绿化情况					
教育情况					
道路交通情况					
农村养老状况					
村庄社会治安					
饮水安全					
生活污水处理情况					
夜间照明					
村干部服务					
村干部选举					
村务公开情况					
美丽乡村建设整体满意度					

9. 您对美丽乡村建设有什么意见或建议?

(1) _____

(2) _____

(3) _____

参考文献

[1] 叶兴庆,殷浩栋.从消除绝对贫困到缓解相对贫困:中国减贫历程与2020年后的减贫战略[J].改革,2019(12):5-15.

[2] 习近平.在决战决胜脱贫攻坚座谈会上的讲话[M].北京:中央文献出版社,2020.

[3] 新华网.集中力量支持深度贫困地区脱贫攻坚:一份来自全国人大常委会专题调研组的报告[EB/OL].(2019-02-27)[2021-03-20].http:www.xinhuanet.com/2019-02/27/c_1210069338.htm.

[4] 中共中央国务院关于实施乡村振兴战略的意见[J].理论参考,2018(4):4-15.

[5] 人民网.乡村振兴关键在党(政策解读·聚焦中央一号文件④)[EB/OL].(2018-02-08)[2021-03-20].http:politics.people.com.cn/n1/2018/0208/c1001-29811947.html.

[6] 中共中央国务院印发《乡村振兴战略规划(2018—2022年)》[N].人民日报,2018-09-27(001).

[7] 李克强.政府工作报告[N].人民日报,2021-03-13(001).

[8] 尹业兴,贾晋.脱贫攻坚与乡村振兴有效衔接的总体思路和政策设计[J].农业经济,2021(3):37-39.

[9] 周跃辉,公丕宏,王瀚锋,等.如何实现西部地区脱贫攻坚与乡村振兴有效衔接[N].学习时报,2021-07-30(007).

[10] 田京京.后脱贫时代乡村振兴产业选择:以陕西略阳为例[J].统计与决策,2021(15):166-169.

[11] 张松梅.十九大以来的我国乡村振兴战略研究综述[J].特区经济,2021(7):103-106.

[12] 陈燕妮,王雨婷.乡村振兴战略背景下脱贫攻坚的深化方向与路径[J].上海市经济管理干部学院学报,2021(4):17-24.

[13] 包亭亭.陇南市脱贫攻坚与乡村振兴有效衔接的思考[J].山西农经,2021(13):28-29.

[14] 张学奇.持续推进巩固拓展脱贫攻坚成果同乡村振兴有效衔接[J].农家参谋,2021(13):

13-14.

[15] 吕洁琼,文军. 从脱贫攻坚到乡村振兴：社区为本的情境实践及其反思：基于甘肃K县的考察[J]. 西北民族研究,2021(3)：1-15.

[16] 徐爱好. 发挥基层党组织引领作用全面促进乡村振兴[J]. 求知,2020(4)：53-55.

[17] 张易. 乡村振兴战略视角下美丽乡村的建设实效评价与策略研究：以湖州双林镇为例[D]. 上海：华东理工大学,2019：14.

[18] 桑春,刘晨,王树春,等. 新型城镇化进程中的美丽乡村环境改造研究：以上海崇明庙镇联益村为例[J]. 上海城市规划,2016(5)：122-128.

[19] 魏后凯. 实施乡村振兴战略的关键与难题[J]. 山东经济战略研究,2018(11)：34-35.

[20] 杨方. 试析美丽乡村建设的内涵、问题及对策[J]. 居舍,2018(13)：192.

[21] 王巍. 城乡一体化发展及其指标体系的构建研究[D]. 上海：上海交通大学,2013.

[22] 庞卫花. 陇南市乡村旅游扶贫研究[D]. 兰州：西北师范大学,2018.

[23] 杨雨佳. 美丽乡村建设内涵与内容：以榆林乡村建设为例[J]. 榆林学院学报,2017,27(3)：13-15.

[24] 张磊. 新时代美丽乡村建设研究[D]. 哈尔滨：东北林业大学,2021.

[25] 陈品冬. 新型城镇化视域下美丽乡村的建设路径探究[J]. 农业经济,2018(11)：39-40.

[26] 韩喜平,孙贺. 美丽乡村建设的定位、误区及推进思路[J]. 经济纵横,2016(1)：87-90.

[27] 邓生菊,陈炜. 乡村振兴与甘肃美丽乡村建设[J]. 开发研究,2018(5)：98-103.

[28] 黄昕欣. 美丽乡村的基本内涵与建设路径[J]. 劳动保障世界,2017(24)：75,77.

[29] 李忠华. 基于农民视角的美丽乡村建设问题探讨[J]. 农业经济,2017(6)：50-51.

[30] 何得桂. 中国美丽乡村建设驱动机制研究[J]. 生态经济,2014,30(10)：113-117.

[31] Rural infrastructure construction in new socialist countryside construction[J]. Asian agricultural research,2012,4(5)：64-66,70.

[32] ISHIDA K. Agricultural activities linked with regional creation[J]. Monthly review of agriculture,forestry and fishery finance,2016,69(2)：36-48.

[33] 张建华,陈立中. 总量贫困测度研究述评[J]. 经济学（季刊）,2006(2)：675-694.

[34] 张全红,周强,蒋赟. 中国省份多维贫困的动态测度[J]. 贵州财经大学学报,2014(1)：98-105.

[35] 高艳云,马瑜. 多维贫困测度方法比较及其展望[J]. 兰州商学院学报,2014(4)：108-113.

[36] 丁建军. 多维贫困的理论基础、测度方法及实践进展 [J]. 西部论坛, 2014, 24 (1): 61–70.

[37] 文娟. 多维贫困测量与治理研究 [D]. 长沙: 湖南农业大学, 2018.

[38] 尚卫平, 姚智谋. 多维贫困测度方法研究 [J]. 财经研究, 2005 (12): 88–93.

[39] 王小林. 贫困测量: 理论与方法 [M]. 北京: 社会科学文献出版社, 2012.

[40] 王素霞, 王小林. 中国多维贫困测量 [J]. 中国农业大学学报, 2013 (2): 129–136.

[41] 同春芬, 张浩. 关于相对贫困的研究综述 [J]. 绥化学院学报, 2015 (8): 14–19.

[42] 张永丽, 张佩. 农户多维贫困测度及其影响因素分析 [J]. 西北农林科技大学学报, 2017 (5): 138–146.

[43] 周常春, 翟羽佳, 车震宇. 连片特困区农户多维贫困测度及能力建设研究 [J]. 中国人口·资源与环境, 2017, 27 (11): 95–103.

[44] 刘倩. 秦巴山集中连片特困区多维贫困及形成机制研究 [D]. 兰州: 西北大学, 2019.

[45] 程晓娟, 全春光. 基于 AHP 的农村致贫因素研究 [J]. 江西农业大学学报(社会科学版), 2010 (3): 35–39.

[46] 陈静. 西部地区致贫因素研究 [J]. 探索, 2011 (4): 51–56.

[47] 陈烨烽, 王艳慧, 赵文吉, 等. 中国贫困村致贫因素分析及贫困类型划分 [J]. 地理学报, 2017, 72 (10): 1827–1844.

[48] 王欣欣, 王怡. 精准扶贫背景下陕南秦巴山区致贫原因及扶贫对策探析 [J]. 新西部, 2018 (13): 56–58.

[49] 王博, 张建, 朱玉春. 深度贫困地区多维贫困测度与反贫困路径探析 [J]. 西北农林科技大学学报(社会科学版), 2019, 19 (6): 62–70.

[50] 徐琪新. 能力视角下农村脱贫攻坚政策的创新路径研究 [J]. 山东社会科学, 2020 (1): 139–144.

[51] 吕新博, 赵伟. 多维贫困视角下农村相对贫困治理路径研究 [J]. 山东农业大学学报(社会科学版), 2019, 21 (4): 27–31, 129.

[52] 陆模兴, 蔡少青, 张怡. 以 Alkire-Foster 多维贫困测度模型落实精准扶贫识别及帮扶对策研究: 基于广东省五华县 1005 户村民的问卷调查 [J]. 智库时代, 2018 (49): 126–128, 130.

[53] 叶拯. 秦巴山区农户多维贫困测度与影响因素研究 [D]. 咸阳: 西北农林科技大学, 2018.

[54] 张弘. 新形势下甘肃省多维贫困测度与空间格局分析 [J]. 青岛农业大学学报(社会科学版), 2018, 30 (1): 7–12.

[55] 李春丽. 顾客满意度指数测评研究 [D]. 呼和浩特: 内蒙古工业大学, 2005.

[56] 杨伟文，吴庆田，李明清. 顾客满意度评价指标体系的建立与模糊综合评价 [J]. 技术经济，2001（5）：62-64.

[57] 纪新波. 新疆南疆地区贫困治理效果研究 [D]. 阿拉尔：塔里木大学，2020.

[58] 黄煜曦. 河南省信阳市城市居民最低生活保障制度满意度测评研究 [D]. 上海：上海应用技术大学，2020.

[69] 齐宁. 吉林省精准扶贫满意度影响因素研究 [D]. 哈尔滨：哈尔滨师范大学，2020.

[60] 刘亚丽. 定西市贫困户对农民专业合作社扶贫效果的满意度评价研究 [D]. 兰州：甘肃农业大学，2020.

[61] 田洒洒. 乡村振兴背景下农村低保与扶贫开发衔接政策满意度研究 [D]. 兰州：兰州大学，2020.

[62] 向真真. 新时代精准扶贫贫困户满意度研究 [D]. 成都：电子科技大学，2020.

[63] 杨书乐. 基于满意度评价的地方政府精准扶贫政策效果研究 [D]. 大连：东北财经大学，2019.

[64] 丁娅. 农户精准扶贫项目实施满意度及影响因素研究 [D]. 贵阳：贵州大学，2019.

[65] 丁文娟. 精准扶贫背景下乡村旅游对目的地居民生活满意度的影响研究 [D]. 西安：西安外国语大学，2019.

[66] 刘梦薇. 精准扶贫中就业扶贫减贫效应的影响因素及对策研究 [D]. 南昌：南昌大学，2020.

[67] 白淑叶，徐浩，盖尊琦，等. 宁夏科技扶贫人员工作满意度实证研究 [J]. 农业科学研究，2020，41（3）：41-45.

[68] 蒲艳，杨能. 精准扶贫背景下西部地区农民增收影响因素的主成分回归分析 [J]. 中国市场，2021（7）：27-29.

[69] 汪廷. 精准扶贫视域下农村文化扶贫困境与突破 [J]. 现代农业研究，2021，27（3）：31-32.

[70] 马丹. 甘肃省靖远县精准扶贫实践中供需协调问题研究 [D]. 昆明：昆明理工大学，2019.

[71] 范娉婷. 乡村旅游的居民对发展旅游业的满意度研究 [D]. 上海：华东政法大学，2020.

[72] 王西涛. 基于结构方程模型的政府精准扶贫公众满意度研究 [J]. 武汉商学院学报，2020，34（6）：74-79.

[73] 李培林，魏后凯. 中国扶贫开发报告（2016）[M]. 北京：社会科学文献出版社，2016.

[74] 马歇尔. 经济学原理 [M]. 廉运杰，译. 北京：华夏出版社，2012.

[75] MICHAEL. Concrete is future：industry policy on the example of Germany[J]. Betonwerk and fertigteil-technik，2000，66（2）：42-48.

[76] 王国涛．旅游扶贫开发理论与实证研究 [D]．咸阳：西北农林科技大学，2008．

[77] 袁莉，刘鞠林．国内旅游产业集群研究综述 [J]．出国与就业（就业版），2010（22）：21-22．

[78] 陈友华．我国旅游扶贫模式转型升级新思路 [J]．资源开发与市场，2014，30（6）：717-721．

[79] 黄国庆．特困地区旅游扶贫模式研究 [J]．求索，2013（5）：253-255．

[80] 耿文杰．基于社区参与的旅游扶贫模式研究 [J]．知识经济，2010（1）：61．

[81] 王丽丽，李磊．梅里雪山雨崩藏族村旅游扶贫模式研究 [J]．重庆科技学院学报（社会科学版），2010（22）：77-79．

[82] 王孔敬．PPT战略视野下民族山区旅游扶贫开发模式研究：以湖北武陵山区为例 [J]．湖北民族学院学报（哲学社会科学版），2015，33（6）：35-38．

[83] 秦远好，刘德秀，秦翰，等．连片特困地区旅游扶贫与生态保护耦合态势研究：以重庆市武隆县仙女山镇为例 [J]．西南大学学报（社会科学版），2016，42（3）：69-77．

[84] 文魁，徐则荣．制度创新理论的生成与发展 [J]．当代经济研究，2013（7）：52-56．

[85] 刘军，徐康宁．产业聚集影响区域居民福利吗 [J]．经济问题探索，2016（6）：72-79．

[86] 梅强，李文．基于博弈论的创意产业集群中企业合作制约因素研究 [J]．科技管理研究，2012，32（23）：179-183．

[87] 王格．长尾理论视角下旅游利基市场开发策略 [J]．安徽职业技术学院学报，2015，14（2）：33-35．

[88] 周小芳．旅游产业聚集区研究：以白洋淀为例 [D]．北京：首都经济贸易大学，2010．

[89] 任燕顺．对整村推进扶贫开发模式的实践探索与理论思考：以甘肃省为例 [J]．农业经济问题，2007（8）：95-98．

[90] 赵欣．村民的自组织化与国家意志的介入：基于XH镇"客堂汇"的经验研究 [J]．学习与实践，2015，0（7）：88-95．

[91] 施宏伟，王梓蓉．基于产业聚集的知识溢出及累积性创新增长过程研究 [J]．软科学，2010，24（11）：15-19．

[92] 李晶晶，赵焕焕．旅游产业竞争力评价研究：以山东省为例 [J]．无锡商业职业技术学院学报，2016，16（1）：9-16．

[93] 贾俊美．乡村振兴战略下河北省农村产业融合发展研究 [D]．天津：天津师范大学，2019．

[94] 司小飞．农村产业融合发展程度及优化路径研究：以河南省为例 [D]．郑州：河南大学，2019．

[95] 段荣娇．辽宁省农业与二三产业融合对农民收入的影响研究 [D]．沈阳：辽宁大学，2015．

[96] 潘仲尼. 太谷县农村产业融合发展研究 [D]. 太原：山西农业大学，2017.

[97] 王南南. 我国农村产业融合发展问题研究 [D]. 长春：东北师范大学，2018.

[98] 卢东斌. 产业融合提升传统产业的有效途径 [J]. 经济工作导刊，2001（6）.

[99] 赵海. 论农村产业融合发展 [J]. 农村经营管理，2015（7）：27.

[100] 姜长云. 推进农村产业融合发展的路径和着力点 [J]. 中州学刊，2016（5）：43–49.

[101] 王兴国. 推进农村产业融合发展的思路与政策研究 [J]. 东岳论丛，2016，37（2）：30–37.

[102] 马晓河. 推进农村一二三产业深度融合发展 [N]. 农民日报，2015–02–10（001）.

[103] 梁伟军. 产业融合视角下的中国农业与相关产业融合发展研究 [J]. 科学经济社会，2011，29（4）：12–17.

[104] 姜峥. 产业融合在乡村振兴中的政策促进效应分析 [J]. 农经透视，2019（12）：15–16.

[105] 赵趁. 城乡融合背景下农村产业融合发展新模式及实现路径 [J]. 农业经济，2019（11）：9–11.

[106] 宫丽，闫桂波. 城乡一体化的含义·多面性与政策选择 [J]. 安徽农业科学，2007，35（20）：6282–6283.

[107] 金伊宁，叶立润. 国外产业融合研究综述 [J]. 国际视野，2020，2（1）：164–166.

[108] 陈国生. 湖南省农村产业融合发展水平测定及提升路径研究 [J]. 湖南社会科学，2019（6）：79–85.

[109] 罗远旺. 农村产业融合发展的评价与实证：以广西为例 [J]. 产业经济，2019（9）：215–216.

[110] 余欣荣. 大力促进农村产业融合发展 [J]. 求是，2018（8）：20–21.

[111] 于刃刚. 三次产业分类与产业融合趋势 [J]. 经济研究参考，1997（25）：42–43.

[112] 马健. 产业融合论 [M]. 南京：南京大学出版社，2006.

[113] 席晓丽. 产业融合与中国多功能农业建设的初探 [J]. 福建论坛，2007（9）：20–21.

[114] 姜长云. 推进农村产业融合发展的路径和着力点 [J]. 中州学刊，2016（5）：43–49.

[115] 吕岩威，刘洋. 农村产业融合发展：实践模式、优劣比较与政策建议 [J]. 农村经济，2017（12）：16–21.

[116] 王兴国. 推进农村产业融合发展的思路与政策研究 [J]. 东岳论丛，2016，37（2）：30–37.

[117] 何立胜，李世新. 产业融合与农业发展 [J]. 晋阳学刊，2005（1）：37–40.

[118] 孙中叶. 农业产业化的路径转换：产业融合与产业集聚 [J]. 经济经纬，2005（4）：37–39.

[119] 李芸，陈俊红，陈慈. 农业产业融合评价指标体系研究及对北京市的应用 [J]. 科技管理研究，2017（4）.

[120] 蒋一卉. 农村产业融合评价指标体系及应用：以北京市为例 [J]. 经济界，2017（2）.

[121] 唐福军. 农村三产融合发展水平及其对农村经济增长的影响趋势研究 [D]. 大连：东北财经大学，2018.

[122] 刘鹏凌，万莹莹，吴文俊，等. 农村产业融合发展评价体系及其应用 [J]. 山西农业大学学报，2019，18（4）：8-9.

[123] 李小静. 农村"三产融合"发展的内生条件及实现路径探析 [J]. 改革与战略，2016（4）：83-86.

[124] 郑风田，乔慧. 农村产业融合发展的机遇、挑战与方向 [J]. 中国合作经济，2016（1）：27-31.

[125] 王群刚，彭艳红，臧道勇. 调结构促转型加快推动一二三产业融合发展 [J]. 江苏农村经济，2015（5）：16-17.

[126] 赵丹. 黑龙江省农村产业融合发展研究 [D]. 长春：吉林大学，2018.

[127] 孟露露. 一二三产业融合视角下发展现代农业 [J]. 农业经济，2017（5）：3-5.

[128] 吕岩威，刘洋. 推动农村产业融合发展的路径探究 [J]. 当代经济管理，2017，39（10）：38-43.

[129] 李小静. 农村"三产融合"发展的内生条件及实现路径探析 [J]. 改革与战略，2016，32（4）：83-86.

[130] 王乐君，寇广增. 促进农村产业融合发展的若干思考 [J]. 农业经济问题，2017，38（6）：82-88，3.

[131] 李凯宾. 乡村振兴战略下农业农村现代化路径探究 [J]. 中国集体经济，2018（35）：1-2.

[132] 蒿慧杰. 城乡融合发展的制度困境及突破路径 [J]. 中州学刊，2019（11）：49-52.

[133] 徐雪竹. 互联网技术与农村产业融合研究 [J]. 理论探讨，2019（33）：102-103.

[134] 姜长云. 推进农村产业融合发展新题应有新解法 [J]. 中国发展观察，2015（2）.

[135] 叶金波. 陇南经济发展研究对策 [J]. 漯河职业技术学院学报，2019，18（4）：13-15.

[136] 耿芳梅. 基于六次产业化的农村产业融合发展对策研究 [J]. 中国经贸导刊，2019（6）：142-143.

[137] 黄花. 我国农村产业融合发展的理论探讨 [J]. 中国石油大学学报（社会科学版），2019，35（2）：22-27.

[138] 李小云. 农村产业融合发展的演进趋势与推进策略 [J]. 学习论坛，2019，11（11）：29-34.

[139] 宋俊秀，钱力. 农村产业融合推进乡村振兴研究：以安徽省为例 [J]. 淮北师范大学学报（哲学社会科学版），2019，40（6）：74-81.

[140] 甘灿业. 乡村振兴战略背景下农村产业融合发展研究 [J]. 西部经济管理论坛，2019，30

(6)：26-31.

[141] 张首魁.一二三产业融合发展推动农业供给侧结构性改革路径探讨[J].农业·农村·农民，2016（5）：68-71.

[142] 何立胜，李世新.产业融合与农业发展[J].晋阳学刊，2005（1）：37-40.

[143] 朱信凯，徐星美.一二三产业融合发展的问题与对策研究[J].华中农业大学学报（哲学社会科学版），2017（4）：9-13.

[144] 彭欢.脱贫攻坚和乡村振兴有效衔接的内在逻辑[J].中国经贸导刊（中），2021（7）：37-38.

[145] 刘卉，肖红亮.市县脱贫攻坚与乡村振兴在"十四五"阶段有机衔接的重点任务研究[J].中国工程咨询，2021（7）：72-76.

[146] 刘慧芳，马玉芳，黄晶，等.脱贫攻坚与乡村振兴逻辑关系及协同驱动路径探析[J].安徽农业科学，2021（13）：260-264，268.

[147] 王文茹.脱贫攻坚与乡村振兴有效衔接问题研究[D].郑州：郑州轻工业大学，2021.

[148] 李沐霖，温晨.精准扶贫背景下农村产业扶贫的现实困境及实践出路[J].农业经济，2021（6）：83-85.

后 记

一位在基层工作多年的干部曾深有感触地对我说:"基层是一本厚重的书。"这句话点燃了我们写作这本书的火花。回想2017—2020年在康县担任驻村第一书记兼任驻村帮扶工作队队长的场景,火堆旁,促膝倾心,巷道中,彩画蓝图,融入脱贫攻坚战,丈量秦巴山脉高山流水村,同心见证脱贫决胜乡村梦……时至今日,余音犹存,岁月留痕,芳华不逝,时刻准备着为乡村振兴再践承诺。

本书从正式开始撰写已经历了近一年时间,几易其稿完成写作。在研究过程中,甘肃省科学技术情报研究所所长杜英、副所长马燕玲和张爱宁给予了书稿出版大力支持和指导,甘肃农业大学研究生张宗旭、张敏、马德芳、何坤等协助开展了数据收集和资料整理工作,甘肃省科学技术情报研究所张文丽同志对书稿进行了精心校对,在此对所有支持和参与书稿出版的领导、同事及相关人员致以诚挚的谢意。

一部著作的完成凝聚着团队集体的智慧和付出。在编写过程中,刘勇副研究员执笔撰写了第三～五章、第七章和第八章第六～七节内容;付英副研究员执笔撰写了第一～二章、第六章、第八章第一～五节和第八节内容。此外,本书在写作过程中,还直接或间接引用、参考了其他学者的相关研究文献,在此对这些文献的作者表示诚挚的感谢和崇高的敬意。由于写作时间、精力和能力有限,撰写中存在不足之处在所难免,诚请各位读者指正,特驰惠意。

2021年8月